W0194313

DROEMER

Annette Schavan
(Hg.)

PFINGSTEN!

Warum wir auf das
Christentum
nicht verzichten werden

Besuchen Sie uns im Internet:
www.droemer-knaur.de

Originalausgabe April 2024
© 2024 Droemer Verlag
Ein Imprint der Verlagsgruppe
Droemer Knaur GmbH & Co. KG, München
Alle Rechte vorbehalten. Das Werk darf – auch teilweise – nur mit
Genehmigung des Verlags wiedergegeben werden.
Die Nutzung unserer Werke für Text- und Data-Mining im Sinne
von § 44b UrhG behalten wir uns explizit vor.
Redaktion: Jürgen Bolz
Covergestaltung: ZERO Werbeagentur, München
Coverabbildung: Shutterstock.com
Satz und Layout: Adobe InDesign im Verlag
Druck und Bindung: GGP Media GmbH, Pößneck
ISBN 978-3-426-27912-0

2   4   5   3   1

Pfingsten ist – wie die Taufe eines jeden von uns –
keine Sache der Vergangenheit, sondern ein schöpferischer Akt,
den Gott ständig erneuert.
Papst Franziskus

Womit kann im Chaos das Christentum
ein Rettungsanker sein?
Helmuth James Graf von Moltke

Die Zeit eilt Gott und seiner Ewigkeit entgegen,
nicht der Vergangenheit und dem Untergang.
Karl Rahner

Inhalt

Vorwort

Pfingsten ist ein Ereignis, das nach einem Bericht in der Apostelgeschichte zu den Anfängen der Christenheit gehört. Von einem Sturm ist da die Rede und davon, dass denen, die ihn erlebten, deutlich wurde, Verständigung geht selbst dort, wo wir sie für unmöglich halten. Menschen redeten in vielen Sprachen und konnten einander dennoch verstehen. Für die ersten Christen war das ein Impuls zum Aufbruch, eine Ermutigung, diesen Aufbruch zu wagen und ihre Erinnerungen an das Leben mit Jesus von Nazaret und seine Lehre mit einem neuen Blick auf den Menschen, auf Gerechtigkeit, Barmherzigkeit und Freiheit zum Grundstein einer neuen Bewegung zu erklären.

»Pfingsten« ist der Titel dieses Buches, versehen mit einem Ausrufezeichen, weil in unseren Tagen Ermutigung und ein Aufbruch der Christenheit so dringlich sind. Verständigung suchen, wo sie unmöglich scheint, eine lähmende Gleichgültigkeit gegenüber der Frage nach Gott überwinden, Leidenschaft für Gerechtigkeit und Freiheit entwickeln, Taten der Barmherzigkeit wagen – das können Impulse zum Aufbruch heute sein. Sie klingen sehr anders als die Nachrichten aus den christlichen Kirchen, die immer häufiger einem Verrat der christlichen Botschaft gleichkommen. Der Niedergang der Kirchen, beschrieben in vielen Sprachen, überdeckt die Kraft, die im Christentum immer noch und gerade heute steckt.

Von dieser Kraft und vom Ringen mit dem Glauben im eigenen Leben ist in diesem Buch die Rede. Es sind persönliche Texte, die eine große Vielfalt von Erfahrungen und Erkenntnissen zeigen. Es sind Texte voller Leidenschaft, die unsere Existenz als Christinnen und Christen berühren. Es ist kein Buch mit einem schlüssigen Reformkonzept, weil es das vermutlich nicht gibt. Die Christenheit, auf allen Kontinenten, lebt in sehr unterschiedlichen kulturellen Kontexten. Niedergang in Deutschland und Europa bedeutet nicht den Niedergang der Weltkirche. Gleichwohl wachsen global harte innerkirchliche Auseinandersetzungen heran. Deshalb ist eine Geistesgegenwart gefragt, die versteht, wie zerbrechlich die Zivilisationen und der Status der bislang erreichten Weltgemeinschaft heute sind und wie gefährdet Leben und Wohlergehen so vieler Menschen in immer mehr Regionen der Welt ist. Das kann Christinnen und Christen nicht gleichgültig lassen.

Daraus ergibt sich ein starker Impuls für einen Aufbruch der Christenheit und die Suche nach einer neuen, pfingstlichen Professionalität in den christlichen Kirchen. Damit sind nicht vor allem andere gemeint, sondern wir selbst: Die Frage, wie uns die Frohe Botschaft inspiriert und warum wir auf das Christentum nicht verzichten werden, richtet sich an jeden Einzelnen von uns. Vielleicht gelingt dann auch ein Blickwechsel: von der nostalgischen Betrachtung der Vergangenheit zu einem neugierigen Blick in die Zukunft. Das könnte den christlichen Kirchen helfen, hinter sich zu lassen, was nie tragfähig gewesen ist, und ihren Ort wirklich an den Peripherien dieser Welt zu finden, die neue Sicht auf den Menschen ernst zu nehmen und der Vielfalt der Sprachen – auch der Sprachen des Glaubens – zu trauen.

Den Autorinnen und Autoren danke ich von Herzen für großartige Texte und Impulse, dem Droemer Verlag und seiner Verlagsleiterin Margit Ketterle für das Interesse an diesem Buch und Jürgen Bolz für das einfühlsame und ermutigende Lektorat.

Ulm am 1. Dezember 2023
Annette Schavan

Worum geht es?

Annette Schavan

I. Zeugnis

Als sich vor 2000 Jahren Jesu Frohe Botschaft unter den Menschen herumsprach, bekam es das mächtige Römische Reich mit der Angst zu tun. Er predigte Nächstenliebe und verhieß ein Reich der Gerechtigkeit und des Friedens. Zuerst machten sich ein paar Fischer vom See Gennesaret und einige Frauen mit ihm auf den Weg.

Die Apostelgeschichte berichtet, wie es nach Jesu Tod und Auferstehung weiterging: Aus der kleinen Gemeinschaft wurde eine die damalige Welt des Mittelmeeres umspannende Bewegung.

Ausgangspunkt war ein Ereignis in Jerusalem während des jüdischen Wochenfestes, das 50 Tage nach Pessach gefeiert wurde: Die Jünger hören ein Brausen vom Himmel her und machen danach die Erfahrung, dass sie, die aus Galiläa kommen, von den anwesenden Parthern, Medern, Phrygiern und all den anderen Ethnien verstanden werden.

Dieses Ereignis gilt in der Tradition der Christenheit als das Gründungsdatum der Kirche: Pfingsten. Papst Franziskus sagt es so: »Die Kirche hat am Pfingsttag begonnen. An diesem Tag hat sie sich für kulturelle Vielfalt entschieden.«[1]

Von Anfang an stand Jesus von Nazaret im Zentrum der neuen Religion. Die Evangelien berichten, wie sich der Mensch gewordene Gott auf eine bislang nicht vorstellbare Weise auf den Menschen und auf menschliches Leben einlässt. Er verändert das Leben und Denken der ersten Christen, ihr Selbstwertgefühl und ihren Blick auf die Zukunft. Sie reden darüber auf vielfältige Weise. Die Antwort auf die Frage, worin die gänzlich neue Perspektive bestand, die vom Christentum ausging, geben die Texte im Neuen Testament. In diesen Texten steckt eine große Dynamik. Sie berichten, wie sich das Leben derer verändert, die Jesus begegnen – sei es die Samariterin am Jakobsbrunnen, der reiche junge Mann, die Ehebrecherin, die Fischer am See oder der Zöllner Zachäus. Immer steckt in dem, wie sich Jesus verhält und was er sagt, eine Überraschung für die, die mit ihm unterwegs sind. Warum ist das so? Weil er Menschen anders sieht, als sie es gewohnt sind. Das eben ist neu: der Blick auf den Menschen jenseits von Zwecken und Leistungen, jenseits von Herkunft und Rollen. Das hat damals provoziert und provoziert noch heute, wirbelt unser Denken durcheinander, zeigt neue Perspektiven und weitet Horizonte.

Die Gemeinden, die nach Pfingsten gegründet wurden, sind der Nukleus für diese neue Perspektive. Sie schreiben keine Harmoniegeschichten; sie streiten darüber, was richtig und falsch, was gut und was böse ist. Die Briefe des Apostels Paulus an diese Gemeinden, aber auch die sieben Sendschreiben im Buch der Offenbarung, mit dem das Neue Testament abgeschlossen wird, sind zeitlose Texte, in denen den Gemeinden geholfen wird, ihr Verhältnis zur Welt zu klären, die Beziehung von Religion und Politik zu bestimmen und die Kraft zur Weltgestaltung zu entwickeln.[2]

Was ist von dieser provozierenden Perspektive geblieben?

Das Christentum hat die bildende Kunst, die Literatur und die Musik inspiriert und ist für die abendländische Kultur grundlegend. Es prägt unser Verständnis von Recht und Gerechtigkeit und gehört zum Ursprung ethischer Normen. Die Idee der Menschenrechte geht ebenso auf das Christentum zurück wie die Überzeugung, dass alle Menschen eine unveräußerliche Würde besitzen.

Heute bekennen sich weltweit 2,26 Milliarden Menschen – nahezu ein Drittel der Weltbevölkerung – zum Christentum. Doch während die Zahl der Christen in Asien, Afrika und Lateinamerika wächst, ist sie in Europa in einem beängstigenden Ausmaß rückläufig.

Warum? Neben der Irrelevanz für die eigene Lebensgestaltung werden in Befragungen immer wieder genannt: geistlicher Missbrauch und sexualisierte Gewalt, eine Sexualmoral, die menschlichen Beziehungen nicht gerecht wird, der Ausschluss der Frauen vom Weiheamt in der katholischen Kirche und eine Art der Hierarchie, die zunehmend nicht professionell im Umgang mit Konflikten wie mit Zukunftsperspektiven ist. Auch die Kirchensteuer ist ein genannter Grund, der in Deutschland möglich macht, was es ansonsten weltweit nicht gibt – aus der Kirche auszutreten.

Der Rückblick auf angeblich bessere Zeiten verstellt indes den Blick auf die Zukunft. Das Christentum »ist eine Perspektive, keine Retrospektive« – so sagt es Andrea Riccardi, der 1968 die Laiengemeinschaft Sant'Egidio gegründet hat.[3] Die heute weltweit tätige Gemeinschaft im Dienst der Armen und des Friedens ist eine Frucht des II. Vatikanischen Konzils. Damals war Aufbruchstimmung im Christentum. Ein bedeutender Theologe des Konzils, der Jesuit Karl Rahner, hat die Zukunft als die eigentliche Provokation für Christinnen und Christen bezeichnet. Die Vitalität und Überzeugungskraft des Christentums und der Kirchen schwänden in dem Maße, in dem Zukünftiges gefürchtet werde. Er hat ebenso klar gesagt, dass die Tradition abbreche, wo der Eindruck entstehe, dass nichts Neues zugelassen werden kann.[4] So weit ist es nun gekommen, und deshalb ist es Zeit, Quellen wieder zu entdecken, die auf neue Weise das Christentum als eine vitale Perspektive zeigen und die eine Atmosphäre des Aufbruchs ermöglichen. Will Kirche Zukunft, braucht es diesen Aufbruch und braucht es pfingstliche Erfahrungen. Darum soll es in diesem Buch gehen.

II. Erneuerung

Wird die Weltsynode einen Aufbruch der Weltkirche ermöglichen, wie ihn Pfingsten für die ersten Christen brachte? Kommt Schwung in die Ökumene und gelingt ein spirituell überzeugender Umgang mit dem Dissens in der Christenheit? Gewinnt die katholische Rede von der Synodalität Konturen, mit denen anerkannt wird, dass zu Fragen von Teilhabe und Herrschaft, zur institutionellen Verfasstheit der Kirche und zum Verständnis von Tradition in der Weltkirche verschiedene Ansichten, Erfahrungen und Erwartungen bestehen? Gelingt es, den gemeinsamen Schatz des Glaubens zu stärken und die Vielfalt von Zeugnissen des Glaubens ebenso? – Das jedenfalls wäre eine wichtige Weichenstellung in einer Lage, die beklemmend ist!

Die Gute Nachricht droht hinter vielen schlechten Nachrichten verloren zu gehen! Noch wissen wir nicht, zu welchen Ergebnissen die Weltsynode führen, und auch nicht, wie Papst Franziskus damit umgehen wird. Er scheint einen Bedarf an Veränderung und Erneuerung zu sehen. Ansonsten ist schwer erklärbar, warum eine so anspruchsvolle Synode der Vergewisserung und des Gesprächs in Rom arrangiert wird. Manche meinen, es sei ein großes Palaver mit ungewissem Ausgang, das da organisiert werde. Möglicherweise ist eine Absicht von Papst Franziskus auch, den Mitgliedern der Weltsynode vor Augen zu führen, was alles so gedacht und geglaubt wird in der Weltkirche. Die Prioritäten sind verschieden und kulturelle Prägungen auf allen Kontinenten sind es auch. Die tatsächliche Vielfalt ist nicht nur eine Stärke, sie kann auch ein erhebliches Hindernis für Erneuerung sein. Immer schwingt die Frage mit, aus welchem Geist soll die Erneuerung sein? Aus Stellungnahmen im Vorfeld der Weltsynode wird deutlich: Es gibt jene, die jede Veränderung als Angriff auf die »römisch-katholische Kirche« ablehnen. Das prominente Beispiel dafür sind die Kardinäle, die einen Brief mit *Dubia*, also Zweifeln, an den Papst geschrieben haben. Die Namen sind bekannt; es ist nicht ihr erster Brief. Immer ist mit Walter Kardinal Brandmüller mindestens ein Kardinal deutscher Herkunft dabei. Der andere Kandidat aus Deutschland für solche Briefe, in denen das umfassende Unverständnis für diesen Papst und sein Pontifikat zum Ausdruck kommt, Gerhard Ludwig Kardinal Müller, wurde in die Weltsynode berufen, nennt das aber bereits im ersten Interview einen »Schachzug« des Papstes, was vielleicht auch stimmt. Aus Deutschland kommen also keineswegs nur Reformkräfte, wie gemeinhin gesagt wird.

Es gibt dann jene, die davon überzeugt sind, dass eine Erneuerung der Kirche auch kirchenrechtliche Konsequenzen haben muss.

Die Ordnung kann nicht bleiben, wie sie ist, wenn es in der Praxis komplett anders zugeht. Das als Pastoral zu bezeichnen, hat Grenzen, die erreicht sind. Über die große Bedeutung von Frauen in der Weltkirche zu sprechen und an das marianische Prinzip zu erinnern, wenn es um den Zugang der Frauen zu allen Sakramenten geht, also auch zum Weihesakrament, überzeugt nicht.

Die Antworten von Papst Franziskus auf die *Dubia* einiger Kardinäle zeigen gleichwohl, dass in diesem Pontifikat Steine aus dem Weg geräumt werden könnten, die in Zukunft eine »befreite« Diskussionslage ermöglichen.

Das Dokument zum Abschluss der ersten vierwöchigen Sitzungsperiode im Oktober 2023 gibt darauf ebenfalls zahlreiche Hinweise. Es sind bislang keine konkreten Reformen beschlossen. Das war auch nicht zu erwarten. Es werden aber zu einer Reihe »schwieriger Themen« die Grenzen und die Unzulänglichkeit der bisherigen Verkündigung genannt. Das ist neu und ein großer Schritt. Es ist ein Dokument, das nicht – wie so häufig in Dokumenten des Heiligen Stuhls – vor allem aus Papstzitaten oder Textpassagen der Kirchenväter besteht.

Schließlich gibt es jene, die Erneuerung in der bisherigen kirchenrechtlichen Verfassung als eine vor allem geistliche Erneuerung wünschen. Sie verstehen sich als Brückenbauer, übersehen aber, wie problematisch manche Situation ist, die nur mit der Änderung des bestehenden Rechts verbessert werden kann. Erinnert sei nur an die Amazonassynode und das überwältigende Votum für die Weihe verheirateter Männer, das der Papst nicht umgesetzt hat. Eine Rolle spielt wohl auch, dass es nie eine wirklich vergleichbare Rezeption des II. Vatikanischen Konzils in der Weltkirche gegeben hat.

Es ist bemerkenswert, dass die Forschung zu den verschiedenen Rezeptionsgeschichten des II. Vatikanischen Konzils erst vor Kurzem mit einem Abstand von 50 Jahren zu diesem Ereignis begonnen hat. Die Skepsis unter den Kontinentalkirchen ist dabei unübersehbar. Vertreter aus Afrika, Asien und Lateinamerika scheinen sich einig zu sein, dass es nicht die Europäer sein sollen, die über den Geist der Erneuerung entscheiden.

Skepsis spielt auch in der Beziehung zwischen Deutschland und Rom eine große Rolle. Das »Land der Reformation« hat aus römischer Perspektive Licht- und Schattenseiten – für die deutsche Sichtweise gilt dies ebenso.

In Rom wurde immer schon sehr anerkannt, dass die Katholiken in Deutschland mit den Hilfswerken auf allen Kontinenten, also wirklich international, tätig sind und über viel Expertise in allen internationalen Fragen verfügen. Theologisch interessierte »Römer« wissen auch, dass die wissenschaftliche Theologie an den Fakultäten in Deutschland über Jahrzehnte eine Art Goldstandard für Qualität und Internationalität gewesen ist. Wer sich, aus Afrika, Asien oder Lateinamerika kommend, theologisch qualifizieren wollte, musste zunächst die deutsche Sprache lernen und wurde an den wissenschaftlichen Maßstäben in Deutschland geschult. Das lässt in dem Maße nach, in dem nun auch in Afrika, Asien und Lateinamerika selbstbewusst theologische Forschung etabliert und damit die Aufforderung an Deutschland und Europa verbunden ist, nun auch ihnen zuzuhören.

Katholiken in Deutschland haben schließlich – beginnend mit der Würzburger Synode im Jahr 1976 – mehrfach Eingaben in Rom gemacht, die ohne Antwort von dort geblieben sind. Die Deutschen gelten als diejenigen, die wollen, dass Regelungen getroffen werden, die die Paraphe des Papstes tragen, bevor eine Veränderung möglich wird. Das ist dem italienischen und vatikanischen Naturell gleichermaßen fremd. Unberechtigt ist diese Erwartung aber nicht immer. Ein Schlüssel in diesem Zusammenhang wird die Bedeutung dessen sein, was mit Synodalität gemeint ist. Die Verfassung der Kirche ist zu klären, nicht mehr und nicht weniger.

Zuletzt sei daran erinnert, dass Papst Franziskus im Jahr des Reformationsjubiläums 2017 den Protestanten dafür gedankt hat, was Martin Luther für die Christenheit geleistet hat. Niemand sollte daraus aber den Schluss ziehen, dass es auch viele »Römer« im Vatikan so sehen.

Die Beziehung also bleibt ambivalent, zumal Papst Franziskus erwartet, dass andere Perspektiven als die aus Deutschland und Europa stärker in das Zentrum der Weltkirche rücken. Das wiederum hat mit seiner Theologie der Peripherie zu tun.

Möglicherweise ist diese Theologie ein geeigneter Impuls für einen Aufbruch in der Weltkirche. Noch aber wehrt die europäisch geprägte Theologie eher ab und erklärt, dass seine Schriften wenig mit Theologie zu tun hätten. »Franziskus ist eben kein Theologe« – so ist dann zu hören. Möglicherweise ist das ziemlich falsch. Warum finden angesehene Theologen, der Papst sei eher kein Theologe und interessiere sich dafür auch nicht? Papst Franziskus macht es wiederum den Bücherfreunden nicht leicht, wenn er Sätze sagt wie den, dass man Jesus nicht in Bibliotheken findet. Es gibt also noch viel Gesprächsbedarf, und der Aufbau von wechselseitiger Wertschätzung wird notwendig sein, um miteinander an der Erneuerung der Weltkirche erfolgreich zu arbeiten. Europa wird, das lässt sich schon jetzt sagen, wohl nicht mehr im Zentrum stehen, obgleich der Vatikan seine Heimat in Rom hat.

III. Frieden

Zu den Prioritäten des Pontifikates von Papst Franziskus gehört, die Religionen zu einem aktiven Dienst für den Frieden in der Welt zu bewegen.

Spannungen zwischen Politik und Religion wie auch zwischen den Religionen führten und führen zu Verfolgung, Gewalt und Terror. Wer durch die ehemaligen jüdischen Gettos in europäischen Städten wie Prag, Venedig oder Rom geht, wird an die Pogrome und gesellschaftlichen Exklusionen gegenüber der jüdischen Bürgerschaft erinnert. In der Sala Regia im Apostolischen Haus in Rom, in der der Papst das diplomatische Korps zum Neujahrsempfang begrüßt, sind Gemälde vom Massenmord an den Protestanten in der Bartholomäusnacht 1572 in Frankreich und von der Schlacht von Lepanto zu sehen, in der 1571 die christlichen Mittelmeerstaaten die Flotte des Osmanischen Reichs besiegten. Die Kreuzzüge und die Begegnungen christlicher Missionare mit indigenen Völkern stehen für Fanatismus und Gewalt. Heute ist es der islamistische Terror, der die Welt erschüttert. So stehen Hamas und Hisbollah in ihrem Kampf gegen die Existenz des Staates Israel für Barbarei, Terror und Menschenverachtung. Bis in unsere Tage hinein gibt es die fatale Vereinnahmung von Religion – auch im Christentum – durch die Kriegstreiber dieser Welt. So nennt der Patriarch der russisch-orthodoxen Kirche Kyrill Putins Angriffskrieg auf die Ukraine einen »heiligen Krieg«, den Putin gegen »das Böse« und gegen den Westen führe. Der Westen verkörpert nach Kyrills Auffassung das Böse und die Abkehr vom Heiligen sowie den Verfall christlicher Werte.

Vom Frieden der Religionen und einem wirksamen Dienst der Religionen für den Frieden sind wir weit entfernt. Wohl auch deshalb ist für Papst Franziskus der aktive Dienst für den Frieden eine Signatur seines Pontifikates, und das aus gutem Grund. Er weiß, dass es keinen Frieden in der Welt ohne den Frieden der Religionen geben wird. Hans Küng hat darauf bereits vor Jahrzehnten hingewiesen. Der Papst kennt das Versagen der Religionen in unseren Tagen. Die verheerenden Konsequenzen der afghanischen Talibanherrschaft, speziell für die Frauen, stehen ebenso für den Missbrauch von Religion wie der Angriff auf das Kapitol in Washington am 6. Januar 2021. Da waren Kreuze zu sehen und Bibelzitate zu hören. Eine extreme politische Rechte kaperte gleichsam christliche Zeichen und Worte der Bibel für Gewalt und Aufruhr gegen einen demokratisch legitimierten Regierungswechsel.

Können Religionen angesichts solcher aktueller Entwicklungen als überzeugende Kräfte für den Frieden und für gute Zukunftsperspektiven gesehen werden?

Die Friedensnobelpreisträgerin, Menschenrechtsaktivistin, Politikerin und gläubige Muslima Tawakkol Karmann aus dem Jemen sagte 2016 beim Friedenstreffen in Assisi: »Es gibt keine Verbindung zwischen Terror und Religion. Aber: Es gibt eine Verbindung zwischen Terror und Ungerechtigkeit, Terror und Korruption, Terror und Unterentwicklung und fehlenden religiösen Reformen. Gott und alle Werte, die uns die Religionen lehren, haben mit Frieden zu tun und Liebe. Es gibt keine Verbindung zwischen Gott und Gewalt, zwischen Religion und Gewalt.«[5] Ihre Worte erinnern an das Buch Jesaja (32, 17), in dem es heißt, dass der Friede ein Werk der Gerechtigkeit ist. Darauf nahm der frühere Kardinalstaatssekretär Casaroli Bezug, als er erklärte:»In Wirklichkeit sieht die Kirche den Frieden vor allem als Problem der Sozialethik, d. h. als moralische Verpflichtung und Verantwortung.«[6] Eine heutige Friedensethik handelt deshalb nicht allein vom Verzicht auf Waffen. Eberhard Schockenhoff nennt in seiner *Friedensethik für eine globalisierte Welt* als Säulen eines gerechten Friedens den weltweiten Schutz der Menschenrechte, die Förderung der Demokratie, wirtschaftliche Zusammenarbeit und den Ausbau supranationaler Verflechtung.[7]

Diese Wege zum Frieden zeigen eine anspruchsvolle, vielgestaltige Aufgabe, die sich mit dem Rückfall in Nationalismen und Konzepten einer Entkoppelung von Staaten schwerlich vereinbaren lässt. Nationale und kulturelle Egoismen führen dazu, dass die Zahl regionaler Konflikte zunimmt und der Weltfrieden immer brüchiger wird.

Die Weltkirche hat im 20. Jahrhundert bemerkenswerte Impulse für Frieden und Solidarität gesetzt. Dafür stehen die Reden der Päpste vor nationalen und internationalen Parlamenten ebenso wie konkrete Initiativen zur Völkerverständigung.

Herausragend ist die Entscheidung von Papst Paul VI. 1965, zunächst nach Israel und dann, in der Schlussphase des II. Vatikanischen Konzils, nach New York zu reisen und dort eine Rede vor der Vollversammlung der Vereinten Nationen zu halten. Diese Rede, wie alle Auftritte der nachfolgenden Päpste vor der UN, zeigt die Weltkirche als global ausgerichtet, ein besonderer Status, jenseits von politischen Bündnissen und deshalb auch ohne Bündnispflichten. Die Päpste formulieren programmatische Perspektiven, die weltweit Fortschritte ermöglichen. Sie plädieren für Frieden und Solidarität und eine anthropologische Wende in der Weltpolitik.

Papst Franziskus schließlich verbindet eine neue anthropologische Perspektive mit einem Verständnis von Gemeinwohl, das der ökologischen Krise Rechnung trägt und mit einem langen Atem anzustreben sei. Das ist dann auch der Grundgedanke in seiner Enzyklika *Laudato si'*, die der Klimaökonom Ottmar Edenhofer als ein neues Kapitel in der katholischen Soziallehre bewertet.

Die wenigen Hinweise zeigen, dass zu unterscheiden ist zwischen einem Bedeutungsverlust der Kirchen und Religionsgemeinschaften in jenen Regionen der Welt, in denen die Individualisierung das Bindungsverhalten der Menschen stark verändert hat, und der Weltkirche als Partner der politischen und kulturellen Eliten weltweit. Ansonsten gäbe es wohl auch nicht 189 Staaten in der Welt, die diplomatische Beziehungen mit dem Heiligen Stuhl pflegen. Es ist ebenso zu differenzieren zwischen den Schwächen von Religionsgemeinschaften aufgrund unterbleibender Reformen und ihrer politischen Präsenz, die Licht und Schatten zeigt. Es ist jenseits von Heils- und Unheilsgeschichten, die in den Religionen geschrieben werden, von überragender Bedeutung, dass sich alle Religionen in den Dienst von Friedensstiftern nehmen lassen.

Einen Frieden der Welt ohne den Frieden der Religionen wird es auch in Zukunft nicht geben. Eine solidarische Weltgemeinschaft ohne die Solidarität der Religionen kann nicht entwickelt werden. Schließlich ist schwer vorstellbar, dass ohne den Beitrag der Religionen ein umfassendes Verständnis von Gemeinwohl politisch durchsetzbar ist. Das aber ist eine unverzichtbare Voraussetzung dafür, die großen Zukunftsaufgaben der globalen Welt gemeinsam zu bewältigen.

IV. Geistesgegenwart

In den Jahren der jungen Bundesrepublik gehörten über 90 Prozent der Bürgerinnen und Bürger einer der beiden christlichen Kirchen an. Diese Prägungen waren spürbar, sie galten als politisch relevant und haben sich auch in konkreten politischen Entscheidungen gezeigt. Es war so gesehen eine homogene Gesellschaft – im Vergleich zu späteren Jahrzehnten.

Auch deshalb, weil neben den kirchlichen Bindungen gemeinsame Erfahrungen von Kriegs- und Nachkriegszeit prägend waren. Es war eine besondere, vermutlich eine Ausnahmesituation. Die Prinzipien der katholischen Sozialethik waren ein Schlüssel für den Aufbau der Bundesrepublik: Ihre föderale Ordnung, der Vorrang der kleinen Einheit vor der großen Einheit und der freien Träger vor dem Staat wurden zu einer großen Chance für Verbände und Organisationen der Kirchen in vielen Bereichen der Gesellschaft. Sie wirkten freiheitsstiftend und haben Vielfalt zu einem Merkmal der bundesrepublikanischen Gesellschaft werden lassen. Das hat das Ansehen des Landes gestärkt – auf seinem Weg zurück in die Völkergemeinschaft.

Heute ist weniger als die Hälfte der Bürgerinnen und Bürger Mitglied in einer der christlichen Kirchen. Der Rückgang der Mitgliederzahlen wird in der römisch-katholischen Kirche und in den evangelischen Landeskirchen weitergehen. Der Autoritätsverlust der Kirchen hat vielfältige Ursachen. Er ist in hohem Maße selbst verschuldet. Die Fälle von sexualisierter Gewalt sowie deren Vertuschung einerseits und die mangelnde Professionalität bei der Aufklärung andererseits tragen dazu ebenso bei wie interne Orientierungslosigkeit und Zerstrittenheit. Es scheint, als könnten die Kirchen mit den Umwälzungen, in denen die Welt und auch sie selbst stecken, nichts anfangen. Ihr Blick ist allzu oft rückwärtsgewandt. Ihre Kriterien für Gelingen und Misslingen liegen in der Vergangenheit. So schwindet die Präsenz hier und heute. Die Sprache in den Kathedralen wird nicht mehr verstanden. Große Werke der Kunstgeschichte können nicht mehr entziffert werden. Wer Kunstgeschichte studiert, braucht eine Einführung in das Christentum, seine Geschichten und Bilder, um verstehen zu können. Das alles ist kein Drama, muss aber wahrgenommen und gedeutet werden. Es steckt Verfallsgeschichte dahinter. Es entsteht aber auch Raum für Aufbruch und Perspektive. Bekanntlich liegen Krise und Kairos nahe beieinander. Es gilt, die Sprachen des Glaubens neu zu entdecken. Es braucht einen Sinn für Stille und Schönheit, in denen sich erschließt, was im Getümmel des Alltags verschlossen bleibt. Die

Priorität von kirchlicher Verwaltung sollte durch die Solidarität mit den Peripherien unseres Lebens und der Welt ersetzt werden.

Ein bewegendes Beispiel für die Solidarität der Weltkirche in Zeiten der Ungewissheit waren die Bilder am 27. März 2020, die Papst Franziskus beim Gebet vor einem Kreuz zeigen, das eigens aus der Kirche San Marcello al Corso auf den Petersplatz gebracht worden war. Dieses Kreuz war in Rom zu Zeiten der Pest 1522 bei Prozessionen durch die Stadt getragen worden. Der Papst hatte einige Tage zuvor die Kirche aufgesucht, um vor dem Kreuz zu beten. Er ging über den menschenleeren Corso, der in anderen Zeiten zu den belebtesten Straßen Roms gehört. Schon diese Bilder gingen um die Welt. An dem Abend stand er alleine auf dem regennassen Petersplatz und spendete den Segen *Urbi et orbi* – der Stadt (Rom) und dem Erdkreis. Im Kirchenjahr wird dieser Segen Weihnachten und Ostern gespendet.

An diesem Abend waren die Katholiken nicht unter sich; vielmehr wurde deutlich, dass die Christenheit, die in allen Teilen der Welt präsent ist, der Menschheit in dieser zerbrechlichen Welt den leidenden Christus am Kreuz zeigt. Es ist eine Botschaft der Solidarität im Leiden. In einer Zeit, in der Menschen ein tiefes Gefühl der Ungewissheit erleben, zeigt die Weltkirche den Gekreuzigten. Die Botschaft, die damit verbunden wird, ist skandalös und strahlt zugleich eine besondere Festigkeit aus.

Die Bilder waren auch ein Zeichen der Geistesgegenwart. Sie gehört zu den Haltungen, die stark an Bedeutung gewinnen. Es geschieht nichts mehr aus Gewohnheit. Von Christinnen und Christen werden heute Entscheidungen erwartet. Eine Tradition und Institution, die sich wünscht, dass Entscheidungen zu ihren Gunsten getroffen werden, braucht eine Haltung der Geistesgegenwart. Praxis aus Gewohnheit hat keinen Qualitätsvorsprung gegenüber der Suche von heutigen Menschen und ihren Wegen, Entscheidungen zu treffen. Zu den Gewohnheiten gehörten nicht selten auch Erfahrungen der geistlichen Bevormundung bis hin zum geistlichen Missbrauch. Es gehörte dazu die Verherrlichung der Missachtung unserer Welt und einer Abwendung von der Welt, die ein Weg, aber nicht der bessere Weg sein kann. Geistesgegenwart ist demgegenüber die Voraussetzung, um zu verstehen, wo die Peripherien sind. Schon deshalb werden wir am Christentum festhalten, weil damit der Sinn für die Peripherien auf eine bemerkenswerte Weise – ausgehend vom barmherzigen Samariter – verbunden ist. Im Schlussdokument der Weltsynode ist von einer Kirche die Rede, die »den Wunden der Welt nahe ist«.

V. Pfingsten!

Das Pfingstgeschehen wird im 2. Kapitel der Apostelgeschichte beschrieben, außerdem im Evangelium nach Johannes, das vermutlich um das Jahr 100 nach Christus in Ephesus verfasst wurde. In den drei synoptischen Evangelien taucht es nicht auf. Es ist eine Geschichte, die von der überraschenden Erfahrung handelt, Sprachen zu verstehen, die eigentlich fremd sind.

Es vermag ein Brausen am Himmel Bewegung in eine eher ratlos wirkende Schar der Anhänger Jesu zu bringen. Aus der Ratlosigkeit entsteht Dynamik. Petrus und die übrigen elf Jünger treten auf, er hält eine Pfingstpredigt, in der er dazu aufruft, sich zum Christentum zu bekennen und taufen zu lassen.

In der Apostelgeschichte ist von 3000 Taufen die Rede.

Pfingsten ereignet sich in einer Situation, in der es nicht so recht vorangeht mit den Christen, die Jünger eher verängstigt und jedenfalls ratlos beieinander in einem Haus sind. Es braucht ein Signal des Aufbruchs, eine stimulierende Kraft. Was dann geschieht, ist ermutigend.

Deshalb ist *Pfingsten!* als Titel für dieses Buch gewählt. Es braucht auch heute eine stimulierende Kraft – eine Aufbruchsgeschichte in fragiler Zeit.

Vom Wachstum an weltweiter Verständigung ist schon seit geraumer Zeit kaum mehr die Rede. Stattdessen wird eine bereits erreichte Weltgemeinschaft aufgekündigt. Der Rückfall in nationale Egoismen und aggressive Interventionen, Kriege und Terror haben eine unheilvolle Dominanz gegenüber den Bemühungen um globale Gerechtigkeit und Solidarität gewonnen.

Es ist ebenso und vor allem eine Aufbruchsgeschichte für die Christenheit und die Weltkirche. Da zeigen sich höchst verschiedene, ungleichzeitige Entwicklungen. In Ländern Europas, in denen das Christentum besonders stark war, hat sich der Niedergang rasant vollzogen. Sogenannte katholische Länder wie Irland und Spanien sind weit fortgeschritten dabei, sich von kirchlichen Positionen zu entfernen. Der Zusammenhalt in der Weltkirche ist durch das Papstamt als Amt der Einheit gewahrt und zugleich brüchig.

Die Weltsynode, die im Oktober 2023 in Rom getagt hat und im Oktober 2024 erneut zusammentritt, hat gezeigt, wie groß die Bandbreite der Positionen ist, wie viel Skepsis untereinander besteht und wie schwer ein Konsens über das Verständnis von Erneuerung zu erreichen sein wird.

Mancher Bischof in Deutschland ruft da gleich wieder nach einer Order des Papstes. So, als lägen darin das Heil und zugleich ein geeigneter Dispens für die fehlende eigene Gestaltungskraft. Manche Stellungnahme des Rates der Evangelischen Kirche in Deutschland (EKD) wiederum erweckt den Eindruck, als verstehe sie sich zunehmend als eine zivilgesellschaftliche Gruppe (NGO), die bestrebt sein will, möglichst gut der vorherrschenden Meinung, dem Mainstream zu folgen. Auch eine solche Haltung führt nicht zu mehr Relevanz, eher zur Selbstverzwergung.

Es ist die Zeit für Aufbruchsgeschichten und dafür, sich der Relevanz zu vergewissern, die im Christentum für heute und in Zukunft steckt.

Davon handeln die Beiträge in diesem Buch: von selbstbewussten Großmüttern, die ihren Enkeln für deren Leben eine bleibend inspirierende christliche Erfahrung mitgegeben haben; von kraftvollen Impulsen der Weltkirche zum Frieden und zur Bewahrung der Schöpfung; von der Zeitenwende vor über 2000 Jahren, die eine neue Sicht auf den Menschen und die Zeit ermöglicht hat; von der Dunkelheit im Raum der Kirche, die zu verzweifeltem Leben und Sterben führt; vom Verlust der Relevanz und von der Erfahrung, hin- und hergerissen zu sein in der Beziehung zur Kirche; vom pfingstlichen Geist in einer Verwaltung; vom neuen Schwung in der Ökumene und von notwendigen Dialogen mit den orthodoxen Kirchen; vom Glück des Risikos; von Diensten an der Peripherie und an der Seite von Opfern.[8]

Krise und Kairos sind im besten Fall die zwei Seiten einer Erfahrung. Allerdings nur dann, wenn der Wille zur Erneuerung vorhanden ist, wir auf das Christentum nicht verzichten und darin eine Perspektive wieder entdecken, die lebens- und friedensförderlich ist.

Zeit für Hoffnungsmacher

Über Heilige, Hoffnung und das Christentum in Zeiten der Krise

Thomas Arnold

Václav Havel war nie ein Träumer, vielmehr ein Skeptiker: Die Philosophie des Happy Ends blieb ihm fremd. Er ging nicht davon aus, dass etwas gut ausgehen würde, auch wenn er sich trotzdem dafür einsetzte. Heiterkeit und Hoffnung machten ihn zum Helden für die Demokratie. Es ist die Biografie eines Heiligen unserer Zeit, weil sein Leben davon zeugt, wozu Menschen fähig sind. Wenn wir heute – 35 Jahre nach dem Mauerfall – Freiheit und Versöhnung auf unserem Kontinent denken, braucht es Menschen, die Mut, Kraft, Energie und die Bereitschaft haben, dazuzulernen. Der christliche Glaube kann sie dazu befähigen.

Einer von ihnen ist Jürgen Opitz. Der Bürgermeister der sächsischen Stadt Heidenau erlebte im Jahr 2015, was heute viele erneut erwarten. Aufgebrachte Bürger in einer krisenhaften Situation, bei der die Eskalation kaum mehr beherrschbar bleibt. Als dann der aus Niedersachsen stammende Bundesminister Sigmar Gabriel vor Ort vom »Pack« sprach, mobilisierte seine Person viele, die eigentlich bisher nicht vor der Flüchtlingsunterkunft im ehemaligen Baumarkt demonstrierten. Gabriel stieg ins Auto und fuhr davon. Jürgen Opitz blieb und versuchte Lösungen zu finden. Manche arbeiteten sich in der Folge an ihm ab, manche bezeichneten ihn als Heiligen. Er selbst würde das nicht von sich sagen. Aber er weiß zwischen Sünde und Sünder zu unterscheiden. Opitz hat dazugelernt. Während seines Theologiestudiums, während der friedlichen Revolution und während seiner 30 Jahre in der Stadtverwaltung. Er hat keine Revolution angezettelt, aber versöhnt, wo die Fronten schon verhärtet waren.

Danach sehnen sich die Menschen. Sie suchen dabei nicht nur den Einzelnen, sondern jene Institutionen, die dafür Strukturen bieten. Der Staat wird es nicht sein. Die Kirchen könnten es sein. Doch fordern viele von der Kirche, erst einmal eigene Schuld aufzuarbeiten, um dann wieder sprachfähig zu sein. Diese Zeit innerer Einkehr mag für die Kirchen wichtig sein. Weil sich aber die Welt weiterdreht, kann es sich das Christliche nicht erlauben, dauerhaft in Klausur zu gehen. Die Kultur Europas vertraut auf eine Wirkmacht des Christlichen in unserer Zeit, die weder durch nicht kirchliche Spiritualität ersetzt noch als politische Ideologie missbraucht werden darf. Vielmehr sollte es zur Aufgabe des Christentums in unserem Jahrhundert werden, als Quelle moralischer Inspiration für eine Kultur der Freiheit und der Demokratie zu dienen.

Für die Menschen in Sachsen ist diese Prägung zwar in Gesetzestexten und Folklore verortet, aber im reflektierten Lebensvollzug kaum noch vorhanden. Sie leben ganz anders, ganz unchristlich. Es ist keine bewusste Entscheidung *gegen* eine Religion oder Institution wie die Kirche, sondern es ist die zweite bis dritte Generation, die nicht mehr zur Gottesfrage Stellung bezieht. Der Erfurter Religionsphilosoph Eberhard Tiefensee bezeichnet sie als *religiös indifferent*. Es sind eben nicht jene, die noch getauft, aber eigentlich desinteressiert am Wirken der Kirche sind. Es sind auch nicht jene Atheisten, die sich bewusst gegen Gott entscheiden. Und es sind auch nicht die Agnostiker, die sich einer Stellungnahme enthalten. Sondern es sind jene Menschen, für die Gott als sinnstiftendes Element in ihrem alltäglichen Entscheiden irrelevant ist. Das meint nicht, dass Religion und religiöse Fragen nicht im Alltag vorkommen würden. Aber sie werden »überlesen« oder als Informationen aus dem Reich der Zurückgebliebenen abgetan.

Unsere Gesellschaft sollte das nicht als defizitär abtun. Für die Art und Weise, wie wir in den kommenden Jahrzehnten in der Bundesrepublik das Christsein leben, wird Mitteldeutschland ein Lernort sein. Die Ausgangsbedingungen und der Umgang damit werden unterschiedlich bleiben. Aber das Phänomen wird sich flächendeckend ausbreiten. Noch sind in weiten Teilen der alten Bundesrepublik die Menschen vom Christentum lediglich entfremdet. In der nächsten Generation werden sie davon unberührt sein. Stadt und Land sind davon betroffen, es wird über Generationen gewachsen sein. Noch nie in der 2000-jährigen Geschichte unseres Christentums war die Religionsgemeinschaft vor die Herausforderung gestellt, Christus in Kontakt mit Menschen zu bringen, wo kein Gottesglaube mehr existiert. Die dafür bewährten Strategien werden nicht mehr funktionieren. Was heute im Osten der Republik mehrheitlich gelebt wird und sich im Westen ausbreitet, ist eine »ganz solide Lebensoption unter vielen anderen«[1] (Eberhard Tiefensee). Drei Charakteristika einer solch eigenen existenziellen Kultur sind zu nennen:[2]

Erstens: Auch ohne Gott kommt es zwar zum Entzug eines transzendenten Begründungszusammenhangs, nicht aber zum außergewöhnlichen Verfall der Wertvorstellungen. »Gottlosigkeit« bedeutet nicht »Sittenlosigkeit«. Natürlich haben Menschen ohne Gottesglauben auch Wertvorstellungen. »Sie speisen sich aus einer Vielzahl von Traditionen und haben eine pragmatische Seite, die natürlich zweifellos christliche Inhalte aufgenommen hat, aber für die meisten ist es gleichgültig, woher diese Werte gekommen sind (…). Wertvorstellungen werden als vernünftig bzw. praktikabel angenommen oder abgelehnt, mit Religion hat das in der Regel wenig zu tun.«[3] So gern sie es wären: Kirchen sind weder die einzigen noch die zentralen Werteagenturen einer demokratischen Gesellschaft. Wenn die Relevanz der Kirchen zu sinken droht, ist die Versuchung groß, sie für das Gemeinwesen zu funktionalisieren. Das wäre eine verkürzte Verzweckung des christlichen Glaubens! Dazu gehört auch eine Einsicht aus der jüngeren Vergangenheit: Wer meint, die aktuell medial sichtbaren Polarisierungen in der Bevölkerung Ostdeutschlands und der Erfolg der Rechtsextremisten seien ein Ausdruck der Gottferne, der muss stärker auf die gemeinsame deutsche Vor- und Nachwendegeschichte schauen als auf die Gottesabwesenheit. Wenn aber das Fehlen Gottes nicht zum Sittenverfall führt, dann sollten Christen kritisch gegenüber jenen Politiker:innen sein, die für Mehrheiten diese Erzählung bemühen. Zugleich sollten sie nicht die »christliche Zivilisation« umzäunen, um sie möglichst zu erhalten. Aus der DDR wissen wir: Jede Mauer, die vorgibt zu beschützen, aber stattdessen einengt, wird früher oder später fallen. Christinnen und Christen sollten anerkennen, dass »die neuzeitliche Gestalt der Religion nicht die erste und offensichtlich auch nicht die letzte gesellschaftlich-kulturelle Inkarnation des christlichen Glaubens in der Geschichte bleiben wird« (Tomáš Halík).

Zweitens: Auch Areligiöse können feiern, vor allem an den Höhe- und Tiefpunkten ihres Lebens. Schulaufnahme, freie Trauung und die Ansprache bei der Bestattung sind die säkularen Sakramente des 21. Jahrhunderts. Dabei darf man sich nicht täuschen: Weil das kirchliche Ritual qualitativ schlecht oder nicht verfügbar ist, weil beispielsweise der Ortspfarrer gerade im Urlaub ist oder Homosexuelle keine Segnung erhalten dürfen, wird rasch und ohne weitere Begründung das säkulare Ritual in Anspruch genommen. Umgekehrt ist es aber begründungspflichtig. Oder anders formuliert: Wer einmal säkulare Riten in Anspruch genommen hat, wird kaum mehr zu kirchlichen Ritualen zurückkehren. Die Kirchen sollten Menschen so qualifizieren, dass sie bedarfsgerecht und mit mühevoller Kleinarbeit andere durch die Sakramente und Sakramentalien an der Liebe Gottes teilhaftig werden lassen. In der Zeit des Übergangs, wo in Teilen der Bundesrepublik Menschen noch einen Bezug zum Christlichen haben, könnten Begleitungen mit persönlicher Nähe, authentischem Leben und einem der Nachfrage entsprechenden Angebot die Dynamik der Säkularisierung abfedern.

Drittens: Die wohl größte Provokation ist, dass selbst existenzielle Grenzsituationen nicht zu religiöser Ein- und Umkehr führen. Die areligiöse Gesellschaft stellt nicht mehr die Frage nach dem *Warum,* sondern nach dem *Wie.* Das verändert aber die Perspektive auf die Analyse der Situation. Wenn der Mensch stirbt, wendet sich der Mensch heute an Mediziner und Psychologen, um das Wie zu erfahren. Wenn die Gesellschaft oder Völker in Krisen geraten, werden Politikwissenschaftler:innen nach dem Wie gefragt. »Wie ist es dazu gekommen?«, ist in der Breite der Bevölkerung der Versuch unserer Zeit, mit empirischen Wissenschaften kausale Mechanismen zu finden, die nicht nur erklären, sondern in Zukunft solche Geschehnisse vermeiden helfen. Eine solche Fragestellung bietet aber keinen Anknüpfungspunkt mehr für religiöse oder metaphysische Überlegungen. Zugleich kann festgestellt werden: Wer das schafft, kann bestenfalls praktische Probleme besser bewältigen. Wenn die Warum-Frage aufkommt, wäre sie nur ein Krisenphänomen, dem ich selbst oder mithilfe meines sozialen Umfelds entkommen muss, um die Frage verstummen zu lassen. Die entscheidende Frage christlichen Agierens in den kommenden Jahrzehnten wird sein, wie Christen akzeptieren, dass die Menschen nach dem Wie fragen und sie dabei trotzdem ihre Fragen nach dem Warum im Spiel behalten.

Zuversicht ohne Gott ist denkbar. Und sie wird für immer mehr Menschen in Deutschland denkbar. Will das Christentum in dieser Zeit einen Beitrag zur Heilung der Welt leisten, muss es seine inspirierende geistige Kraft in gesellschaftliche Fragen einbringen. Dafür muss es die eigenen Quellen neu lesen lernen, aber auch den Mut aufbringen, die Zeichen der Zeit ernst zu nehmen. Die Wände eines solchen Feldlazarettes wären weder die nostalgischen Tapeten der Vergangenheit noch wären sie kulturell einfarbig gestrichen. Stattdessen nehmen sie die Buntheit der Welt auf und lassen radikal die Pluralität in der Einheit zu. Das schützt vor Tyrannei ebenso wie vor Anarchie. Die Kirche als Feldlazarett in dieser Zeit sollte von besorgter Besonnenheit bestimmt sein.

Mag das höchste Gut einer liberalen Gesellschaft, wie wir sie in Europa kennen, die Freiheit sein, so muss das Christliche diese Liberalität mit der Frage bereichern, wie es gelingen kann, so zu handeln, dass man *Hoffnungsmacher* für die Gesellschaft ausbildet. Hoffnungsmacher müssen nicht zwangsweise an Christus glauben, aber Christen qualifizieren Menschen dazu, mit Zuversicht in diese Welt zu gehen, weil ihre Zuversicht in der Hoffnung auf das Leben nach dem Tod gründet. Ein Beispiel für eine solche Haltung kennt die Bundesrepublik aus den Jahren ihrer Wiedervereinigung. Die Demokratie in Ostdeutschland ist nach 1989 mit Leben gefüllt worden, weil überproportional hoch im Vergleich zum Bevölkerungsanteil in den Kirchengemeinden der eine zum anderen sagte: »Du hast ein christliches Bild vom Menschen, wir haben endlich die Freiheit – bring dich ein, damit unser Bild vom Menschen Mehrheiten findet.« Das fixiert nicht auf eine Partei, aber auf die Parteien im demokratischen Spektrum, die es gut meinen mit allen Menschen. Eine solche Haltung brauchen wir wieder. Gerade in Zeiten großer Unsicherheit ist sie ein Wert. Wir brauchen sie für unseren Kontinent. Für unsere Kirche. Und für unseren Glauben. Denn sowohl der Kontinent als auch die Kirche und der Glaube unterliegen einem tiefgreifenden Wandel. Nichts davon wird in zehn Jahren noch so aussehen wie heute. Dabei sind Christen nicht die Ersten, die handeln, und nicht die Ersten, die vor solchen Herausforderungen stehen. Wer sich zum Volk Gottes zählt, der weiß sich verwurzelt in eine Heilsgeschichte mit Gott. Es geht darum, so gut wie möglich das Jetzt zu gestalten. Der dem innewohnende Gedanke ist das Wissen, dass das Leben nach dem Tod mit der *visio beatifica* die vollendete Sicht des Wahren, Guten und Schönen ist. Das ist Neuanfang, den man jetzt schon dem Christlichen anmerken sollte. »Die schönsten Früchte des Christentums sind Empathie, Demut und Gelassenheit. Die Rechtspopulisten kennzeichnet das Gegenteil: Empathielosigkeit, Hybris und Daueraufgeregtheit.«[4]

Angesichts der zahlreichen Krisen scheint eine auf sich (und naturwissenschaftliche Expertise) gestellte Politik überfordert zu sein. Beide, Regierung und Opposition, verantworten das sensible Gefühl der Bürgerinnen und Bürger für das Vertrauen in die Politik. Schnell ist es zerstört, langsam nur wieder aufzubauen. Die Regierung trägt die hohe Verantwortung, ihr Handeln so zu erklären, dass es für Menschen nachvollziehbar wird. Ein Fehler und dessen Korrekturen werden akzeptiert, willkürliche Entscheidungen nicht. Die Opposition muss die Alternativen aufzeigen. Das verlangt Antworten statt einer Polemik, die den Protest verstärkt, aber die Bereitschaft zur Konsensfindung im Land dauerhaft verletzt. Keiner darf die ohnehin schwierige Lage weiter dramatisieren, nur weil er sich selbst dadurch profilieren kann. Dies gilt für Parteien ebenso wie für Mandatsträger und Verantwortungsträger, bis in die Bundesländer und Kommunen. Bei aller Stärke des Einzelnen lebt der Staat nicht nur von Voraussetzungen, die er selbst nicht garantieren kann, sondern ist mit seiner säkularen Sprache angesichts starker Emotionen regelmäßig überfordert. Religiöse Sprache, Symbole und Rituale hingegen sind in der Lage, konstruktiv Angst und Trauer, aber auch Hoffnung und Freude der Menschen in der Öffentlichkeit Ausdruck zu verleihen. Die Psalmen zeugen ebenso davon wie die Gebete, die zur friedlichen Revolution unseres Landes führten. Liturgie ist verdichtete Erfahrung des geteilten menschlichen Schicksals. Das Licht der Kerzen gehört in unserer Zeit nicht nur auf die Gräber der Toten, sondern in die Hände der Lebenden. Die erste Aufgabe der Kirche als »Feldlazarett« sollte es sein, der individuellen Wucht von Verunsicherung, vielleicht sogar Not, einen Ort zu bieten, wo sie gemeinsam ausgehalten wird.

Die Kirche tut sich stattdessen zu oft zu viel leid. Sentimentalität kann sie, Sensibilität für die Krisen unserer Zeit fehlt ihr. Selbst wohlwollende Beobachter sehen ihr die Leidensgeschichte der letzten Jahre an, wo vom Pfarreileben bis zur gesellschaftlichen Relevanz alles implodiert. Aber wo war das Mitleiden in Corona, als die Urgroßmutter das kleine Kind im Altersheim nur noch sehen konnte, weil es die Eltern unerlaubt am Fenster hochhielten? Wo ist das Mitleiden mit denen, die allein sterben mussten, weil wir am Beginn der Pandemie selbst die Todeskandidaten von ihren Mitmenschen abriegelten? Oder das Beispiel »Chemnitz 2018«, als der Mob durch die Straße zog, aber Wut und Angst und Trauer keinen Ort in den (leeren) Kathedralen der Stadt fanden. Nicht, weil man danach nicht suchte. Sondern weil die Kirchen zu spät waren und nicht in der Lage, mit ihrer in der Liturgie verdichteten Erfahrung darauf zu antworten.

Dass sie keine Kraft der Zuversicht mehr entwickeln kann, hat zahlreiche Ursachen. Die Zeitdiagnose für die Kirche ist dabei fast durchweg fatal: Die Austrittszahlen erreichen Jahr für Jahr Höchststände, die Teilnahme am kirchlichen Leben sinkt auf ein beschämendes Minimum. Und wer ruft, dies sei ein westeuropäisches Problem einer materiell gesättigten Gesellschaft, hat damit recht. Blendet aber aus, dass andere Erdteile genau danach streben und noch nicht ausgemacht ist, ob gleiche Entwicklungen nicht nur deutlich zeitverzögert einsetzen. Der Katholizismus in Polen ist ein nahes Beispiel dafür.

Als ein Mensch, der aus einem Landstrich mit »Bruch-Erfahrung« kommt, der also – mindestens aus den Erzählungen – weiß, wie sich ein System anfühlt, das inhaltlich ausgehöhlt ist, durch eine Funktionärselite beatmet wird und in dem die Mehrheit der Menschen weiß, dass das Korsett nicht mehr zum Leben passt, will ich warnen: Es gibt zu viele Analogien der Kirche unserer Zeit zur DDR kurz vor 1989. Ob Franziskus der neue Gorbatschow und der Synodale Weg der Leipziger Ring ist, wäre als anmaßende Vergleiche zu vermeiden. Aber das Empfinden der Menschen, dass Verantwortliche, in die sie bisher so großes Vertrauen gegeben haben, sie belogen haben, ist so schmerzhaft und tiefgehend, dass etwas Entscheidendes verloren gegangen ist, nämlich Vertrauen. Wenn dann noch wie eine klaffende Wunde sichtbar wird, dass die Regel nicht mehr zur Realität passt, sie aber über Denunziation und Doppelbödigkeit gehalten wird, verabschieden sich immer mehr Menschen aus dem innersten Zirkel institutionell gefasster Kirchlichkeit.

Dabei dürfte es nicht ein Automatismus sein, ob ein Change gelingt. Es ist ekklesiologisches Wissen, dass die Kirche nicht untergehen wird. Aber das heißt weder, dass sie nicht in Deutschland untergehen könnte, noch heißt es, dass sie nicht in der uns heute gewohnten Form untergehen könnte. Vielleicht ist die zu erwartende Implosion genau auf jene kulturelle Obdachlosigkeit zurückzuführen, in die das Christentum der Spätmoderne geraten ist. Die neue Form, das neue Zuhause, die neuen Ausdrucksmöglichkeiten, die neuen gesellschaftlichen und kulturellen Aufgaben und neuen Verbündeten sind da. Aber noch nicht erkannt. Die Frage ist: Erschrecken die Christen vor dieser Implosion und dem daraus zu erwartenden Durcheinander? Oder verwandeln sie diese Situation in eine »Inkubationsphase des Christentums der Zukunft«?[5] Der Karsamstag des Christentums ist schwer auszuhalten. Nach innen wäre es folglich die Aufgabe der Christen, die Kirche mit der Moderne zu versöhnen, voranzutreiben und infolge des II. Vatikanums zu vollenden, selbst wenn die Postmoderne schon die Türen zum 21. Jahrhundert aufgetreten hat. Es wird voraussichtlich ein »betreutes Lernen« (Christiane Florin) für Bischöfe, Priester und Laien sein. Doch es wäre zu wenig, deformierte Strukturen lediglich zurechtzubiegen. Ein solcher Dienst nach innen wird auch die Verortung in der Gesellschaft neu bestimmen. Das Christentum der Zukunft wird aus Mystikern bestehen. Aber noch viel mehr: Das Christentum dieses Jahrhunderts wird Räume für Heilige entwickeln. Oder es wird nicht sein. Diese Räume sind spirituelle Zentren, die aber die Vernunft nicht außer Acht lassen. Die dem Einzelnen Freiheit lassen, aber um ihre Verantwortung wissen, dass das Religiöse eine kulturelle Aneignung über Beziehung braucht. Es sind jene Orte, die die Tiefendimensionen des Glaubens systematisch kultivieren. Es sind jene Orte, an denen Menschen die Chance bekommen, ihr Leben aus einer Hoffnungsperspektive zu deuten, wo sich Religiosität in einen persönlichen Glauben wandelt, um nicht zur »Kulturreligion« zu verkommen. Das nächste Jahrzehnt kann für das Christentum zu einem Jahrzehnt der Hoffnung werden, wenn es ihm gelingt, Räume zu schaffen, die es anderen ermöglichen, zu Heiligen zu werden. Die Dynamik künftigen Christseins wird leben aus kraftvollen spirituellen Impulsen, gründlicher theologischer Reflexion und Mut zu Experimenten. Das meint nicht blinden Aktionismus. Es braucht vielmehr eine Nachdenklichkeit, die dem Christlichen einen Dienst erweist.

Am Beispiel des nachhaltigen Umgangs zeigt sich die gestalterische und zugleich solidarische Kraft des Christlichen. Es ist die Zeit schöpferischer Kreativität. Steigende Energiepreise werden notwendig sein, um die breite Einführung von Einspartechnologien und Mechanismen der regenerativen Energieerzeugung zu fördern. Wir müssen das Zusammenspiel von Ökologie und Ökonomie neu austarieren. Die Energiepolitik der kommenden Jahre wird die soziale Frage des 21. Jahrhunderts erzeugen. Sie wird nicht ausschließlich mit Sozialtransfers und technischen Innovationen zu lösen sein.

Erst recht nicht mit dem Blick bis zum eigenen Tellerrand. Es wäre zynisch, dem globalen Süden durch eine Kürzung der Bundesmittel den Gürtel enger zu schnallen, nur weil Deutschland auf Sparkurs ist. Die Verantwortung für die Zukunft verlangt von uns jetzt das aufmerksame Handeln. Denn die Armen von heute sind die Migranten von morgen. Deswegen braucht es einen Wandel im Denken, der die internationalen Konsequenzen im Blick behält, aber das eigene Handeln zuerst verändert.

Es geht um nichts Geringeres, als ein neues Kapitel der Geschichte zu gestalten. So einen wie Jürgen Opitz braucht es dafür in vielen Städten unseres Landes. Denn er weiß, wozu sein eigener Glaube ihm Kraft gibt und wo die Grenzen seiner Glaubensgemeinschaft sind. Über Jahrzehnte hinweg hat der Pfarrer von Heidenau Menschen sexuell missbraucht. Aufgedeckt ist es inzwischen, vollständig aufgearbeitet noch lange nicht. Opitz spricht offen darüber, selbst weiter katholisch zu sein. Zum Vorwurf machen es die Menschen ihm nicht. Es kann gelingen, auf die Schuldgeschichte der Kirche mit einem *dennoch* eigener Christlichkeit zu antworten. Das heißt, in Demut der Welt einen Raum zu bieten, in dem Menschen ihr Streben nach dem Guten verwirklichen können. »Zuversicht ist keine Illusion, wenn sie halten soll, und Hoffnung ist keine Utopie, wenn sie verändern will. Daher muss ich Illusionen vermeiden, um Zuversicht zu wecken, und werde ich vor Utopien warnen, um Hoffnung zu erschließen.«[6] Denn jetzt gilt, was Václav Havel wusste: »Hoffnung ist nicht die Überzeugung, dass etwas gut ausgeht, sondern die Gewissheit, dass etwas Sinn hat, egal wie es ausgeht.«

Salz der Erde, Licht der Welt

Aleida Assmann

Warum ich auf das Christentum nicht verzichte? Ganz einfach: Weil zu viel davon in mir steckt, unbewusst angelegt und aufgebaut ist. Ich komme aus einem Elternhaus mit Tischgebet, Losungen, Abendliedern, Sonntagsgottesdienst und viel Musik von Bach. Beide Eltern waren zudem Theologen, die von ihrem Beruf erfüllt waren. Dass sie dieses Bekenntnis in der NS-Zeit in den Widerstand geführt hatte, kam noch dazu. Es gibt keine Gnade der späten Geburt, aber es gibt die Gnade eines anti-nazistischen Elternhauses. Schweigen, Verdrängen, Rechtfertigen habe ich zu Hause nie erlebt. Auch durch den engen Kontakt mit emigrierten jüdischen Freunden meiner Eltern waren die Shoah und die große Schuld der Deutschen in unserem Haus immer präsent. Diese Grundlagen sind ein Erbe, für das ich sehr dankbar bin. Aber, wie Goethe bereits gewusst hat, ist Erben nicht ein Prozess bloßer Bewahrung und Verlängerung, sondern des Neu-Erwerbs: »Was du ererbt von deinen Vätern hast, erwirb es, um es zu besitzen.« Die Kontinuität trägt, aber es kommt auch zu einer Verschiebung des Standpunkts und zur Eröffnung neuer Perspektiven.[1]

Mein Einstieg in unser gemeinsames Thema ist nicht das Pfingstwunder, sondern die Bergpredigt. Das Matthäusevangelium beginnt zunächst mit der leiblichen und geistlichen Biografie Jesu als Individuum: Es geht um seine Herkunft, Geburt, Taufe und die Versuchung durch Satan. Dann folgt in den Kapiteln 5 bis 7 die Bergpredigt. Mit dieser Selbstvorstellung wird Jesus zu einer öffentlichen Person. Er präsentiert sich vor seinen Jüngern und ruft sie in seine Nachfolge. Dieser öffentlichen Person gibt der Evangelist Matthäus durch seine Komposition der überlieferten Worte ein besonderes

Profil. Der Anlass für die Bergpredigt war ein spontanes Treffen und kein anberaumter Termin. Jesus wirbt in einem Kreis möglicher Jünger für seine Sache und spricht damit zugleich auch alle Anwesenden an, die sich vor Ort eingefunden haben. Diese Ansprache geschieht nicht im Verborgenen, sondern auf einem Berg unter freiem Himmel. Jeder kann zuhören. Obwohl der engere Kreis der Adressaten die bereits gewonnenen und noch zu gewinnenden Jünger waren, können wir davon ausgehen, dass diese Predigt viele Menschen erreichte, denn es heißt ja zum Abschluss: »Als er aber vom Berge herabging, folgte ihm eine große Menge.« (Mt 8, 1) Diese große und bunte Menge der Zuhörer, die aus Männern, Frauen und Kindern bestand, ist durch viele Gemälde in Kirchen, Museen und Schulbüchern zu einem festen Bestandteil des christlichen Bild-Gedächtnisses der Bergpredigt geworden.

Diese Predigt unterscheidet sich deutlich von einer öffentlichen Ansprache auf der athenischen Agora. Denn eine Gemeinschaft wie die der Athener, die durch die Polis klar definiert ist, gibt es bei der Bergpredigt ja noch gar nicht. Sie ist eher so etwas wie die Keimzelle für die Entstehung einer Solidargemeinschaft mit den Jüngern als festem Kern und den Anhängern als erstem Publikum dieser neuen Jesus-Bewegung. Was sich hier gerade als Gemeinschaft konstituiert, hat noch keine klaren Grenzen. Die Grenzen oder Grenzenlosigkeit dieser Gemeinschaft sind ein Punkt, der mich im Folgenden besonders interessiert.

Ich möchte die Bergpredigt hier einmal als eine Vorwegnahme oder Variante des Pfingsterlebnisses betrachten. Bei der Bergpredigt geht es um eine Präsentation der Botschaft Jesu, beim Pfingstwunder um eine Re-animation dieser Botschaft nach seinem Tod. In beiden Fällen werden Grenzen überschritten. Beides sind Inklusionsgeschichten, die soziale, ethnische, religiöse Grenzen überwinden und den Blick freigeben auf das, was im Grunde alle Menschen angeht; was sie brauchen, wünschen und gemeinsam haben.

Zum Aufbau der Bergpredigt

Matthäus eröffnet sein Evangelium mit dem großen Auftritt Jesu in der Bergpredigt. Sie ist die Ouvertüre und das Manifest ihres Evangelisten. Friedrich Dürrenmatt nannte die Bergpredigt die Rede aller Reden. Was macht sie so besonders, was ist neu und revolutionär an ihr? Zum Beispiel, dass der Kreis der Adressaten prinzipiell offen ist. Die Rede wendet sich an alle und schließt niemanden aus. Im Mittelpunkt stehen natürlich die Jünger, die Jesus hier auf ihre neue Rolle als »follower« einstellt. Gleichzeitig schließt sie alle mit ein, die sich eingefunden haben, um sich Rat zu holen, sich eine Heilung versprechen oder einfach neugierig sind. Und dann sind natürlich alle Leser dieses Textes durch die Jahrhunderte angesprochen. Tatsächlich geht die Botschaft der Bergpredigt jeden etwas an, denn sie dreht sich um existenzielle Fragen der Wahrhaftigkeit, der Gerechtigkeit und des guten Zusammenlebens. Sie sprengt Grenzen und nimmt jeden mit, der bereit ist, sich zu öffnen.

Gehen wir die Themen dieser Rede, die Matthäus so sorgfältig aus überlieferten Worten komponiert hat, einmal durch. Am Beginn stehen die Seligpreisungen. Ich verstehe sie zunächst als die direkte Anrede und Zuspruch an die Versammelten, ja als eine große Wertschätzung und Ermächtigung der Anwesenden. Es ist ja eine bunte Menge, die sich spontan eingefunden hat, einfache Fischer aus Galiläa, schlichte Menschen ohne Status und Würde, Tagelöhner und Habenichtse. Ihnen allen wird mit dieser Rede zu Würde und Ansehen verholfen. Sie werden durch die Seligpreisungen erhöht und in einen geistlichen Adelsstand erhoben. Die Zulassungskriterien, die man für den Eintritt in diesen Adelsstand braucht, sind nicht voraussetzungsvoll, sondern können von allen Menschen erfüllt werden: sanftmütig, wahrhaftig, barmherzig und friedfertig sein. Auch wenn alle diese Qualitäten in der Realität selten erfüllt sind, kann man sich doch schnell darauf einigen, dass es sich hier um universal anerkannte Werte und Normen handelt. Der Ruf zur Nachfolge geht in der Bergpredigt dann noch einen Schritt weiter, denn der Eintritt in diese Gemeinschaft ist mit der Selbstverpflichtung verbunden, diese Orientierung nicht nur zu akzeptieren, sondern auch konsequent zur eigenen Lebensgrundlage zu machen.

Die Seligpreisungen werden durch einen weiteren Adelstitel ergänzt, der allen Anwesenden angeboten wird: »Ihr seid das Salz der Erde, ihr seid das Licht der Welt!« (Mt 5, 13-16) Gemeint ist: Wer diese Eintrittsqualifikationen ernst nimmt, gehört zur Gruppe der Auserwählten. Dieses Auserwähltsein beruht nicht vorrangig auf einer Verheißung, die gegenüber einem Vorfahren wie Abraham ausgesprochen wurde, sondern auf der Einhaltung bestimmter Lebensprinzipien. Sie ist nicht rückwärtsgewandt, sondern richtet sich in die Zukunft. Die wichtigste Voraussetzung, dazuzugehören, besteht für den Evangelisten Matthäus darin, dass man bereit ist, die in der Bergpredigt aufgelisteten Verhaltensregeln anzunehmen und in die Tat umzusetzen.

Nicht auflösen, sondern erfüllen

Eine Grenze jedoch wird von Jesus in der Rede gezogen, und das ist die, die seine Stellung zum Gesetz betrifft. Mit Gesetz ist die hebräische Bibel, also die schriftliche Überlieferung, kurz: die Thora gemeint. Die Grenze, die hier gezogen wird, schließt jedoch weder etwas ab noch etwas aus. Der Wortlaut des Textes macht sehr deutlich, dass hier nicht eine neue Sekte entsteht, die sich feindlich von einer bestehenden Religionsgemeinschaft abgrenzt, sondern dass sich aus dieser Religionsgemeinschaft gerade ein Ableger unter der Bedingung der Endzeiterwartung entwickelt. Die Losung der Bergpredigt hat nichts mit der Losung der späteren Kirche zu tun, die die Christen gegen die Juden ausgespielt und mit ihrer Supersessions-Theologie einen jahrtausendelangen Judenhass ausgelöst hat. In der Bergpredigt heißt es klipp und klar: »Ihr sollt nicht meinen, dass ich gekommen bin, das Gesetz oder die Propheten aufzulösen, ich bin nicht gekommen aufzulösen, sondern zu erfüllen.« (Mt 5, 17)

Nicht auflösen, sondern erfüllen, das heißt: die Überlieferung von Gesetz und Propheten nicht verwerfen, sondern ernst nehmen und praktisch umsetzen! Der neue Impuls der Bergpredigt liegt darin, das »Gesetz« nicht mehr nur in seinen Formulierungen auszuloten, um es als Absicherung der Gemeinschaft zur Geltung zu bringen, sondern auch, um es durch Umsetzung ins Handeln zu erfüllen. Im Gegensatz zur Deutungskultur der *Schrift*gelehrten betont die Bergpredigt einen ausgesprochen *mündlichen* Zugang zur Tradition. Diese Tradition ist in Jesus selbst umfassend präsent, denn sie ist in seinem lebendigen Gedächtnis gespeichert und wird immer wieder anlassbezogen zitiert. Aber auch die Worte, die er selbst in seiner Rede benutzt, sind aufs Gedächtnis ausgerichtet, denn sie prägen sich durch Wiederholungen, Variationen und starke Bilder ein. Jeder, der diese Bilder einmal gehört hat, kann sie nicht mehr vergessen, wie zum Beispiel das Bild vom Splitter oder Balken im Auge. Viele Argumente der Bergpredigt werden durch Gegensatzbildungen verstärkt und mit klaren, oft drastischen Bildern unterlegt. Diese Sprache ist barrierefrei; ein langes frommes Studium und andere Bildungsvoraussetzungen sind für ein Verständnis dieser Rede nicht nötig. Was gepredigt wird, kann jeder und jede nicht nur direkt verstehen, sondern auch in Erinnerung behalten. An dieser schriftlichen Aufbereitung des mündlichen Predigers Jesus hat der Redaktor Matthäus einen wichtigen Anteil; er hat es mit Erfolg verstanden, diese mündliche Rede ins rechte Licht zu rücken. Aufgrund ihrer sinnlich konkreten Prägnanz, der poetischen Bildlichkeit und des durchgängigen Alltagsbezugs gehört die Bergpredigt zu den herausragenden Werken der Weltliteratur.

Raum für Ambivalenz, Komplexität und Reflexion ist in der Ethik der Bergpredigt nicht vorgesehen, denn es geht hier um handfeste Orientierungen und klare Regeln. Die Rede ist in eine Endzeitstimmung der Polarisierung hineingesprochen, die wir gut kennen. Die Menge folgt gern falschen Propheten, die ihr das Heil auf Erden verheißen, auch das kennen wir gut. Deshalb stellt die Rede ihre Adressaten vor eindeutige Entscheidungen eines Entweder-oder. Wem will man dienen: den Mitmenschen oder Gott? Selbstgerechtes Handeln, das zur Steigerung des Profits, der Macht, des eigenen Ansehens führen soll, ist verwerflich, öffentlich ausgestellte Tugend ist nichts wert, auch soll man sein Augenmerk nicht auf Äußerlichkeiten richten und sich lieber dem Tag anvertrauen, anstatt mit Sorge in die Zukunft zu blicken. Vor allem soll man sich davor hüten, andere zu verurteilen und ihnen mit Missgunst und Misstrauen zu begegnen.

Mehrdeutigkeiten kommen in der Bergpredigt nicht vor, aber Paradoxien, Überraschungen, Zumutungen und eine radikale Umwertung der Werte. Das wird am deutlichsten, wo es um die Überwindung von Vergeltung und Rache geht. Um den Zyklus der Gewalt zu durchbrechen, wird das Recht, zum Gegenangriff überzugehen, kurzerhand aufgehoben. »Wenn dich jemand auf die rechte Backe schlägt, dann biete die andere auch dar.« (Mt 5, 39) Dieser Abschnitt wird noch weiter überboten durch das Gebot der Feindesliebe: »Liebt eure Feinde und bittet für die, die euch verfolgen.« (Mt 5, 44) Es ist oft wiederholt worden, dass dieses Gebot eine große Überforderung menschlicher Möglichkeiten darstellt und man mit der Bergpredigt keine Politik machen kann. Ganz stimmt das aber nicht: Die Zeugen Jehovas zum Beispiel, die im NS-Staat während des Zweiten Weltkrieges zur Wehrmacht eingezogen wurden, haben mit dem Satz »Wir tun so was nicht« die Waffen, die man ihnen in die Hand drückte, fallen lassen. Wir dürfen auch Mahatma Gandhi nicht vergessen, der mit seiner gewaltlosen Politik die Herrschaft des British Empire auf dem indischen Subkontinent zu Fall brachte. Oder die Madres und Abuelas von der Plaza de Mayo, die Mütter und Großmütter der von der argentinischen Militärjunta ermordeten und zum Verschwinden gebrachten Kinder und Enkel, die von 1976 bis 1983 mit ihrem gewaltlosen Protest und ihrem beharrlichen Nachfragen und Fordern die Diktatur stürzten. »Unser Schwert ist Liebe!« Dieser Slogan des iranischen Rappers Toomaj Salehi ist die muslimische Version solcher Feindesliebe. Auch wenn sich die Anhänger einer gewaltlosen Politik im Namen der Menschenrechte derzeit in vielen Gefängnissen von Diktaturen befinden und gefoltert werden, ist ihr Protest nicht überhört worden und hat die Politik der Gegenwart einschneidend geprägt und verändert. Eine solche Politik lässt sich mit der Bergpredigt verbinden und insbesondere mit zwei Bitten des Vaterunser-Gebets, das in der Bergpredigt weitergegeben wird:»Dein Reich komme« und»Dein Wille geschehe, wie im Himmel, so auf Erden«. Wer heute unter diesem Vorzeichen lebt und handelt, so könnte man im Umkehrschluss sagen, der holt das Reich Gottes schon jetzt vom Himmel auf die Erde.

Die goldene Regel

Von ihrem Inhalt her ist die Bergpredigt kompromisslos und radikal in ihren Forderungen nach Ehrlichkeit, nach Zuwendung zu anderen und nach Friedfertigkeit. Aber von ihren Voraussetzungen her ist sie inklusiv und schließt niemanden kategorisch aus. Sie malt ein utopisches Bild einer menschlichen Gemeinschaft, die zusammen mit Zwietracht und Bosheit auch Ungerechtigkeit und Gewalt hinter sich gelassen hat. Über diese Sozialhygiene, die gezielt wegräumt, was sich an Feindseligkeit zwischen Menschen immer wieder aufbaut, können wir heute in Zeiten von Gewaltexplosionen in Hassposts und zwei Kriegen nur fassungslos staunen:»Darum: wenn du deine Gabe auf dem Altar opferst und dort kommt dir in den Sinn, dass dein Bruder etwas gegen dich hat, so lass dort vor dem Altar deine Gabe und geh zuerst und versöhne dich mit deinem Bruder und dann komm und opfere deine Gabe.« (Mt 5, 23-24)

Es fehlt noch ein entscheidender Akzent in diesem Bild von der Bergpredigt, und das ist die goldene Regel. Sie wird eingeleitet mit fünf Versen, die mnemotechnisch besonders wirksam sind, denn sie sind parallel gebaut und bestehen aus dreifachen Wiederholungen.

»Bittet, so wird euch gegeben; suchet, so werdet ihr finden; klopfet an, so wird euch aufgetan. Denn wer da bittet, der empfängt; und wer da sucht, der findet; und wer da anklopft, dem wird aufgetan.« (Mt 7, 7-8)

Im Kontext der Bergpredigt stehen diese Verse unter der Überschrift»Von der Gebetserhörung« und nehmen den Bezug zum Vaterunser-Gebet wieder auf. Sie variieren dabei einen einzigen Gedanken, und das ist die»Responsabilität« bzw. Antwortbereitschaft

Gottes gegenüber menschlichem Handeln. Beten hängt ja mit Bitten zusammen. Hier wird die Zusage gemacht, dass Gott auf die Bitten der Menschen eingeht und ihre Gebete erhört. Damit sind wir schon ganz nahe bei dem Prinzip, das die goldene Regel zusammenfasst. Hier geht es um die Reziprozität menschlichen Handelns. »Das Tun des Einen ist das Tun des Anderen« hat Hegel einmal geschrieben, und so steht es auch als Titel auf einem Buch des Psychotherapeuten Helm Stierlin. Hier ist die Fassung der goldenen Regel, wie sie in der Bergpredigt erscheint:

»Alles nun, was ihr wollt, dass euch die Leute tun sollen, das tut ihnen auch! Das ist das Gesetz und die Propheten.« (Mt 7, 12)

Dieser Satz, so hören wir, ist nicht nur der Kernsatz der Bergpredigt, sondern auch die Essenz der gesamten jüdischen Überlieferung, wie sie Jesus predigt. Dieser Satz kommt nicht nur von weit her, er ist auch in allen »heidnischen« und monotheistischen Religionen verbreitet. Die deshalb so genannte goldene Regel steht für ein Weltethos, das überall auf der Welt erprobt und in unterschiedliche jahrtausendealte Überlieferungen aufgenommen wurde. Es gibt sie in der positiven wie in der negativen Fassung. Im apokryphen Buch Tobit der hebräischen Bibel zum Beispiel gibt der alte Tobit seinem Sohn Tobias folgende väterliche Weisheit mit auf den Weg: »Was dir selbst verhasst ist, das mute auch einem anderen nicht zu.« (Tob 4, 15)

Matthäus hat als Interpret der Jesus-Worte die väterliche Weisheit des Tobit gesteigert und durch die Platzierung in der Mitte der Bergpredigt zu einem universalen Gesetz erhoben. Die goldene Regel wird bei ihm zur Grundlage einer humanistischen Ethik, die das eigene Wohlergehen unauflösbar an das Wohlergehen der anderen bindet. Diese Einsicht in die Reziprozität und Relationalität menschlicher Beziehungen unterscheidet sich radikal von der westlichen Tradition existenzialistischer Subjektivität und ihrem Machtstreben auf Kosten anderer. Hier gewinnt die praktische Dimension der Bergpredigt ihre Kontur. Auch sie ist ein Pfingsterlebnis, denn sie geht über die Grenzen der Religionsgemeinschaft hinaus und umfasst die ganze Menschheit. Religionsgemeinschaften müssen sich nicht in dogmatische Grenzen einschließen, sondern können Überschneidungen annehmen und Querverbindungen pflegen. Dieser universalistische Strang des Christentums, den Matthäus mitten ins Herz der Bergpredigt eingepflanzt hat, ist in der Geschichte tragischerweise untergegangen, weil sich die christliche Kirche in der Geschichte immer wieder mit Feindbildern ausgestattet und mit Trennungssymbolen umstellt hat. »Wahr ist, was uns verbindet«, hat Karl Jaspers gewusst. Es ist aber nie zu spät, das Verbindende im Trennenden zu entdecken. Wer das erkennt, lebt und umsetzt, gehört über die Grenzen der Kulturen und Religionen hinweg zum geistlichen Adel: »Ihr seid das Salz der Erde, ihr seid das Licht der Welt!«

Schiffbruch als Glücksfall

Eine theologische Grille
zu Apostelgeschichte 27

Markus Barth

I. *Ecclesia* auf großer Fahrt. Eine Erinnerung

What's the buzz, tell me what's a-happening?

Jesus Christ Superstar

Die *Titanic* war unsinkbar. Etwa 14 Tage lang. Dann wusste man es besser. Ein zufälliger Eisberg war schuld, mit dem niemand rechnen konnte. Vielleicht hat man ihn auch nur übersehen, den entscheidenden Funkspruch überhört, oder die Fahrt war zu schnell. Vielleicht war da aber auch vorher irgendetwas falsch gelaufen, vielleicht hatte vorher irgendjemand Fehler gemacht. Unbestritten ist: Sie ging unter, 1496 Tote.

Der Anfang vom Ende bleibt, wie immer, diskret und im Dunkeln. Die Zeugen sind tot und schweigen für immer.

Die drei Männer von Apollo 13 dagegen haben überlebt. Die entfernteste und gleichzeitig spektakulärste Havarie der Geschichte. Ganze drei Männer bloß und eine ganze Welt in Angst. Paul VI., damals Kapitän des Kirchenschiffs, betete für eine glückliche Rückkehr. Trockener und beiläufiger wurde nie ein Unglück bekannt gegeben: *Houston, we've had a problem.* Es hätte die drei Astronauten das Leben kosten können, das *problem.* Alles ging dann letzten Endes glücklich aus. Die Männer kamen heil auf die Erde zurück; alles andere, das *Mutterschiff* zumal, blieb irgendwo im All. In der Bilanz fehlt den Amerikanern bis heute eine Mondlandung, aber es war *ein glücklicher Fehlschlag*, »the NASA's finest hour«, wie es bis heute heißt.

Von einer anderen Schiffshavarie, fast 2000 Jahre her, vor der Insel Malta, haben die wenigsten bisher gehört. Es gibt nur einen einzigen zitierbaren Zeugen, ein gewisser Lukas, Verfasser der sogenannten *Apostelgeschichte*, der im dortigen 27. Kapitel darüber berichtet. An Bord des havarierten Schiffs war der sogenannte *Völkerapostel* Paulus auf dem Weg nach Rom, wo er sich vor dem Kaiser verantworten musste wegen bestimmter Anklagen, die man in Jerusalem gegen ihn erhoben hatte. Vieles an der Geschichte ist verwickelt und heute den wenigsten noch verständlich. Klar ist aber: Wäre dieser Paulus nicht in Rom angekommen, hätte es wohl nicht die Religion gegeben, die wir heute Christentum nennen. Und also auch keinen Papst Paul VI., der 1970 für die Astronauten von Apollo 13 betete. Auch die großen Unglücksfälle hängen irgendwie zusammen.

Umso merkwürdiger, dass von diesem Schiffbruch kaum jemand weiß. Und er ist doch sehr genau geschildert, in dieser *Apostelgeschichte*, die den Aufstieg des Christentums zum Thema hat, vom kleinen Anfang zu Pfingsten in Jerusalem bis zur Ankunft des *Völkerapostels* in Rom, von wo aus der christliche Glaube seinen Weg in die ganze Welt finden sollte. Dieser wenig bekannte Schiffbruch vor Malta hätte das möglicherweise alles beendet, noch bevor es recht begonnen hatte.

»Rom, wir hatten ein Problem«: Diesen Funkspruch konnte es vor 2000 Jahren naturgemäß noch nicht geben. Aber er hätte gut gepasst zu dieser etwas rätselhaften Geschichte von Seenot und Schiffsuntergang, von einer Havarie und dann doch wunderbaren Rettung. Es ist eine unproportional lange Erzählung – umso mehr muss es verwundern, dass sie eine der unbekanntesten Geschichten des Neuen Testaments ist. Fürchtet man sich ein bisschen vor dieser Erzählung vom Untergang jenes Schiffs? Unterbricht diese Geschichte nicht auf verstörende Art den großen heroischen Bogen vom pfingstlichen Anfang der kleinen, neuen, so frommen Bewegung aus Israel bis zu ihrer Ankunft in Rom und dem Beginn der christlichen Weltrevolution?

Die bloße Tatsache, dass Paulus auf seiner Reise einen Schiffbruch erlebt hat, wäre auch in einer kurzen Notiz zu berichten gewesen. Wenn hier aber so detailreich und ausführlich erzählt wird, dann kommt dem Leser der Verdacht, dass hier wesentliche Dinge über das Unterwegssein auf dem gefährlichen Meer erzählt werden, die für eine *apostolische* und für eine *christliche* Existenz von hoher Bedeutung sein können.

Ein Hinweis stützt diesen Verdacht: Wenn der Autor der Apostelgeschichte tatsächlich, wie allgemein vermutet wird, auch der ist, der unter dem Namen Lukas das dritte Evangelium verfasst hat, dann verdanken wir ihm so wunderbar mehrdeutige Geschichten wie die von der Heimkehr des verlorenen Sohnes, vom barmherzigen Samariter, von den beiden Jüngern und ihrer seltsamen Begegnung auf dem abendlichen Weg nach Emmaus. Wieso sollte also ein derartig kunstvoll arbeitender Autor nicht auch diese Geschichte von Seenot und Schiffbruch mit einer über alle wissenswerten Fakten hinausgehenden Bedeutung aufladen?

Lassen wir die Frage für einen Moment stehen und gehen ein paar Jahrhunderte weiter, in denen sich das Christentum im Römischen Reich *urbi et orbi* ausbreitet und so etwas wie eine ausgefeilte Theologie entsteht.

Für die Bewohner des Mittelmeerraumes waren Meer und Schifffahrt alltägliche Erfahrungen. Und so wundert es nicht, wenn die sogenannten *Kirchenväter*, also die christlichen Theologen der ersten Jahrhunderte, die das Ganze des Glaubens für ihre Zeit von Grund auf durchdacht und in Bilder und Formeln gebracht haben, aus der Schifffahrt immer wieder bedeutende Metaphern für das Wesen der Kirche gefunden haben. Hugo Rahner, Bruder des großen Karl, des bedeutendsten Nachfolgers der alten Theologen im 20. Jahrhundert, hat ein ebenso faszinierendes wie vergessenes Buch darüber geschrieben: *Symbole der Kirche*[1]. Die Fülle dessen, was er dort in unendlichem Fleiß und unendlicher Belesenheit zusammenstellt, ist fast unerschöpflich.

In aller Kürze einige wesentliche Ergebnisse: Das Schiff der Kirche ist aus demselben Holz wie der Mastbaum, so lesen wir da zum Beispiel, der Mastbaum aber ist das Kreuz, durch das Rettung und Erlösung gekommen sind.

Das Kreuz als Mastbaum der Kirche aber ist, für jedes individuelle oder gemeinschaftliche christgläubige Leben, die Garantie dafür, dass die Seefahrt auf dem gefährlichen Meer der Zeiten nicht scheitert, auf dem gefährlichen Meer, auf dem die menschliche Lebensreise stattfindet, auf dem die Unwetter und Stürme, die Wogen und Untiefen von Versuchung und Schuld, von Leid und Tod drohen; das Kreuz also ist die Garantie dafür, dass der Einzelne und auch die Kirche letztlich nicht untergehen in diesem unberechenbaren Meer.

Die Gläubigen müssen, wenn sie in die ewige Heimat kommen wollen, aufs Meer hinaus; sie können gar nicht anders, als loszusegeln und jeden sicheren Hafen zu verlassen. Um nur den an der Küste Nordafrikas geborenen Augustinus zu zitieren: »Es fährt das Schiff hinüber und kommt in die Heimat. Und zur Heimat kommen wir nur per Schiff. Segeln wir also los, auch wenn wir die Fluten und Unwetter dieser Welt erwarten müssen. Und ich zweifle nicht daran, dass wir genau darum nicht untergehen, weil wir durch das Holz des Kreuzes getragen werden.«[2]

Ein Schiff ist ein komplexes Fahrzeug. Und so legen die *Kirchenväter* ganze Kataloge an, in denen die vielen nautischen Begriffe, die dem antiken Leser vertraut waren, eine theologische oder spirituelle Entsprechung bekommen: Das Meer beispielsweise kann die (sündige) Welt bedeuten, das Schiff selber ist die Kirche; die zwei Steuerruder: das Alte und das Neue Testament; der Steuermann am Heck: Christus; der Steuermann am Bug: der Bischof. Als Gegenwinde spielen sich die Versuchungen auf, Aufseher über die Ruderknechte sind die Diakone, Riffe und Klippen sind die Verfolger, seichte Buchten aber die schlechten Menschen. Als Schiffbruch wird die Sünde begriffen, und der Mastbaum, wie gesagt, stellt das rettende Kreuz dar. Manches variiert, immer aber bleibt eines gleich: Ohne die Fahrt über das Meer auf dem immer gefährdeten Schiff auf sich zu nehmen, gibt es keine christliche, gibt es keine kirchliche Existenz.

Die ganze antike Theologie der Schifffahrt ist ein faszinierendes Kaleidoskop aus tiefem Glauben, subtiler Spekulation und alltäglicher praktischer Erfahrung mit Seefahrt und Meer. Nautische Metaphern bis in detaillierteste Feinheiten technischer Begriffe standen den antiken Autoren und Lesern ohne Weiteres zur Verfügung.

Aber setzen wir einmal kurz unsere gegenwärtige Kirche in das reichhaltige antike Bild vom Schiff ein. Da können wir manches identifizieren, was den alles in allem doch sehr idealistischen und frommen *Kirchenvätern* nicht so recht in den Sinn, auf jeden Fall nicht in die Feder kommen konnte.

II. *Ecclesia* in Seenot. Eine Groteske

Ich meine, dass die Propheten und Paulus uns lehren, das Stilmittel des Sarkasmus in gewissen Fällen als die rechte Behandlungsweise zu verwenden.

Hans Urs von Balthasar[3]

Unsere gute *Ecclesia* war auf den Radarschirmen immer schwerer zu erkennen gewesen, was nicht daran lag, dass sie etwa zu klein geworden wäre. Plötzlich verschwand aber ihr Name und bald darauf erschien dafür, an seiner Stelle, bedrohlich, aber unabweisbar, der Name *Titanic*. Sie war ja so titanisch groß geworden, die *Ecclesia*, dass ihr nicht nur jeder unerwartete Eisberg, sondern auch die schwere See überhaupt, wie sie jede Seefahrt erwarten muss, zum Verhängnis werden konnte.

Man war offenbar nicht vorbereitet: Da haben wir manchen Kapitän oder Offizier erlebt, den man vielleicht als blinden Passagier unter Deck eine Zeit lang ohne große Schwierigkeit hätte mittransportieren können, der aber auf der Brücke mit schöner Regelmäßigkeit versagte. Wenn es, nur als Beispiel, hätte heißen müssen: »Hart backbord, und alle Kraft voraus!«, konnte man sicher sein, als Kommando zu vernehmen: »Alle Maschinen: Stopp!«

Da half es auch nichts, dass man immer wieder einen angegilbten vatikanischen Morsespruch von 1870 aus der Seemannstruhe holte, in dem das Schiff endgültig für unsinkbar und die Anweisungen des jeweiligen Kapitäns für unfehlbar erklärt worden waren. Und da half es auch nichts, immer wieder Theoretiker des rechten Kurses zu leitenden Offizieren oder Kapitänen zu machen, deren einzige Erfahrung auf hoher See bis dahin in den als *Optimist* bekannten Einmannseglern stattgefunden hatte.

Auf dem Ausguck wechselten sich sogenannte Fachleute ab, die direkt aus den Bibliotheken mit den alten Seekarten aus den letzten zwanzig Jahrhunderten kamen. So wurden im Nebel der längst üblich gewordenen Gegenwartsblindheit immer wieder Häfen angesteuert, die längst geschlossen hatten.

Gelegentlich ließen deshalb verzweifelte Passagiere Beiboote zu Wasser: Ehemals treue Mitreisende hatten sich inzwischen untereinander darüber verständigt, dass man ziemlich sicher auf einem falschen Kurs, möglicherweise sogar auf dem falschen Dampfer war. Sie versuchten, sich auf von Menschen mit Restvernunft bewohnte Inseln zu retten, die nicht allzu weit abseits lagen.

Andere dagegen wurden selber – auf allerhöchsten Befehl – zur Strafe auf einsame Inseln ausgesetzt. Es waren die von den diensthabenden Offizieren als »Schiffskritiker« denunzierten Wachhabenden, die versucht hatten, in den Kurs einzugreifen, Unwetter frühzeitig auszumachen oder gefährliche Sandbänke zu erkennen. Erst recht dieser eine loyale Freibeuter: Don Küng. Der war mit sorgfältig revidierten Karten an Bord gekommen und hatte jahrzehntelang vergeblich versucht, sie unter den Steuermännern und aufmerksamen Matrosen an den Mann zu bringen. Es war *ein einziges Buch* mit einem großen Fragezeichen, das sie ihm nie verziehen hatten und in dem doch alles steht, was sie hätten wissen sollen, und das sie allen, über die sie Macht hatten, zu lesen verbieten ließen.[4]

Andererseits schossen vereinzelte Rettungssuchende, die auf kaum noch bewohnbaren Inseln nach Hilfe Ausschau hielten, verzweifelt Notraketen ab, die die Kapitäne der *Ecclesia* standhaft ignorierten. Leute ohne Pässe und Zugangsberechtigung konnten nicht an Bord genommen werden. Manche waren einfach falsch verheiratet oder sie hatten auf nautischen Schulen ein neues Flaggenalphabet gelernt, das an Bord niemand entziffern konnte.

An Bord fing eine kleine Gruppe von Männern mit langen

schwarzen Röcken an, zu häkeln; man klöppelte sich Röckchen aus Brüsseler Spitze und spielte zum Zeitvertreib Blindekuh. Man beschloss, aus den Lagern unter Deck noch ein paar alte gelb-weiße Wimpel herauszuholen und sie am langsam bedrohlich knirschenden Mast aufzuziehen: Die machten sich so gut vor den schwarzgrauen Wolken des kommenden Unwetters.

Auf dem Schifferklavier spielte ein längst außer Dienst gestellter Bordkammerjäger, gegen einen kleinen Obolus, mindestens einmal täglich: »Ein Schiff voll Glorie schauet, weit über Meer und Land ...« Eine Reihe pensionierter Offiziere, jetzt mit dem roten Käppchen für langjährigen Dienst hochdekoriert, und viele der jungen Leichtmatrosen in den schwarzen Röcken hatten dann Tränen der Rührung in den Augen, salzig wie das Meer, dem sie bald anheimgegeben werden würden.

Je mehr sich das Große Unwetter näherte, je mehr das Schiff rollte und schlingerte, je unsicherer die Fahrt wurde, umso mehr freute man sich, dass man noch so viele alte Kisten an Bord hatte. Was mag da alles noch drin sein? Die Kisten sollten auf jeden Fall an Bord bleiben. Es musste doch schon irgendeinen Sinn haben, dass sie irgendwann einmal dort abgestellt worden waren.

Eine kleine tapfere Widerstandsgruppe, erkennbar an den trotzig getragenen, sogenannten *synodalen Sandalen*, hatte sich auf dem Zwischendeck versteckt, das einst die große Masse der Passagiere beherbergt hatte, das aber inzwischen fast komplett geleert und nutzlos geworden war. Die aus der Bewegung *Wir sind das Schiff* hervorgegangen Aktivisten hatten sich in kreativer Schwarmintelligenz einen ganz neuen Plan ausgedacht: die diensthabenden Offiziere jahrzehntelang mit immer denselben revolutionären Botschaften zu behelligen. Ihre Emissäre aber kamen nie zurück, ihre Botschaften wurden per Rohrpost direkt in den Stillen Ozean geleitet. Manchmal schwamm an den Bullaugen des Zwischendecks eine ungelesene Resolution vorbei. Die Büroklammern hatten sich als nachhaltig erwiesen. Ja, so vieles ist zum Lachen auf einem dem Untergang geweihten Schiff, vielleicht auch an Bord unseres alten Seelenverkäufers. Vieles aber auch nicht.

Jetzt, in stillen Stunden, denken manche der alten, tapferen Fahrensmänner, die das Jüngste Gericht näher kommen sehen, an die alten Logbücher, die sie sicherheitshalber irgendwo hinter den Planken aus dem Holz von Batavia verstaut haben. An wie vielen Küsten ist sie gelandet, die altgediente *Ecclesia*, seinerzeit. Und die schrecklichen Entdecker und Konquistadoren wie der blutige Cortés waren auch schon dort. Und sie, die einfachen Matrosen, sollten dann auch an Land gehen und Kinder taufen und Kirchen bauen und Kreuze aufstellen und den Menschen Angst einjagen. Jene Angst, die die neu Getauften doch hätten loswerden können angesichts des schmalen Ritters von der traurigen Gestalt, der einmal auf einem Esel geritten war, hinauf nach Jerusalem. Und im Grunde genommen war es den schrecklichen Eroberern immer nur um das Gold gegangen. Um das Gold für Spanien und für Portugal und ganz Europa, das Gold schließlich auch für die Decke in *Santa Maria Maggiore* in Rom, wo wir alle es noch heute sehen können.

Und hier und jetzt, und da der Sturm immer heftiger zu werden droht, denken sie endlich, die guten der alten Fahrensleute, an die ganzen armen Kinder. Die ganzen armen Kinder unter Deck, die lieber den schrecklichen Käpt'n Flint und den gnadenlosen John Silver treffen würden; die sich lieber kielholen lassen würden, und sei es unter der *Ecclesia,* als noch einmal einem von *denen* zu begegnen: denen im schwarzen Rock, mit oder ohne Brüsseler Spitzen, einem von denen, die den Kelch kaum hatten kalt werden lassen, bevor sie sich den nächsten kleinen Jungspund, die nächste kleine Deern greifen konnten.

Soll der Kahn doch untergehen, denken sie, und einen Priem spucken sie, die alten, gerechten Fahrensleute, die immer *vor* dem Mast gesegelt waren, auf alle roten, alle violetten und alle schwarzen Kommandeure auf Achtern, auf die schwarz-weißen Kragen. Und wie ein Schauder ergreift sie das ganze Leid, das unter Deck verborgen liegt.

Ja, soll der Kahn doch untergehen, sagt noch einmal einer von denen, die echte Fahrensleute geblieben sind, mit der verbliebenen Seemannsehre im Leib. Und ein anderer sagt:

Aber wenigstens die Kinder, lasst uns doch vorher wenigstens die Kinder irgendwo freilassen. El Salvador, sagt ein anderer, so schöne Namen haben wir gefunden, das wäre doch eine Heimat für alle unsere unschuldigen Kinder. El Salvador: Der Erlöser.

III. The church's finest hour? Ein glücklicher Untergang

Das war es.
War es das? Ja,
das muß es gewesen sein.
Das war der Anfang.
Der Anfang vom Ende
ist immer diskret.
Nie wieder wird es so trocken und still sein wie jetzt.

Hans Magnus Enzensberger,
Der Untergang der Titanic[5]

Die lange Geschichte des immer größer, immer mächtiger und unlenkbarer werdenden Schiffs der Kirche hat die Ur-Erfahrung vergessen lassen, die es für jeden bedeutet, auf ein Schiff zu steigen: dass nämlich jede Fahrt zur See ein tollkühnes Unternehmen ist. Jeder, der zu Schiff geht, ist, nach der Grundüberzeugung der Antike, ein »Nachbar des Todes«[6].

Mit Schiffbruch ist jederzeit zu rechnen, auch auf dem Weg zum großen Ziel, auch auf dem sehnsuchtsvollen Weg zur *patria*. Äußere und innere Ursachen wirken zusammen: Unwetter und Stürme von außen, Uneinigkeit der Mannschaft, schlechte Steuerleute und Kapitäne, zu schwere Fracht an Bord.

Und es stellt einen unerhörten Glücksfall dar, bei Schiffbruch Rettung zu erleben. Eine solche Rettung kann zwar alles kosten: Schiff, Schiffsgerät und Ladung müssen im Ernstfall verloren gegeben werden, aber nur so kann als Einziges die nackte Existenz gerettet werden und die Hoffnung bleiben, sich von einem rettenden Eiland aus noch einmal neu und von vorn auf den Weg zu machen.

Damit zurück zum ersten Schiffsuntergang in der frühen Geschichte der Kirche. Das Schiff, das den *Völkerapostel* nach Rom bringen sollte, um so *Licht zur Erleuchtung der Heiden* zu werden, erlitt vorher einen schweren Seesturm und schließlich Schiffbruch.

Sicher: Das später so intensiv in nautischen Begriffen und Erfahrungen ausformulierte Erzählungsreservoir der Kirche als Schiff und die daraus abgeleiteten metaphorischen Lehren hat der Autor der *Apostelgeschichte* naturgemäß noch nicht gekannt. Aber warum sollte nicht die heilige Inspiration dafür gesorgt haben, dass auch dieser Bewohner der *Méditerranée* die existenzielle Doppelsinnigkeit von Schifffahrt und Schiffbruch in seiner Erzählung hat mitspielen lassen?

Vier Akte hat das Drama des Schiffbruchs vor Malta, des paradigmatischen, oder, wenn man so will: *protoekklesialen* Schiffbruchs.

Erster Akt: Die Warnung

Alle waren gewarnt. Damals wie heute. Paulus hatte das Selbstverständliche und aller normalen Erfahrung Entsprechende gesagt, nämlich dass die Jahreszeit des beginnenden Winters für die Schifffahrt ungeeignet war (»Ich sehe, dass die Fahrt nicht nur für die Ladung und das Schiff Unbill und großen Schaden mit sich bringen, sondern auch unser Leben gefährden wird.« Apg 27, 9 ff.). Aber gegen die Interessen der Funktionäre blieben die Warnungen unerhört. In den Augen des Kapitäns und der Offiziere galt dieser Zeltweber aus Tarsus wohl nur als Laie, als Landratte oder Leichtmatrose. Jene, die sich als professionell Berufene verstanden, konnten die Einreden des Unberufenen leicht übergehen.

Unter all den Warnungen vor dem bloßen *Weiter so*, die es in den vergangenen Jahrzehnten gegeben hat, sei nur die treffendste noch einmal in Erinnerung gerufen, aus dem Synodenbeschluss »Unsere Hoffnung« von 1975:

»Wir werden schließlich unsere intellektuellen Bezweifler eher überstehen als die sprachlosen Zweifel der Armen und Kleinen und ihre Erinnerungen an das Versagen der Kirche.«[7]

Diese Prophezeiung wurde inzwischen auf eine unheimliche Weise bestätigt. Auf eine Weise, die sich damals, 1975, niemand hat vorstellen können. Dass nämlich mit den »Armen und Kleinen« auch Tausende Kinder gemeint sein könnten, die von gewissenlosen Klerikern der römischen Kirche allein in Deutschland missbraucht worden waren. Zu den inneren Ursachen der kirchlichen Fahrt in den Untergang gehören an erster Stelle dieser Missbrauch und dessen Vertuschung, die tief verwurzelt sind in den klerikalen Machtstrukturen der römischen Kirche. Strukturen, die, wie wir Tag für Tag neu erfahren, offenbar durch keine »Reform« zu beseitigen sind. Es kann nicht anders sein, als dass das ganze Schiff in Seenot gerät und direkt den Untergang ansteuert. Alle Warnungen hatte man in den Wind geschlagen. Aus diesem Wind musste ein Sturm werden, damals wie heute, und das Unheil nahm und nimmt seinen Lauf.

Zweiter Akt: Das große Ausräumen

Dann auf einmal gibt es auch nichts mehr zu steuern. »Da das Schiff mitgerissen wurde und nicht mehr gegen den Wind gedreht werden konnte, gaben wir auf und ließen uns treiben.« (Apg 27, 15)

Nachdem die Schiffsleute zuerst möglichst viel retten wollten, wie es so geht, wenn man kurz vor dem Untergehen ist, »sicherten sie das Schiff, indem sie Taue darum herum spannten«. Das nützt aber nichts. Es nützt auch heute nichts, auf dem alten Kahn *Ecclesia*. Es nützt nichts, um all das alte Zeug Taue herumzuspannen und zu hoffen, dass solche Notmaßnahmen durch die Unwetter hindurch halten werden, bis der Sturm sich hoffentlich bald wieder legt.

Die Seeleute in der *Apostelgeschichte* begreifen, was notwendig ist: »Da wir vom Sturm hart bedrängt wurden, erleichterten sie am nächsten Tag das Schiff und am nächsten Tag warfen sie eigenhändig die Schiffsausrüstung über Bord.« (Apg 27, 18)

Wir werden nicht darum herumkommen, von vielem, vielleicht von allem, was uns wichtig erschien, Abschied zu nehmen. Manches geschieht schon längst, unfreiwillig und ohne unser Zutun: Die Kirchen werden leerer, viele werden nicht mehr gebraucht. Sie werden entweiht, wie man sagt: umgewidmet, verkauft oder abgerissen. Aber das große Auf- und Ausräumen fängt damit erst an. Es gibt so viele Strukturen, Gremien, Ordinariate, die nur noch leerdrehen, die nichts mehr bewirken, bedeutungslos für jegliches *Seelenheil*.

Wie die Matrosen ihr Schiff fast komplett leeren, so werden wir uns damit vertraut machen müssen, dass kaum noch etwas so bleibt, wie wir es in der sogenannten *Volkskirche* gekannt haben.

Noch gibt es volle Christmetten, Weiße Sonntage und hier und da Fronleichnamsprozessionen. Noch gibt es Sitze in Rundfunkräten, Katholische Büros und Sonntagsmessen in Radio und Fernsehen. Das wird alles, früher oder später, vorübergehen. Noch gibt es Minister, die ihren Eid mit der religiösen Formel bekräftigen, noch gibt es Politiker, die Kirchentage besuchen, alles in Ordnung, noch gibt es den Papstsegen an Ostern und Weihnachten in ARD oder ZDF. Noch gibt es Religionsunterricht in öffentlichen Schulen, Kirchensteuer, noch gibt es Privilegien, Hunderte von Jahren alt, noch immer von Gesetzen und Konkordaten verbrieft.

Jeder, der bis drei zählen kann, weiß, dass es allein eine Frage der Zeit ist, wie lange es all das noch geben wird. Aber vieles davon belastet *heute schon* die gute alte *Ecclesia*. Allerhöchste Zeit, manches selber – und selbstbewusst – über Bord zu werfen. Bevor die späten Piraten der Säkularisation all das entern und als letzte Beute der Aufklärung entführen.

Von dem ganzen im Laufe der Jahrhunderte angesammelten Rat und Unrat im Inneren des Kahns nicht zu reden. Tradition heißt nicht, jede morsche Kiste aufzubewahren. Erst recht nicht, wenn darin auch Misogynie und Körperfeindlichkeit, Männerherrschaft und sakralisierter Terror wohlverwahrt werden. Wer nicht weiß, was wann wegzuwerfen und endgültig zu vergessen ist, weiß von Tradition gar nichts. Alles muss raus, was nichts mehr taugt: Auf hoher See, in Gefahr und höchster Not, gibt es dazu keine Alternative. Und nur eine einzige Tradition zählt: *Brot, das die Hoffnung nährt*.[8]

Damals wie heute.

Dritter Akt: Die eucharistische Überlebensration

Vierzehn Tage lang hatten nun auf dem Schiff schon Angst und Panik regiert. Vor lauter Anstrengung und Todesangst konnte niemand mehr etwas essen. Immer wieder hatte Paulus alle ermuntert, doch etwas zu sich zu nehmen: »Esst etwas, das ist gut für eure Rettung!« Und er hatte ihnen gleichzeitig verheißen, dass dann niemand umkommen würde. Schließlich hört er auf, zu ermuntern und zu mahnen, und beginnt, es selber vorzumachen:

»Er nahm Brot, dankte Gott vor aller Augen, brach es und begann zu essen. Da fassten alle Mut und nahmen ebenfalls Speise zu sich.«

Es ist ein predigtloses, auslegungsloses Handeln, die schlichtest denkbare Geste. Nichts als reiner Pragmatismus, so scheint es, nichts als buchstäbliche Lebensrettung. Und doch auch viel mehr. Wir brauchen ja nur einige Seiten im Neuen Testament zurückzublättern, um in der sogenannten *Emmausgeschichte* (Lk 24) des gleichen Autors eine ähnlich schweigend-bedeutsame Geste des Brotbrechens des Fremden in Erinnerung zu rufen, den die zwei Wanderer nicht erkannt hatten:

»Und als er mit ihnen bei Tisch war, nahm er das Brot, sprach den Lobpreis, brach es und gab es ihnen.«

Was bleibt, wenn alles über Bord gegangen ist, das Nutzlose und das Überflüssige wie auch das Schöne und Kostbare und auch alles, was man so schmerzlich vermissen wird, das ist allein das: das gebrochene Brot.

Was in der vielleicht allzu bekannten Emmausgeschichte geschieht, ist exakt das Gleiche wie in der vielleicht allzu unbekannten Schiffbruchsgeschichte vor Malta – das gebrochene Brot bedeutet in beiden Fällen dasselbe: die Überlebensration mitten im Untergang. Das gebrochene Abendbrot der Hoffnung von Emmaus inmitten der Katastrophe der gekreuzigten Hoffnung ist das gleiche Überlebensmittel wie der geteilte Schiffszwieback der Rettung inmitten der Katastrophe des dem Untergang geweihten Schiffs.

Ohne Zweifel handelt es sich hier um so etwas wie eine *eucharistische* Handlung, die zentrale Geste, die von Anfang an den frühen Christen als Zeichen der rettenden Gegenwart Gottes präsent war.

Erst so, erst im Angesicht der Katastrophe, im Angesicht des Untergangs wird deutlich, was *Eucharistie* wirklich und existenziell bedeutet, diese Trias aus Brot, Dank und Teilen: *Überlebensmittel,* nicht mehr und nicht weniger. Der kostbarste Schatz an Bord liegt in keiner Kiste, der kostbarste Schatz sind nicht die Waren, die Taue, die Segel, nicht die aufgezogenen alten Flaggen, erst recht nicht der jeweils neueste Anstrich.

Der kostbarste Schatz an Bord der Kirche sind nicht die Kisten mit dem *depositum fidei,* nicht die Hierarchien und die synodalen Ausschüsse, nicht die Gewänder, die Taizé-Kelche oder die Fronleichnamsprozessionen. Alles schön, alles gelegentlich brauchbar.

Der kostbarste Schatz aber ist eine schlichte Geste, die nichts weiter braucht als ein Stück Brot, ein Dankgebet und den festen Wunsch, es mit allen anderen zu teilen, die in Not und Gefahr sind: *Brot, das sich selbst verteilt, Hilfe, die zu Hilfe eilt.*[9]

Erst so, im Angesicht der Katastrophe, erst wenn alles über Bord gegangen ist, was Sicherheit zu gewähren schien, erst so wird deutlich, um was es eigentlich geht. Erst so, ganz nackt, so ganz ohne Stola und *Eucharistische Ehrengarde,* ohne Glockengeläut und goldene Patene, ohne Orgel und ohne *Ave verum corpus,* erst so, als auf die lebensrettende Substanz reduzierte *Notration* wird wieder deutlich, was das eigentlich ist: ein *Sakrament*: Es ist etwas für Schiffbrüchige, denen das Meer alle Sicherheit zu ertränken droht, die auf den Himmel hoffen, um noch einmal ein Stück Land zu gewinnen. Alle anderen kommen vielleicht auch so einigermaßen zurecht.

Und wie um es auch dem Letzten deutlich zu machen, um was es bei dem *einen* Stück gebrochenen Brotes in dem *einen* Augenblick der höchsten Gefahr geht, nämlich um alles oder nichts, berichtet der Autor noch von einer radikalen letzten Aktion der Seeleute: »Nachdem sie sich satt gegessen hatten, machten sie das Schiff leichter, indem sie das Getreide ins Meer warfen.« (Apg 27, 38)

Einmal vom gebrochenen Brot zu essen reicht. Das ist die sakramentale Zuversicht. Es gibt nichts, was man auf Dauer und auf Vorrat anlegen könnte oder sollte. Es ist wie beim Manna in der Wüste, von dem das Volk Israel nur *von Tag zu Tag* leben konnte und das verdarb, wenn man es auch nur für den kommenden Tag aufheben wollte.[10]

Das Leichtwerden von allem, auch von dem, das morgen oder übermorgen vielleicht einmal hilfreich sein könnte: Es muss alles raus. Es ist alles Ballast.

Bis auf das eine kleine Stück gebrochenen Brotes, das gleichzeitig das Maximum ist: *Reduce to the max* war einmal ein Werbespruch, als das kleine Auto *Smart* erstmals auf den Markt kam. Tiefgründiger, als es die Autohersteller sich wohl denken konnten: *Reduce to the max* – das muss das Signet einer auf den notwendigen Augenblick konzentrierten, einer entsicherten sakramentalen Gegenwart sein. Ein *smarter* Glaube braucht nicht mehr. Aber auch nicht weniger. Und wenn er das verlöre: das Sakrament, den *sakramentalen Augenblick*, verlöre er alles, was ihn überhaupt bedeutend und lebenswichtig macht.

Auf der sturmumtosten *Ecclesia* empfangen wir unerwartet und überraschenderweise zu genau diesem Gedanken eine Signalrakete, abgefeuert von einem schnellen Kreuzer der philosophischen Klasse, auf Befehl des alten Konteradmiral Jürgen Habermas. Er schreibt von dem »rituellen Eigensinn des Abendmahls«[11] und davon, dass »eine theologisch noch so intelligent auf den Begriff gebrachte religiöse Lehre auf die Bestätigung durch die *praktizierten* Glaubensüberzeugungen angewiesen ist«. Ohne die Sakramente, so schreibt der, der alle Sieben Meere des Denkens befahren hat, würde »die Kirche ihr religiöses Proprium preisgeben«. Paulus zumindest und die »insgesamt zweihundertsechsundsiebzig Leute« (Apg 27, 37) auf dem Schiff vor Malta würden dem alten Konteradmiral vom Starnberger See recht geben: Sie wurden alle gerettet.

Vierter Akt: Soll Rettung kommen, so kommt sie nur so

Was aber, wenn trotz aller sakramentalen Stärkung und obwohl man alles über Bord geworfen hat, was nicht niet- und nagelfest ist, doch alles zu Bruch geht? Was, wenn alles zu Bruch gehen *muss,* wenn man, wie es die Seeleute in der *Apostelgeschichte* tun, das

Schiff auf eine Sandbank setzen muss und es komplett auseinander-bricht? Dramatisch hat einen solchen Schiffbruch Theodor Fontane in seinem Gedicht »John Maynard« beschrieben:

Und in die Brandung, was Klippe, was Stein,
Jagt er die »Schwalbe« mitten hinein.
Soll Rettung kommen, so kommt sie nur so.

Das Schiff zerbirst, alle Maßnahmen, es trotz aller Stürme noch zu erhalten, waren vergeblich – und nun müssen sich alle irgendwie retten. Der Hauptmann, bisher eher eine schwache Gestalt in der Geschichte, ergreift die Initiative: »Er befahl, dass zuerst diejenigen, die schwimmen konnten, ins Wasser springen und versuchen soll-ten, das Land zu erreichen; die Übrigen sollten nachkommen, teils auf Planken, teils auf anderen Schiffstrümmern.« (Apg 27, 43 f.)

Nun ist die endgültige Katastrophe eingetreten. Jeder ist auf sich gestellt. Auch das von allem Ballast befreite Schiff ist ohne Hoffnung und muss ohne Hafen in Sicht auf die Klippen oder auf die nächste Sandbank gesetzt werden.

Auch die *Kirchenväter* kannten das Bild des Schiffs der Kirche, das zertrümmert wird – durchaus auch aus selbst gemachten Ursa-chen. So schreibt Ambrosius im 4. Jahrhundert bereits (!) an den großen Athanasius: »Überall löst sich die Kirche in ihre Trümmer auf«: Überall droht Schiffbruch durch den politischen Sturm von außen und durch die Unfähigkeit der Bischöfe im Inneren der Kir-che.[12]

Worauf kommt es jetzt an? Und worauf kommt es an, wenn auch heute ein Untergang bevorsteht von vielem oder von allem, was wir in der Kirche für tragfähig hielten, was uns zusammenhielt und ge-meinsam Sicherheit gab?

Selber schwimmen gelernt zu haben: Das wäre eine erste Voraus-setzung. Es ist dazu auch nie zu spät. Sich freigeschwommen zu ha-ben von den Zwängen und Vorschriften, aber auch von den Sicher-heiten, die für so viele kirchlich-gläubiges Leben ausgemacht haben: Mein Großvater, Anstreicher auf der Zeche Wolfsbank in Essen, war ein begeisterter Choralsänger, der aber, wo es ging, jeden Kontakt mit Priestern mied. Er allein wird gewusst haben, warum.

Zur Messe ging er ins sonntägliche *Hochamt* nur, wenn er weit weg von den *Zelebranten*, oben auf der Orgelbühne, den lateinischen Choral mitsingen konnte. Dass sein eigener Sohn, mein geliebter Onkel Heinrich, Priester wurde, konnte er nie verwinden: Weder zu dessen Priesterweihe noch zu dessen Primiz ist er gegangen. Ein einziges Mal hat er zu mir, ich war vielleicht im dritten Schuljahr, beiläufig, während er eines seiner kleinen Aquarelle malte, über seinen Glauben gesprochen, wie mir jetzt scheint. Nur einen einzigen Satz hat er gesagt, und ihn zweimal wiederholt, auf seine manchmal so bestimmte Art: »Du musst lernen, für dich alleine zu beten.« Das habe ich nie vergessen und denke mir: von welcher persönlichen Untergangserfahrung auch immer er geprägt war: Hier hatte sich ein sehr einfacher, aber eigensinniger Katholik *freigeschwommen*, ausgerechnet *da oben auf der Orgelbühne*.

Vielleicht war es aber auch anders, und damit kommen wir zum Schlussbild des *apostelgeschichtlichen* Schiffsuntergangs, in dem es heißt: Alle, die nicht schwimmen können, sollen versuchen, *eine Planke zu ergreifen* oder ein anderes Trümmerteil des gestrandeten Schiffs, um rettendes Ufer zu erreichen.

Vielleicht hat mein Großvater *genau jene Planke* erwischt, die für ihn der lateinische Choral bedeutete. Es war jenes kleine Trümmerteil aus den Schiffsresten, das ihn trug.

Und ich frage mich, welche Planke seine Frau, meine Großmutter, getragen hat. Sie war schon früh schwerhörig geworden, vielleicht im Krieg, und so sicher wie sie mit mir zur Messe die Kirche betrat, so sicher nahm sie ihr Hörgerät aus dem Ohr. Sie hat wohl spätestens seit Kriegsende keine Predigt mehr gehört, die Hirtenbriefe zur Moral von Ehe und Familie hat sie genauso gnädig überhört wie die Reformen des II. Vatikanischen Konzils. 1981 ist sie als tieffromme Frau gestorben. Niemand weiß, welches Trümmerstück sie getragen hat, niemand weiß, welche Stimme sie im Inneren gehört und alles Unwesentliche hat überhören lassen. Kardinäle kannte sie nicht, und ob sie wusste, wer gerade Papst war, erscheint mir fraglich. Aber wer immer in Not war, konnte auf sie zählen, an ihrem Tisch war immer Platz, auch im Hungerwinter 1945/46, wie viele noch lange erzählt haben. Sie hatte doch den Gemüsegarten. Und das Gebet *Schutzengel mein, lass mich dir anbefohlen sein* habe ich für immer von ihr gelernt.

Die Lehre von den rettenden Trümmern und Planken nach dem Schiffbruch, von rettenden *tabulae*, nimmt bei den *Kirchenvätern* einen großen Platz ein.[13] Die *tabulae* sind im Lateinischen, und so auch in der lateinischen Bibel, jene Trümmer und Planken, auf denen sich im Mittelmeer immer wieder Schiffbrüchige haben an Land retten können. Oft sind sie »das kleine Holz, dem die Menschen ihre Seelen anvertrauen«[14].

Wer ist in spirituellen Dingen schon wirklich Freischwimmer? Braucht nicht jeder »das kleine Holz«, dem wir unsere Seele anvertrauen können?

Was die Zukunft der alten, von Sturm und Untergang bedrohten *Ecclesia* und die auf ihr noch ausharrenden Passagiere angeht: Das Beste, was wir für uns selber und füreinander hoffen können, ist vielleicht, dass jeder ein herumtreibendes Trümmerteil des einst Heil bringenden Kahns erwischt, das ihn noch eine Zeit lang trägt.

Für die eine ist es der Besuchsdienst der Caritas-Frauen, für die andere das Engagement in der Queer-Initiative, für den einen eine schwerelose Erinnerung an Zeltlager und Messen unter freiem Himmel und *Der Himmel geht über allen auf,* für die andere die Begleitung der Sterbenden im Hospiz, für den aber wieder sind es am Sonntagmorgen die französischen CDs mit den gregorianischen Gesängen (*Immortel Grégorien*) oder ist es die Bachkantate um halb sieben im Deutschlandfunk. Und die bunten Luftballons und die Gesprächskreise auf den Katholikentagen, oder der Jugendkaplan, der die Bibel so lebensnah erklären konnte, und dann hängen andere an den Morgenandachten der modernen evangelischen Pfarrerinnen. Die anderen begleiten Firmlinge und Kommunionkinder, weil es kein anderer tut und man nie weiß, was vielleicht doch hängen bleibt, die anderen fahren einmal im Jahr nach Lourdes, die anderen nach Taizé, und immer noch gibt es irgendwo ein Hochamt mit Weihrauch und dann noch ein synodales Papier zur Aufhebung des Zölibats und dann die Tage der Stille bei den Benediktinern in Gerleve, die Ministrantenwallfahrt nach Rom und Maria 2.0, und einmal muss es doch so weit kommen, dass die endlich Frauen weihen, und dann die unermüdliche, zähe, traurige und notwendige Aufarbeitung der unendlichen Missbrauchsgeschichte, und die tollen Leute von Sant'Egidio, und die Missionsärztlichen Schwestern in Berlin-Marzahn, und das Engagement für das werdende Leben und gegen die Abtreibung, und jeden Sonntag eine Kerze anzünden in *Regina Martyrum*, und der Basar für die Blindeninitiative auf den Philippinen, und der DPSG-Stamm jetzt auf Insta, und der Flashmob am Bielefelder Hauptbahnhof mit den Flüchtlingshelfern, und die stillen Gottesdienste bei den Schwestern im Karmel, und die Initiativen zusammen mit den Klimaaktivisten, weil die Welt doch Gottes gute und beschädigte Schöpfung ist, und der alternative Bibelkreis. Und wie schön die ehrenamtliche Seelsorgerin neulich die Beerdigung von Onkel Heinz gemacht hat, und Padre Pio und Fátima und die Segnungen der Schwulen und Lesben unter dem Regenbogen, und das Gebet vor dem Essen, oder jeden Sonntag die lateinische Messe, aber nach dem Messbuch Pauls VI. mit der neuerdings gemischten Choralschola …

Das alles sind mögliche und tatsächliche *tabulae,* Trümmerstücke der großen alten *Ecclesia,* die beim Stranden übrig geblieben sind und die übrig bleiben, solange sie für diesen oder jene *Planken des Heils* sind. Das große Ganze ist erst mal auf Grund gelaufen – was aber, vielleicht eine tröstliche Nachricht, keine neue Erfahrung in der Kirchengeschichte ist.

Es ist im Übrigen müßig und reine Zeitverschwendung, immer noch einmal die historisch und theologisch längst entschiedenen Streitfragen diskutieren zu sollen oder zu wollen. Wer heute noch immer nicht einsehen will, dass es für den Zölibat der katholischen Weltpriester zwar gute spirituelle Motive und religionspsychologische Gründe, aber keine zwingenden biblischen Argumente gibt, mit dem wird auch morgen nicht vernünftig zu reden sein. Wer heute noch immer nicht einsieht, dass vom gekreuzigten Wanderprediger Jesus weder für das hierarchische kirchliche System noch für den Ausschluss von Frauen von allen »Ämtern«, ja für »Ämter« im Sinne des *Codex Juris Canonici* überhaupt, belastbare Aussagen zu finden sind, dem wird intellektuell auch morgen nicht zu helfen sein. Das alles ist für ernst zu nehmende Zeitgenossen historisch und theologisch ausverhandelt.

Was von all der alten Dogmatik »gültig«, wie man gerne sagte, vor allem aber *Heil bringend* übrig bleibt, ist wenig – und alles Wesentliche zugleich: Es ist einzig und allein das fromme, einfache und dankbare Brechen des Brotes, das für diejenigen eine Zukunft möglich macht, die sich auf die Seefahrt des Glaubens machen wollen.

Mannschaft und Passagiere haben vorübergehend nichts als die Trümmer und verbliebenen Planken des Heils. Diese sind unendlich verschieden und es ist für uns alle schwer, zu erkennen, ob sie miteinander zu tun haben und ob sie zueinander gehören.

Das könnte ein starker Beweggrund für die *Toleranz der Schiffbrüchigen untereinander und füreinander* sein. Denn das Schicksal des Schiffbruchs, ob wir es zugeben oder nicht, verbindet uns alle. Und wir wissen ja nicht, was den anderen wirklich trägt, wir wissen nicht, ob auch uns das tragen würde, was den anderen trägt, und wir wissen nicht, ob das, was uns trägt, auch den anderen tragen könnte. Wie viel böse gegenseitige Unterstellung könnte beendet werden, wenn wir uns und den anderen das zugestehen könnten. Sagen wir es noch einmal mit dem schönsten theologischen Text der letzten fünfzig Jahre:

»Die eine Nachfolge muss viele Nachfolgende, das eine Zeugnis viele Zeugen, die eine Hoffnung viele Träger haben.«[15]

Wie schnell behaupten wir alle, links wie rechts, unser Vertrauen auf den sogenannten Heiligen Geist, den wir dann gerne, wie unseren exklusiven guten Bekannten, als unseren *personal coach* in Anspruch nehmen. In Wahrheit aber ist der Heilige Geist *der Große Steuermann aller Gestrandeten, der Hüter der Reste, der Planken und der Trümmer.*

Ein solches Verständnis des Heiligen Geistes könnte sich an einer demütigen und, ja, ehrfurchtsvollen Toleranz zeigen. In solcher Toleranz traue ich dem anderen zu, eine tragfähige Planke gefunden zu haben, ohne deren Tragfähigkeit auch für mich selber erkennen zu können oder ausprobieren zu müssen.

Und das einzige Kriterium, ob eine Planke wirklich tragfähig ist, zeigt sich daran, ob sie aus echtem Holz ist, das im Wasser trägt. Und das kann sich, seit den Anfängen des Glaubens, nur dadurch erweisen, dass diese Planke aus dem echten Holz des Kreuzes ist: *Tu crux desperatis tabula suprema:* Du, Kreuz, bist für die Verzweifelten die letzte, die äußerste rettende Planke.[16]

Anders gesagt, anders gefragt:

Hilft es mir zu leben, hilft es mir zu beten, hilft es mir, mich selber und den anderen zu lieben? Hilft es mir, gerne und vertrauensvoll in den nächsten Tag zu gehen? Und hilft es mir, eines Tages getrost zu sterben?

Statt also den anderen Schiffbrüchigen jeweils die Schuld am Untergang des geliebten oder auch verhassten alten Kahns zu geben, wäre ein vornehmes, charmantes, neugieriges Fragen an der Zeit:

Aha: Das also, diese Planke trägt dich?

Wie kommt das?

Bis wohin trägt das?

Brauchst du Hilfe?

Kannst du mir helfen?

In einem solchen Fragen läge vielleicht eine, vielleicht die letzte Möglichkeit, ein aus vielen Trümmern, Verletzungen, Beschädigungen zusammengesetztes neues, wenn auch reichlich verbeultes Schiff auf die Werft zu bringen. Oder hier und da erst einmal ein paar wenige, kleine Boote für einzelne, versprengte Gruppen. Das kann, zugegeben, eine ganze Zeit lang dauern.

Es wäre ein wesentlicher Schritt, wenn die alte, sturmgeschüttelte *Ecclesia* sich daran erinnerte, dass sie ursprünglich als nichts anderes denn als Provisorium gedacht war. Und sich an ihre erste und einzige Hoffnung erinnerte, die auf das Kommen des Retters, Jesus Christus:

Maranatha.

Die *una sancta catholica et apostolica Ecclesia* könnte so ihre altehrwürdigen lateinischen Etiketten auf demütige Weise neu buchstabieren und übersetzen und sich wieder nach ihrem ersten und letzten Zweck benennen:
Gemeinschaft zur Rettung Schiffbrüchiger.
Alles Weitere wird man dann sehen.

Für Opa Hermann,
für Oma Mathilde,
für Onkel Heinrich,
und für alle guten Leute,
damals an Deck,
heute irgendwo,
in Dankbarkeit.

Der Heilige Geist
als »Protagonist« der Kirche

Eine Relektüre der Pfingstpredigten
von Papst Franziskus

Andreas R. Batlogg SJ

Das Theaterstück *Krach im Hause Gott* des Tiroler Schriftstellers Felix Mitterer entstand als Auftragswerk der Bregenzer Festspiele und wurde am 2. August 1994 auf dem Martinsplatz in der Bregenzer Oberstadt uraufgeführt. Ich habe es zwei Wochen nach der Premiere gesehen, es war die letzte von acht Vorstellungen. Der Plot: das Treiben der Menschen auf der Erde, das den Zorn von Gottvater erregt. Von Intoleranz, Konflikten und Machtgier getrieben, sollen sie vom Planeten verschwinden. Bevor es zur finalen Vernichtung kommen soll, werden Jesus und der Heilige Geist um Rat gefragt. Der Satan fungiert bei der anberaumten Gerichtsverhandlung als Advokat der Menschheit. Er wird dabei oft von Jesus unterstützt. Die entscheidende Wende tritt aber erst ein, als sich Maria, die Mutter Jesu, in das Streitgespräch der »göttlichen Männerversammlung« einschaltet.

Prolog: Der Heilige Geist in einem modernen Mysterienspiel

Mitterer porträtiert in seinem Mysterienspiel, das aus traditionellen Quellen schöpft, aber auch bei der feministischen Theologie Anleihen nimmt und moderne Ansätze verarbeitet, den Heiligen Geist als zwitterhafte Gestalt, die ihre Rolle zwischen Vater und Sohn sucht. Umfangreiche Sprechanteile hat der Geist nicht. Als sich Jesus für die Rettung der Menschen einsetzt und damit gegen den Vater stellt, lässt Mitterer den Heiligen Geist sagen: »Er ist unbelehrbar! Unbelehrbar! Unbelehrbar! Ich sage dir, Vater, es war ein Fehler, dass du ihn hinuntergeschickt hast. Auf diese Weise. Als Mensch.«[1] Maria, die Muttergottes, wirft Gott vor, sie verdrängt zu haben: »Du hast mich getötet. Du hast mich ausgetilgt. Eine Zeit lang hast du noch Weiblichkeit geduldet neben dir. Das war er (*deutet auf den Geist*), als er noch Frau sein durfte.« Der verdutzte »Geist« hört erstaunt, er sei einmal »Frau« gewesen: »Ja. Die Heilige Geistin warst du, die weibliche Schöpfungskraft Gottes. Das, was von mir übrig blieb, nach seinem Putsch. Aber selbst das konnte er nicht mehr dulden. Er hat einen Mann aus dir gemacht, weil er nur Männer um sich ertragen konnte.«[2]

Irritiert fragt der »Geist« bei Gott nach, der zunächst nicht antworten will: »Ich war weiblich?« – »Ja!« – »Und du hast einen Mann aus mir gemacht?« – »Ja, verdammt! Ist mir aber nicht sehr gut gelungen!«[3] Woraufhin der Geist entrüstet sagt: »Das ist gemein! Das finde ich gemein von dir! So eine Gemeinheit! Kein Wunder, dass ich so desperat bin. Da wundert mich überhaupt nichts mehr!«[4] Der vorletzte Sprechanteil des »Geistes« lautet: »(*küsst Gott die Hand*) Verehrung, großer Gott! Ich bitte dich, triff eine weise Entscheidung. Meine Geisteskraft ist bei dir.«[5]

Der Heilige Geist in femininer, flatternder taubengrauer Kleidung und als Streithansl – das ist provokant, auch wenn es mittelalterliche Vorbilder gibt, in denen die drei göttlichen Personen unter dem Gejohle des bäuerlichen Publikums einen heftigen Krach austragen. Immerhin: der Geist als Gottes schöpferische Geisteskraft, als Ideengeber, fast möchte man sagen: als Spindoktor Gottes – eine hintersinnige Überlegung.

1. Christentum ohne Geist: freudloser Moralismus

Was wohl Papst Franziskus dazu sagen würde? Ob er ein Interesse hätte, sich mit diesem zeitgenössischen Mysterienspiel auseinanderzusetzen? Ich weiß es nicht. »Mein Leben«, sagte er einmal im Gespräch mit dem Gefängnisseelsorger Marco Pozza, dem dritten dieser Art, »wäre eine Katastrophe, wenn mich nicht jemand an der Hand nehmen würde. Dies ist eine der Gaben des Heiligen Geistes: Er bewahrt die Scham.«[6] Ein schönes Bild: der Heilige Geist als Lebensbegleiter, einer, der mich führt! Und kurz darauf, zur dritten Wahrheit des Glaubensbekenntnisses: »Ein Christentum ohne Geist wäre nur freudloser Moralismus. Mit ihm aber ist es Leben.«[7]

In meinem Beitrag für diese Anthologie möchte ich zur Relektüre der Pfingstpredigten des Papstes »vom anderen Ende der Welt« einladen. Es sind mittlerweile elf – wer hätte das gedacht, als der 76-jährige Erzbischof von Buenos Aires am 13. März 2013 zum Bischof von Rom gewählt wurde! Für Franziskus ist der Heilige Geist ein »Protagonist« – und damit unverzichtbar für eine lebendige, zukunftsfähige und attraktive Kirche.

Die Frage, was der Geist der Kirche heute sagt, sagen will, um so die vom II. Vatikanischen Konzil in den Blick genommenen, lange vernachlässigten »Zeichen der Zeit« (GS 4) zu erkennen – darum geht es Franziskus. Wie überlebt das Christentum, wenn es sich nicht in Sakristeien versteckt, nur um sich selbst kreist oder sich in theologischen Debatten verliert? Ohne Geist sicher nicht. Aber er ist kein »Faktor«, der nur in bestehende Denksysteme einzufügen wäre, die bereits (unsichtbar) Ergebnisse parat halten. Der Heilige Geist überrascht, immer wieder – so wie seinerzeit, als Papst Johannes XXIII. im Januar 1959, keine 90 Tage nach seiner Wahl, aus heiterem Himmel ein neues Konzil ankündigte und damit bei den anwesenden Kardinälen auf eindrucksvolles, nämlich eisiges Schweigen (»impressionante, devoto silenzio«) stieß. Denn damit hatte keiner von ihnen gerechnet.[8]

2. Das Jahrhundertprojekt »Synodalität« – inspiriert vom Heiligen Geist

»Wenn es keinen Heiligen Geist gibt, gibt es auch keine Synode«: Der Satz sitzt! Er fiel während der »Bußreise« nach Kanada im Juli 2022, wo Papst Franziskus vor allem Begegnungen mit der indigenen, durch jahrzehntelangen sexuellen Missbrauch schockierten Bevölkerung suchte. Der 29. Juli begann morgens am Sitz des Erzbischofs von Québec mit einem privaten, etwa 90 Minuten dauernden Treffen mit Jesuiten, also Mitbrüdern des Ordens, in den Franziskus 22-jährig am 11. März 1958 eingetreten ist. Das Gespräch, welches da und dort immer wieder zitiert wird, ist bisher vollständig nur auf Italienisch nachzulesen in der Jesuitenzeitschrift *La Civiltà Cattolica*.[9] Auszüge auf Deutsch wurden in einer Zusammenfassung bei Radio Vatikan zitiert.[10]

Die Frage eines Jesuiten lautete:»Sie sprechen von Pilgerschaft, Versöhnung und Zuhören. Prägt all dies Ihre synodale Vision von der Kirche? Ist es das, worüber Sie sprechen?« Die Antwort von Franziskus:

»Sehen Sie, es stört mich, dass das Adjektiv ›synodal‹ verwendet wird, als wäre es das letzte Rezept für die Kirche. Wenn man ›synodale Kirche‹ sagt, ist der Ausdruck redundant: Die Kirche ist entweder synodal oder sie ist nicht Kirche (la Chiesa o è sinodale o non è Chiesa). Deshalb sind wir zu einer Synode über Synodalität gekommen, um dies zu bekräftigen. Sicherlich können wir sagen, dass die Kirche im Westen ihre synodale Tradition verloren hat. Die Kirche des Ostens hat sie bewahrt. Man kann sicherlich über die Art und Weise diskutieren, wie die Synodalität gelebt wird. Paul VI. hat das Sekretariat der Bischofssynode eingerichtet, weil er in dieser Frage vorankommen wollte. Eine Synode nach der anderen ist vorangekommen, hat getastet, verbessert, verstanden, ist gereift.

Im Jahr 2001 war ich Berichterstatter für die Bischofssynode. Ich vertrat Kardinal Egan, der wegen der Tragödie der Twin Towers in seine Diözese New York zurückkehren musste. Ich erinnere mich, dass die Stellungnahmen gesammelt und an das Generalsekretariat weitergeleitet wurden. Ich sammelte also das Material und legte es dann zur Abstimmung vor. Der Sekretär der Synode kam zu mir, las das Material und sagte mir, ich solle dieses oder jenes streichen. Es gab Dinge, die er für unangemessen hielt, und er tadelte sie. Es gab, kurz gesagt, eine Vorauswahl des Materials. Es wurde nicht verstanden, was eine Synode ist. Am Ende der letzten Synode waren in der

Übersicht der Themen, die auf der nächsten Synode behandelt werden sollten, die ersten beiden das Priestertum und die Synodalität. Mir wurde klar, dass wir über die Theologie der Synodalität nachdenken müssen, um einen entscheidenden Schritt nach vorne zu machen.

Es scheint mir grundlegend zu sein, zu wiederholen, wie ich es oft tue, dass die Synode weder eine politische Versammlung noch ein Ausschuss für parlamentarische Entscheidungen ist. Sie ist Ausdruck der Kirche, deren Protagonist der Heilige Geist ist. Wenn es keinen Heiligen Geist gibt, gibt es auch keine Synode. Es mag eine Demokratie, ein Parlament, eine Debatte geben, aber es gibt keine ›Synode‹. Wenn Sie das beste Buch der Theologie über die Synode lesen wollen, dann lesen Sie noch einmal die Apostelgeschichte. Dort sehen Sie deutlich, dass der Protagonist der Heilige Geist ist. Das wird in der Synode erlebt: das Wirken des Geistes.«

Der Heilige Geist als »Protagonist« der Kirche, also als deren Vorkämpfer, der eine zentrale, ja eine tragende Rolle spielt. Und: Das Wirken des Heiligen Geistes wird vor allem auf einer Synode erlebbar – ein Instrument, das Franziskus favorisiert, indem er eine verloren gegangene Tradition der Kirche (des Westens) neu belebt. Er schwor die Kirche 2021 weltweit auf einen synodalen Prozess ein, der im Oktober 2023 in eine Weltbischofssynode mündete, auf die im Oktober 2024 eine weitere folgt, ebenfalls zum Thema Synodalität – nach einem mehrjährigen, vorgeschalteten Prozess mit diözesanen, nationalen und kontinentalen Phasen.

Wieder und wieder betonte Franziskus in den letzten Jahren dabei, dass Synodalität und eine synodale Kirche nicht Anpassung an ein modernes Demokratieverständnis bedeuteten. Es geht ihm nicht darum, via Abstimmungen nach dem Mehrheitsprinzip Ergebnisse zu erzielen, die durch ein päpstliches oder bischöfliches Machtwort nicht mehr zustande kommen. Es geht ihm um ein neues, um ein anderes Hören: ein gemeinschaftliches Hören und Hinhören aller, des gesamten Volkes Gottes, das sich nicht länger von einer Klerikerkirche bevormundet wissen soll (und will). Und dafür braucht es Geist, viel Heiligen Geist.

Als Franziskus am 21. Dezember 2020 den Mitgliedern der römischen Kurie erklärte, was er mit der Kurienreform – die dann erst am 19. März 2022 mit der apostolischen Konstitution *Praedicate Evangelium* abgeschlossen wurde – beabsichtige, sagte er:

> »Wenn wir uns vom Heiligen Geist leiten lassen, werden wir ›der ganzen Wahrheit‹ (Joh 16, 13) Tag für Tag näherkommen. Ohne die Gnade des Heiligen Geistes, selbst wenn man beginnt, die Kirche synodal zu denken, wird sie sich, anstatt sich auf die Gemeinschaft in der Gegenwart des Geistes zu beziehen, als eine beliebige demokratische Versammlung verstehen, die sich aus Mehrheiten und Minderheiten zusammensetzt. Wie ein Parlament, zum Beispiel: und das ist nicht die Synodalität. Allein die Gegenwart des Heiligen Geistes macht den Unterschied.«[11]

3. Die Pfingstpredigten von Papst Franziskus

Seit mehr als einem Jahrzehnt im Amt, hat der Papst bisher an elf Pfingstfesten über den Heiligen Geist gesprochen. Worüber sonst? Die Predigten sind auf der Webseite des Vatikans frei zugänglich.[12] Dass sie in Zusammenhang mit anderen einschlägigen Aussagen zu sehen sind und sich einfügen in die theologisch-pastorale Programmatik dieses Pontifikates, sollte bereits klar geworden sein.

Offen für die Überraschungen des Geistes?

Eine erste Beobachtung: Die Predigten wurden im Lauf der Jahre länger, besonders in den letzten drei Jahren – und konkreter. Man kann deutlich erkennen, dass zunehmend in sie einfließt, was den Papst in seiner Arbeit beschäftigt. Immer geht er dabei von den vorgegebenen Schriftstellen aus.

Das Wirken des Heiligen Geistes verband er etwa – 2013 – mit den drei Worten »Neuheit«, »Harmonie« und »Mission«. Neues, so Franziskus, löse oft Angst aus. »Doch in der gesamten Heilsgeschichte ist es so: Wenn Gott sich offenbart, bringt er Neues.« Die

Frage ist dann: »Sind wir offen für die ›Überraschungen Gottes‹? Oder verschließen wir uns ängstlich vor der Neuheit des Geistes?« Ein Zeichen für sein Wirken sei das »gemeinsame Unterwegssein in der Kirche unter der Führung der Hirten, die ein spezielles Charisma und Amt haben«, auch wenn »Kirchlichkeit« für ihn »ein grundsätzliches Merkmal für jeden Christen, für jede Gemeinschaft, für jede Bewegung« sei. Seine Gewissensfrage lautete: »Bin ich offen für die Harmonie des Heiligen Geistes, indem ich jegliche Ausschließlichkeit überwinde?« Franziskus versteht den Geist in dieser Predigt als »Triebkraft« und »Schub des Windes«, der in das Segel bläst, damit ein Boot vorankommt.

Ein Jahr später bezeichnete er den Heiligen Geist als »inneren Lehrmeister«: »Mehr als ein Lehrmeister der Doktrin ist der Heilige Geist ein Lehrmeister des Lebens.« Er lasse die Menschen »sprechen«. Denn: »Es gibt keine stummen Christen.« Dieses Sprechen hat mit »Prophetie« zu tun.

Die Predigt von 2015 ist stark biblisch orientiert und wirbt dafür, sich dem Geist zu öffnen: »Es gibt viele Arten, sich dem Heiligen Geist zu verschließen: in der Ichsucht nach dem eigenen Vorteil, im starren Legalismus – wie die Haltung der Gesetzeslehrer, die Jesus Heuchler nennt –, im fehlenden Gedächtnis für das, was Jesus gelehrt hat, in einem nicht als Dienst, sondern zum persönlichen Interesse geführten christlichen Leben und so weiter. Die Welt braucht hingegen den Mut, die Hoffnung, den Glauben und die Ausdauer der Jünger Christi. Die Welt braucht die Früchte, die Gaben des Heiligen Geistes, wie sie der heilige Paulus aufzählt.«

Eine neue Dynamik der Geschwisterlichkeit – und Einheit

2016 ging Franziskus vom Motiv des verwaisten, vereinsamten Menschen aus, eine Situation, die auch »der verbreitete geistliche Analphabetismus« zeige: »All dem widersetzt sich die *Gotteskindschaft*, die unsere ursprüngliche Berufung ist. Dafür sind wir geschaffen; es ist unsere innerste DNA, die jedoch zerstört wurde (…). Von der unermesslichen Gabe der Liebe, die der Tod Jesu am Kreuz darstellt, ging für die ganze Menschheit die Ausgießung des Heiligen Geistes wie ein unendlicher Gnadenstrom hervor. Wer in dieses Geheimnis der Wiedergeburt gläubig eintaucht, wird zur Fülle des Lebens als Kind Gottes wiedergeboren.« Der Geist sei es, der die Menschen »in eine neue Dynamik der Geschwisterlichkeit eintreten« lasse.

Das Thema »Einheit« stand 2017 im Mittelpunkt, verbunden mit zwei Versuchungen: »*die Verschiedenheit ohne Einheit* zu suchen« und »*die Einheit ohne die Verschiedenheit* zu suchen«. »Wahrheitswächter«, »Parteigänger«, Christen »von rechts oder links« durften sich angesprochen fühlen – genauso wie diejenigen, die Einheit mit »Einförmigkeit« verwechseln.

Eine Kraft, die zentripetal und zentrifugal ist – und harmonisch

Im Jahr 2018 griff Franziskus das Bild des Sturmes auf: »Der Geist ist die Ruhe in der Unrast«, der »die von Angst versiegelten Seelen« befreit und Widerstände überwindet. Echte Veränderungen brauche es in der Kirche. Mit Blick auf die Apostelgeschichte erinnerte er daran: »In der Apostelgeschichte – einem Buch, das es wirklich zu entdecken gilt und in dem der Geist die Hauptrolle spielt – erleben wir eine kontinuierliche Dynamik voller Überraschungen.« Seine Beobachtung: »Der Geist weht, aber wir holen die Segel ein.« Für Franziskus ist der Geist »die Seele der Kirche, er beseelt sie immer neu mit Hoffnung, erfüllt sie mit Freude, befruchtet sie mit Neuem, schenkt ihr Knospen neuen Lebens. (…) Ja, der Geist bringt ein ›Aroma‹ von Kindheit in die Kirche. Er bewirkt ein beständiges Wiederaufleben. Er frischt die Liebe des Anfangs wieder auf. Der Geist erinnert die Kirche daran, dass sie trotz ihrer jahrhundertealten Geschichte immer eine 20-Jährige ist, die junge Braut, in die der Herr hoffnungslos verliebt ist. (…) Er wird seine Kraft der Veränderung mit sich bringen, eine einzigartige Kraft, die sozusagen gleichzeitig *zentripetal* als auch *zentrifugal* ist. Sie ist zentripetal, d. h. sie ist auf das Zentrum hin ausgerichtet, weil sie im Inneren des Herzens wirkt. (…) Aber gleichzeitig ist er eine Zentrifugalkraft, die nach außen wirkt. Derjenige, der zum Zentrum führt, ist derselbe, der an die Peripherie sendet, an jede menschliche Peripherie.«

Ein Jahr darauf umkreiste Franziskus das Motiv der »Harmonie«, die der Geist in das Leben bringen kann, im Inneren wie im Äußeren – in Zeiten vieler »Disharmonien«. »Ohne den Geist jedoch«, so Franziskus, »ist die Kirche eine Organisation, die Mission Propaganda, die Gemeinschaft eine Anstrengung. Und viele Kirchen veranstalten programmatische Aktionen in diesem Sinn von Pastoralplänen und Diskussionen über alles. Es scheint so, als gelangten wir auf diesem Weg zur Einheit, aber dies ist nicht der Weg des Heiligen Geistes, es ist der Weg der Spaltung. *Das, was die Kirche am meisten braucht, ist der Heilige Geist* (vgl. Paul VI., *Generalaudienz*, 29. November 1972).«

Die Einheit der Verschiedenen – wider die Ideologie der »-ismen«

Am Pfingstsonntag, dem 31. Mai 2020, stand die ganze Welt im Bann der Coronapandemie und des damit verbundenen Lockdowns, der auch für die Kirche ein absolutes Novum war. Auch im Petersdom waren Gottesdienste nur mit Mundschutz möglich. Und mit beschränkter Teilnehmerzahl. Mit Blick auf die zwölf Apostel konstatierte Franziskus zunächst: »Jesus hatte sie nicht verändert, er hatte sie nicht vereinheitlicht und zu ›Serienmodellen‹ gemacht. Nein. Er ließ ihre Unterschiede bestehen und nun vereint er sie, indem er sie mit dem Heiligen Geist salbt. Die *Vereinigung* – die Einheit dieser Verschiedenen – kommt mit der *Salbung*. An Pfingsten erkennen die Apostel die einheitsstiftende Kraft des Geistes. Mit eigenen Augen sehen sie, dass alle, obwohl sie unterschiedliche Sprachen sprechen, ein einziges Volk bilden, das Volk Gottes, das geformt ist vom Heiligen Geist, der aus unseren Unterschieden eine Einheit webt und alles in Einklang bringt, weil im Heiligen Geist Einklang ist. Er *ist* der Einklang.«

Das Geheimnis des Heiligen Geistes ist für ihn die »Hingabe«. Dreierlei stehe dem entgegen: »Es gibt sozusagen drei Feinde der Hingabe, drei besonders schlimme, die immer vor der Tür des Herzens kauern: der Narzissmus, das Selbstmitleid und der Pessimismus. (…) Wenn diese drei Götzen herrschen – der narzisstische Götze des Spiegels, wenn man sein Spiegelbild vergöttert; der Gott des Gejammers, wenn man sich über das Jammern definiert; und der Gott des Pessimismus, wenn uns alles schwarz und dunkel erscheint –, dann erleben wir einen *Mangel an Hoffnung* und wir müssen das Geschenk des Lebens wieder schätzen lernen, das Geschenk, das jeder von uns ist. Deshalb brauchen wir den Heiligen Geist, die Gabe Gottes, der unseren Narzissmus, unser Selbstmitleid und unseren Pessimismus heilt. Er heilt uns von unseren Spiegelbildern, vom Gejammer und von aller Dunkelheit.«

Ein Jahr später gab es Corona immer noch. Franziskus wandte sich 2021 gegen »Tröstungen der Welt«, die für ihn »wie Betäubungsmittel« sind und lediglich »kurzzeitige Erleichterung« bewirken. Der Geist ist der große Tröster für den Papst. Er ermutigt zum Zeugnisgeben: »Wie können wir das machen? Nicht mit großen Reden, sondern indem wir zu Nächsten werden; nicht mit Floskeln, sondern durch Gebet und Nähe. Denken wir daran, dass die Nähe, das Mitgefühl und die Zärtlichkeit den Stil Gottes ausmachen. Der Paraklet [so nennt Jesus im Johannesevangelium den Heiligen Geist; Anm. d. Verf.] sagt der Kirche, dass heute die *Zeit des Trostes* ist; (…). In dieser Zeit gilt es vor allem, die Barmherzigkeit zu bezeugen, und nicht so sehr, Regeln und Normen einzuimpfen. Es ist die Zeit des Parakleten! Es ist die Zeit der Freiheit des Herzens im Parakleten.«

Drei Ratschläge gab Franziskus den »Missionaren« des Trostes dabei mit: »Der erste Rat des Heiligen Geistes lautet: ›Lebe in der Gegenwart.‹ In der Gegenwart, nicht in der Vergangenheit oder in der Zukunft. Der Versuchung, sich von der Bitterkeit und Nostalgie der Vergangenheit lähmen zu lassen oder sich auf die Ungewissheiten des Morgens auszurichten und sich von Zukunftsängsten zu stark beeinflussen zu lassen, begegnet der Paraklet mit *dem Primat des Heute*. (…) Dann rät der Paraklet: ›Sucht das Ganze.‹ Das Ganze, nicht den Teil. Der Geist formt nicht verschlossene Individuen, sondern er gründet uns als Kirche in der vielgestaltigen Vielfalt der Charismen, in einer Einheit, die niemals Uniformität ist. Der Paraklet betont *den Primat des Ganzen*. (…) Schließlich der dritte wichtige Rat: ›Gib Gott den Vorzug gegenüber deinem eigenen Ich.‹ Das ist der entscheidende Schritt im geistlichen Leben, bei dem es nicht um das Sammeln von eigenen Verdiensten und Werken geht, sondern um eine demütige Annahme Gottes. Der Paraklet betont den *Vorrang der Gnade*. (…) Wir retten niemanden, nicht einmal uns selbst, mit unseren eigenen Kräften. Wenn wir unseren Projekten, unseren Strukturen und unseren Reformplänen den Vorrang geben, verfallen wir in einen Funktionalismus, in ein Leistungsdenken, in eine reine Horizontalität, und so werden wir keine Früchte bringen. Die ›Ismen‹ sind Ideologien, die trennen und spalten. Die Kirche ist keine menschliche Organisation – sie besteht aus Menschen, aber sie ist nicht nur eine menschliche Organisation –, die Kirche ist der Tempel des Heiligen Geistes. (…) Setzen wir Gott an die erste Stelle!«

Der Heilige Geist bringt uns zum Konkreten

2022 hielt Franziskus die bisher längste Pfingstpredigt. Er charakterisierte den Geist dabei als den »›Motor‹ unseres geistlichen Lebens. Er ist es, der alles in uns bewegt. Aber wenn wir nicht im Geist oder mit dem Geist oder durch den Geist beginnen, kann der Weg nicht bewältigt werden.« Er sagte auch, warum: »Denn der Geist heilt Erinnerungen. Er heilt die Erinnerungen. Wie tut er das? Indem wir das, was zählt, wieder an die Spitze der Liste stellen: die Erinnerung an Gottes Liebe, seinen Blick auf uns. So *bringt er das Leben in Ordnung*: Er lehrt uns, uns selbst anzunehmen, er lehrt uns zu vergeben, uns selbst zu vergeben. Es ist nicht einfach, sich selbst zu vergeben. Der Geist lehrt uns aber diesen Weg, er lehrt uns, uns mit der Vergangenheit zu versöhnen. Wieder neu anzufangen.« Dieser Anfang ist mit Imperativen verbunden: »Steh auf! Steh auf! Gibt dir immer Mut: Steh auf! Und nimmt dich bei der Hand: Steh auf! Wie macht er das? Indem wir uns selbst einbringen, ohne darauf zu warten, dass jemand anderes beginnt.«

Franziskus ist Jesuit, durch und durch. Das scheint auch in seiner Verkündigung durch:

»Der Ort der Gnade ist der konkrete Ort von heute: hier und jetzt. Wie? Es gibt keine Hirngespinste, die wir uns ausdenken können, und der Heilige Geist bringt dich zum Konkreten, immer. Der Geist des Bösen hingegen will uns vom Hier und Jetzt ablenken, uns woanders hinführen: Er klammert sich oft an die Vergangenheit: an das Bedauern, an die Nostalgie, an das, was das Leben uns vorenthalten hat. Oder er projiziert uns in die Zukunft und nährt Ängste, Illusionen und falsche Hoffnungen. Der Heilige Geist tut das nicht, er bringt uns dazu, hier und jetzt zu lieben, ganz konkret: nicht eine ideale Welt, eine ideale Kirche, nicht eine ideale Ordensgemeinschaft, sondern das, was da ist, im Licht der Sonne, in der Transparenz, in der Einfachheit. Wie anders als das Böse, das hinter dem Rücken Gerüchte, Klatsch und Tratsch schürt! Das Geschwätz ist eine hässliche Angewohnheit, die die Identität der Menschen zerstört. (…)

Der Geist will uns zusammenbringen, er gründet uns als eine Kirche und lehrt heute – das ist der dritte und letzte Aspekt – die Kirche, *wie sie gehen soll*. Die Jünger haben sich im Abendmahlssaal verkrochen, dann kommt der Geist herab und drängt sie hinauszugehen. Ohne den Geist blieben sie unter sich, mit dem Geist öffnen sie sich für alle. In jeder Epoche wirft der Geist unsere Pläne über den Haufen und öffnet uns für seine Neuheit. Es gibt immer die Neuheit Gottes, die die Neuheit des Heiligen Geistes ist; er lehrt die Kirche stets die lebenswichtige Notwendigkeit hinauszugehen, die naturgegebene Notwendigkeit zu verkünden, nicht in sich selbst verschlossen zu bleiben: keine Herde zu sein, die in einen Zaun eingezwängt ist, sondern eine offene Weide, damit sich alle von der Schönheit Gottes nähren können; der uns lehrt, ein gastfreundliches Haus ohne trennende Mauern zu sein. Der weltliche Geist hingegen drängt uns, uns nur auf unsere eigenen Probleme, unsere Interessen zu konzentrieren, auf die Notwendigkeit, relevant zu erscheinen, auf die mühsame Verteidigung unserer nationalen Identitäten und Gruppenzugehörigkeiten. Der Heilige Geist tut das nicht: Er lädt uns ein, uns selbst zu vergessen und uns für alle zu öffnen. Und so verjüngt sich die Kirche. Achtung: Er verjüngt sie, nicht wir. Wir versuchen, sie ein wenig zu schminken, aber das hilft nicht. Er verjüngt sie. Denn die Kirche kann man nicht programmieren, und Modernisierungsprojekte sind nicht genug. Es ist der Geist, er befreit uns von der Besessenheit auf Dringlichkeiten und lädt uns ein, alte und immer neue Wege zu gehen (…).«

Fast im Widerspruch dazu scheint der Gedanke vom »Aufruhr« zu stehen: »Und zum Schluss – das ist das Kuriose – ist der Heilige Geist der Urheber der Spaltung, ja des Aufruhrs, einer gewissen Unordnung. Denken wir an den Pfingstmorgen: Der Autor schafft eine Unterscheidung der Sprachen, der Haltungen … das war ein Aufruhr! Aber er ist auch der Urheber der Harmonie. Er trennt mit der Auffächerung der Charismen, aber es ist eine vorgetäuschte Trennung, denn der wirkliche Gegensatz fügt sich in die Harmonie ein. Er bewirkt die Aufteilung mit den Charismen und bildet die Harmonie mit all dieser Spaltung, und das ist der Reichtum der Kirche.«

Eine Kirche ohne Geist ist leblos: Kritik an »kalten Lehren«

Und zuletzt, im Jahr 2023? Franziskus erinnerte diesmal daran, was der Geist bewirkt: »Er schafft also nicht eine für alle gleiche Sprache, er löscht nicht die Unterschiede, die Kulturen aus, sondern harmonisiert alles, ohne zu standardisieren, ohne zu vereinheitlichen. Und das sollte uns zu denken geben in dieser Zeit, in der die Versuchung der Rückwärtsgewandtheit alles in Disziplinen zu standardisieren sucht, die nur Schein sind, ohne Inhalt.«

Bemerkenswert ist ein Passus zum weltweiten synodalen Prozess:

»Und die laufende Synode ist – und muss sein – *ein dem Geist gemäßer Weg*: nicht ein Parlament, in dem es darum geht, Rechte und Bedürfnisse nach der Agenda der Welt einzufordern, nicht eine Gelegenheit, dorthin zu gelangen, wohin der Wind uns trägt, sondern eine Gelegenheit, um dem Wehen des Geistes zu folgen. (…) Ohne ihn ist die Kirche leblos, ist der Glaube nur eine Lehre, die Moral nur eine Pflicht, die Pastoral nur eine Arbeit. Manchmal hören wir sogenannte Denker, Theologen, die uns kalte Lehren vermitteln, die mathematisch zu sein scheinen, weil in ihnen der Geist fehlt. Mit ihm hingegen ist der Glaube Leben, die Liebe des Herrn erobert uns und die Hoffnung wird neu geboren. Machen wir den Heiligen Geist wieder zum Mittelpunkt der Kirche, ansonsten wird unser Herz nicht von der Liebe zu Jesus, sondern zu uns selbst entflammt. Machen wir den Heiligen Geist zum Prinzip und zur Mitte der synodalen Arbeit.«

Nicht zum ersten Mal sind damit die (Gewissens-)Fragen verbunden:

»Folge ich der Harmonie des Heiligen Geistes? Oder verfolge ich meine Projekte, meine Ideen, ohne mich von ihm formen zu lassen, ohne mich von ihm verwandeln zu lassen? Ist meine Art, den Glauben zu leben, folgsam gegenüber dem Geist oder ist (sie) stur? In starrer Weise an den Buchstaben festhaltend, an sogenannten Lehren, die bloß kalte Ausdrucksformen des Lebens sind? Bin ich vorschnell im Beurteilen, zeige ich mit dem Finger auf andere und schlage ihnen die Türen vor der Nase zu, indem ich mich als Opfer von allen und allem betrachte? (…) Fördere ich Versöhnung und schaffe ich Gemeinschaft oder suche ich immer, stecke meine Nase dort hinein, wo es Schwierigkeiten gibt, um zu stänkern, zu spalten, zu zerstören? Vergebe ich, fördere ich Versöhnung, schaffe ich Gemeinschaft? Wenn die Welt gespalten ist, wenn sich die Kirche polarisiert, wenn das Herz sich zersplittert, dann sollten wir keine Zeit damit verlieren, andere zu kritisieren und uns über uns selbst zu ärgern, sondern den Heiligen Geist anrufen: Er ist in der Lage, diese Dinge zu lösen.«

Papst Franziskus steckt tief in der Synodenproblematik, inhaltlich, aber auch methodisch, wenn er vor falschen Erwartungen warnt und die Marschrichtung vorgibt:

»Es geht darum, mit Erstaunen zu entdecken, dass der Heilige Geist auf immer überraschende Weise weht, um neue Wege und Sprachen zu suggerieren. Es ist eine langsame, vielleicht mühsame Übung, zu lernen, einander zuzuhören – Bischöfe, Priester, Ordensleute und Laien, alle, alle Getauften – und dabei künstliche und oberflächliche Antworten, Antworten *prêt à porter*, zu vermeiden. Der Geist fordert uns auf, die Fragen, die Ängste und die Hoffnungen jeder Kirche, jedes Volkes und jeder Nation anzuhören. Und auch, auf die Welt zu hören, auf die Herausforderungen und Veränderungen, vor die sie uns stellt. Wir dürfen unsere Herzen nicht schalldicht machen, wir dürfen uns nicht hinter unseren Gewissheiten verbarrikadieren. Diese Gewissheiten machen uns oft verschlossen. Lasst uns gegenseitig zuhören. (…) Das Wort öffnet uns die Augen für die Unterscheidung und erleuchtet sie. Es richtet die Synode so aus, dass sie keine kirchliche *convention*, keine Studientagung oder ein politischer Kongress ist, dass sie kein Parlament ist, sondern ein Ereignis der Gnade, ein Heilungsprozess unter der Leitung des Heiligen Geistes. In diesen Tagen ruft uns Jesus auf, so wie er es mit dem reichen Mann im Evangelium getan hat, uns leer zu machen, uns von dem zu befreien, was weltlich ist, und auch von unseren Verschlossenheiten und unseren sich wiederholenden pastoralen Modellen; uns zu fragen, was Gott uns in dieser Zeit sagen will und in welche Richtung er uns führen möchte.«

4. Ein Heilungsprozess unter der Leitung des Heiligen Geistes

Was für die zurückliegende und die kommende Weltbischofssynode im Oktober 2023 und im Oktober 2024 galt und gilt, gilt für die Kirche ganz allgemein: Der Geist hilft, die Zeichen der Zeit zu lesen und zu erkennen. Er befreit von eingespielten Denkmustern, von theologischen Gewissheiten und frommen Verhaltensweisen. Er erneuert. Und er heilt. Die Synode ist für diesen Papst mit seiner metaphernreichen Sprache »ein Heilungsprozess unter der Leitung des Heiligen Geistes«. Wer wollte, wer kann deswegen auf ihn verzichten?

Im alten, aus dem 13. Jahrhundert stammenden Pfingsthymnus betet und bittet die Kirche:

> »Wärme du, was kalt und hart,
> löse, was in sich erstarrt,
> lenke, was den Weg verfehlt.«

Ein froher Satz nach vorn

Jacqueline Boysen

Die Zeit ist aus den Fugen«: Kein Shakespeare-Zitat wird dieser Tage häufiger bemüht. Die Worte Hamlets beschreiben den Seelenzustand unserer Gesellschaft – einer Gesellschaft, die sich haltlos und ausgesetzt fühlt. Sie empfindet schmerzhaft eine Wende ihrer Zeit, die weit über die politisch verkündete Zeitenwende hinausreicht. Die Wende ist eigentlich eine kontrollierte Bewegung, ein exakt bestimmter Kurswechsel, die Navigation eines erfahrenen Kapitäns. So sollte es jedenfalls sein. Doch kaum jemand glaubt, dass es so ist.

Wo die Zeit aus den Fugen geraten ist, wackelt und bröckelt alles, was die Welt im Innersten zusammenhält. Unsere Erwartung ist offenbar, dass Welt oder Zeit, synonym für unser Dasein, zusammengehalten werden. Dreht sich die Welt nicht eigentlich – und fließt nicht die Zeit, wie Heraklit uns im schönen Bild *Panta rhei* vor Augen führt? Alles bewegt sich fort und nichts bleibt, interpretierte Platon und es ist wohl bezeichnend für die gegenwärtige Gemütslage in Deutschland, dass die Vergänglichkeit aus dem zweiten Teil der Metapher gemeinhin unterschlagen wird. Das Gefühl der Zeit ist wie ein Sog. Die Ertrinkenden scheinen ihm machtlos ausgeliefert: Abwärts immer, aufwärts nimmer.

Müsste dieser freie Fluss der Zeit kanalisiert und eingedämmt werden, damit wir uns wieder wohlfühlen? Wer sollte diesen Damm bauen? Wer hat früheren Generationen Halt gegeben? Es wäre zu einfach, nur auf sich selbst marginalisierende Kirchen, auf Gewerkschaften und Sport- oder Gesangsvereine zu verweisen. Denn schließlich gilt individuelle Freiheit als erstrebenswert, die Abnabelung von trauten Gemeinschaften wie Familie, Verein oder Kollektiv: Das Leben im Freistil zu schwimmen, war die Disziplin der

Wahl derer, die sich als Avantgarde begriffen. Die Richtung selbst bestimmen zu können, nicht von Konventionen oder überkommenen Sitten gegängelt zu werden, gar sich treiben zu lassen – das löst heute indes eher Furcht als Fantasie aus. Die immense Fließgeschwindigkeit unserer Zeit und ihre ausufernden Ströme über unübersichtliches, globales Terrain verunsichern auch geübte Schwimmer.

Kein Wunder also, dass es allenthalben heißt, die Sehnsucht nach überschaubaren Zuständen und verlässlichen Ansagen wachse. Man möchte, dass *alles in Ordnung* kommt. Das ist so verständlich wie erklärbar und zugleich eine geschichtsvergessene, weltfremde Illusion. Die Verhältnisse, wusste schon Bertolt Brecht, sie sind nicht so.

Wie sind sie denn? In heilloser Unordnung scheinen sie zu sein, wohin der Blick sich auch wendet. Die Vergleiche mit dem Gestern helfen nicht mehr auf dem Weg ins Morgen. In der Vergangenheit war alles so anders, dass Erfahrungswissen verpufft und nutzlos erscheint. Undurchdringlich droht ein Dickicht von scheinbar unlösbaren Konflikten – ob vor der Haustür schreiend oder in den Wirren im fernen Rest der Welt grummelnd macht schon fast keinen Unterschied mehr. Wir, die wir gern alles in der Hand haben, leben in schwindelerregender Unübersichtlichkeit. Längst überfordert uns nicht mehr nur die Gasrechnung, die Helmut Schmidt einst zum Maßstab für Bürgerfreundlichkeit und Legitimität staatlicher Institutionen erklärte.

Das Gedächtnis erwartet die Intervention des Gegenwärtigen, ermuntert Paul Valéry zum Nachdenken und zu neuer Erkenntnis. Aber es ist so viel, was wir dauernd lernen müssten, um Entscheidungen zu durchdringen … So viel, was wir wissen sollten, um uns eine gefestigte Meinung zu bilden … Und wir müssten so viele Argumente bedenken, um uns für Diskussionen zu wappnen – sodass viele sich gleich ganz die Mühe sparen. Wenige sind mit guten Ideen und genügend Geduld gerüstet, um andere zu überzeugen. Was im Übrigen wieder schmerzlich an unsere verloren gegangene Offenheit rührt: Denn überzeugen lässt sich nur, wer dazu im Grundsatz bereit ist. Wer auf der eigenen gedanklichen Scholle nicht so tief verwurzelt ist, dass er sich selbst als Umfaller betrachten würde, wenn bei ihm die Ideen eines anderen verfingen. Verloren scheinen elementare Sozialtechniken wie das Aufeinanderzugehen, das Zuhören und die Beweglichkeit, dem anderen heute zu folgen, damit dieser mir morgen bereitwillig zustimmt. Dabei zeigt jede Talkshow, dass Kompromisslosigkeit und Zuspitzungen vielleicht schrecklich unterhaltsam sein mögen, aber in die Sackgasse führen. Sie provozieren die Abwehr der anderen, zum Nach- oder gar Umdenken jedenfalls lädt das Todschlagargument nicht ein.

Jede Minute könnte der Stoff reißen, aus dem die Wirklichkeit gemacht ist – so beschreibt die Dichterin Arezu Weitholz das Grundgefühl der Epoche. Da reißt gleich etwas. Unsere kleinen Sicherheiten sind nichts mehr wert, Gefahren verselbstständigen sich und wachsen zur Bedrohung an. Die plurale Gesellschaft fordert einen klugen Umgang mit unterschiedlichen Wünschen und legitimen Interessen, immer wieder Ausgleich und stichhaltige Begründungen: Wenn die Politik ihre helfende Hand der einen gesellschaftlichen Gruppe reicht, darf auch die andere beizeiten Goodies erwarten. Es hat viel mit kluger Gewichtung zu tun, wann welcher Schritt auf wen zuzugehen ist. Es verlangt ein sicheres Urteilsvermögen, diese Schritte zu erklären und den Protest dagegen aushalten zu können, damit eben nichts reißt.

Mehrdimensionalität und Mehrdeutigkeit sind aber nur zu ertragen, wenn es ein gemeinsames, festes Fundament gibt. Die Gesellschaft lässt heute vieles zu, sie gibt viel mehr Raum als zu Zeiten, da feste Regeln und strenge Sitten, festgefügte Muster und Verantwortlichkeiten das Handeln bestimmten. Das ist erfreulich, weil uns mehr Freiheit gegeben und mehr Bewegung erlaubt ist. Dafür haben andere Generationen gekämpft: dass sich Hierarchien auflösen und strukturelle Benachteiligung ausgeglichen wird. Jedes Mitglied der Gesellschaft soll nach persönlichem Glück streben können. Aber die Chance dazu ergreifen nicht alle in gleicher Beherztheit – auch wenn wir immer weiter Hürden schleifen und noch so kleinteilige Erleichterungen einführen.

Die offene Gesellschaft leidet an sich selbst. Offenheit wird zwar gefordert, aber nur von den anderen. Denn ich selbst habe ja recht. Das Versprechen, nach der eigenen Fasson selig werden zu können, war eigentlich ein hoher Wert. Wir merken, dass es auch in die Beliebigkeit jedweder Entscheidung und in die Zerrissenheit der Gesellschaft führt. Dass die geöffneten Gestaltungsräume nicht genutzt werden, sondern verschrecken. Jeder Vierte fühle sich einsam, sagt eine Erhebung zur Depressionsgefahr.

Tatsächlich gibt es viele Gründe zu verzweifeln: Tausende fleißige Gleichstellungsbeauftragte hierzulande können nichts daran ändern, dass in der Welt draußen die lautesten Schreihälse ihrem Männlichkeitswahn frönen, internationale Verträge nicht mehr eingehalten werden und Gewalt selbst in Europa wieder zum Mittel der Wahl erhoben wird. Herrschaft und Recht sind kein unzertrennliches Paar mehr. Wir leben in einer Zeit, in der nicht das Geld für uns da ist, sondern wir für das Geld; in der die künstliche Intelligenz einem menschlichen Monopol, dem Denken, Konkurrenz macht; in der unsere Lebensgrundlagen wegschmelzen wie die Polkappen und sich die Natur nicht mehr untertan machen lässt, sondern in Naturkatastrophen Revanche für jahrhundertelange Ausbeutung von uns Menschen fordert. Leichtsinnig haben wir an den Zusammenhängen vorbeigeschaut, jetzt überwältigen sie uns.

Die Spielregeln für unser Miteinander scheinen vielfach nicht mehr zu passen. Die säkulare, individualisierte Gesellschaft der Moderne muss ihre Mindeststandards neu erstreiten und verteidigen. Damit haben wir ein Problem. Es ist in der globalen Gemeinschaft vielleicht nicht mehr wichtig, bürgerlich wohlerzogen zu wissen, dass Suppe nicht geschlürft wird oder erschöpften Menschen der Sitzplatz gebührt. Dass Rücksicht und Empathie nicht einklagbar und doch fundamental für ein gelingendes Miteinander sind, dürfte noch Konsens sein, schließlich sind Deutsche wie Zugewanderte in ihrer Mehrheit am gesellschaftlichen Frieden ernsthaft interessiert. Aber versammeln sie sich noch hinter dem Grundsatz unseres gesellschaftlichen Miteinanders, der sich auf die Formel »Nie wieder!« bringen lässt?

Nie wieder sollten Juden in unserem Land Angst haben müssen. Wir schworen uns darauf ein, dass wir über nationalsozialistische Verbrechen gegen Juden, über Entrechtung, Entwürdigung und Ermordung aufklären und gegen Antisemitismus immunisieren könnten. Dass wir auf Gewalt verzichten und andere dies dann auch tun, lautete die Weiterung. Heute wachen wir auf und müssen uns eingestehen, dass wir über Jahrzehnte mit hohem Aufwand die Bekehrten bekehrt haben. Erschreckend viele Mitglieder der Gesellschaft konnten sich unseren Belehrungen entziehen, unter den Beteuerungen hinwegtauchen und – schlimmer noch – damit spielen: Nichts ist leichter, als mit einem Hakenkreuz zu provozieren oder mit einem dahingeschmierten Davidstern Aufmerksamkeit zu erregen. Nichts macht uns so sprachlos wie die Erkenntnis, dass antisemitische Stereotype wieder wach sind und die Humanität dieser Gesellschaft untergraben. In Deutschland werden jüdische Kinder bespuckt, jüdische Frauen und Männer bedroht, es wird auf Synagogen geschossen. Zum guten Ton aufgeklärter Intellektueller scheint zu gehören, Verständnis für Terroristen und die Feinde Israels herauszuposaunen.

Es ist ernüchternd: Der Appell »Nie wieder!« ist zur Floskel verkommen. Dennoch bleibt der Anspruch auf Allgemeingültigkeit der beiden Worte – sie schweben über dem fundamentalen Gedanken in Artikel 1 des Grundgesetzes, der die Menschenwürde schützt. Aber die verbindende Wirkung für die Gesellschaft haben sie verloren oder nie gehabt. Vielleicht wurde dieses »Nie wieder!« überdehnt, zu häufig übertragen auf diese und jene Ungerechtigkeit oder zu gedankenlos wiederholt. Möglicherweise haben wir es zu oft bei Worten belassen, statt konsequent für Antisemitismus auch Buße zu fordern und Strafen zu verhängen. Gewalt dort anzuwenden, wo der Friede nach Hilfe schreit. Das eigentliche Versagen liegt wohl darin, dass es so bequem war, den schönen Gedanken der Toleranz falsch zu verstehen.

Woher kommen Hoffnung und Hilfe für eine Gesellschaft, die ihren Glauben daran, dass sie vom Herrn kommt, der Himmel und Erde gemacht hat, freiwillig an den Nagel gehängt hat?

Deutschland im ausgehenden ersten Quartal des 21. Jahrhunderts lässt kollektiv den Kopf hängen – jedenfalls suggerieren oder belegen das Leitartikel, Umfragen, und ja, auch Predigten. Gegen die miese Grundstimmung scheint nichts anzukommen: Überall ist davon die Rede, dass die Menschen in unserem Land besorgt, betrübt, verängstigt oder wütend sind, in jedem Fall: unzufrieden. *Wir sind aus den Fugen.* Wo und woraus ist der Mörtel, der uns Halt gab, unser Sein ausbalanciert in Form hielt und die Abstände wahrte, um Reibung und Kollisionen zu verhindern?

Der Mensch ist und bleibt ein soziales Wesen, angewiesen auf andere, die mit ihm, auch für ihn leben – und bisweilen auch gegen ihn auftreten. Aber mürrische Leute, die andere mit ihren Problemen behelligen, hielt schon Hans Magnus Enzensberger für rücksichtslos. Wie wahr! Hören wir auf damit, versuchen wir es mit dem Gegenteil – und besinnen uns auf die stille Vergnügtheit, die sich ausbreitet, wenn aus einer hässlichen Lage durch die Kehrtwende eines Einzelnen eine entspannte wird. Die Orientierung am anderen, zu der wir neigen, darf dem Erwarteten widersprechen: dem Mutlosen ist zu sagen: Es gibt immer Hoffnung, Licht nach langer Dunkelheit, verheißen die Propheten. Das Fünkchen in uns erlischt nicht. Wir sind nicht nur durch unsere Gottesebenbildlichkeit bestimmt – unser Lebenswille befähigt uns, aufzustehen: Wir dürfen brennen, an jedem gottverlassenen Ort, in jeder Zeit. Und sei sie noch so geistlos.

Was ist dieser Geist, der uns in den freien Fall gestürzt hat? Geist ist Wissen um die Welt, in welchem Sektor auch immer. Damit ist weder die umfassende Bildung des Universalgelehrten noch die sektorale Exzellenz der Nobelpreisträgerin gemeint. Nicht das Spezialwissen eines Klimaforschers oder das einer Verfassungsrichterin. Auch nicht die emotionstriefende Herzensbildung, die heute in kitschigen Trostsprüchlein im Bahnhofskiosk verballhornt wird und die sozialen Medien mit Gefühligkeit flutet. Der heute oft schmerzlich vermisste Geist beflügelt das Wissen, das uns für den ausbalancierten Umgang mit uns selbst stark macht, das uns in der Auseinandersetzung mit anderen Menschen leitet und mit dem täglichen

Leben oder seinen Plagen versöhnt. Es ist eine Vernunft, die uns zurückholt auf den Boden der Tatsachen, die vor Selbstüberhöhung und vor Übertreibung warnt.

Denn merken wir gar nicht, dass unser Leben, um Himmels willen, nicht *mehr*, sondern schlicht *andere* Gefahren birgt als die, denen Menschen in vorangegangenen Jahrhunderten ausgesetzt waren? Unsere globale, aufgeklärte Perspektive mag weiter sein, unser Einfluss indes reicht von jeher erst einmal nur dazu, uns selbst zu sortieren und unser eigenes Handeln zu bestimmen. Es herrscht das Absurde und die Liebe rettet davor, sagt Albert Camus. Sich vom Absurden der Zeit und den täglich neuen Provokationen der Mitmenschen nicht beherrschen lassen, ist das Gebot der Stunde. Nicht in Wut ausbrechen, wenn alle wüten. Sich nicht der Hoffnungslosigkeit in die Arme werfen, sondern – etwas tun. Im Nahraum Selbstwirksamkeit zu erfahren, ist keine Hexerei; und es braucht kein Wunder, um ein Tätigkeitsfeld zu erobern.

Gott hat mir eine Zunge gegeben, mit den Müden zu reden zur rechten Zeit, empfahl der Prophet Jesaja. Versuchen wir es mal mit Kreativität im Umgang mit anderen Menschen, statt mit dem Lamento. Statt mit der miefigen Komfortzone vorliebzunehmen, in der nur Gleichgesinnte sitzen, über das Ewiggleiche Klage führen und mit ihren Ausreden die eigene Unbeweglichkeit rechtfertigen, könnte ein wenig Frischluft guttun. Ja, die Welt ist schlecht und nichts bewegt sich und die Politik ist ein schmutziges Geschäft, die Wirtschaft sowieso und die Migration ist ganz etwas Böses. Geschenkt. Des Missmuts sind alle überdrüssig. Aber aus der Falle, in die eine medial prima verstärkte Mutlosigkeit uns gelockt hat, kommen wir nicht heraus durch Förderprogramme des Bundes oder EU-Hilfen. Nur wir selbst können uns von der zermürbenden Nabelschau wegziehen, vom unfruchtbaren Gejammer über alles und jeden lossagen. Nicht reden, sondern handeln. Wir müssen schon selbst das Fähnchen wieder hissen.

Warum rauscht es eigentlich so mächtig in den biblischen Texten, die vom Tag 50 nach Ostern erzählen? Was beschreibt dieses mächtige Rauschen, von dem die Rede ist – wird etwas weggeblasen, eine

Wunde pustend geheilt, löst eine Menge frischer Luft eine Menge frischer Gedanken aus? Eine unsichtbare Kraft steckt in diesem Wind, der stark bläst. Instinktiv schützen sich die Menschen vor Stürmen – sich ihnen auszusetzen, wäre die Alternative. Sich einer Kraft hinzugeben, die mächtiger ist als man selbst – jeder Segler kennt das als Gefahr, jede Seglerin weiß, dass die Elemente Luft und Wasser einen in der Hand haben. Der Mensch kann nicht *gegen* sie, wohl aber *mit* diesen Kräften manövrieren. So sind neue Ufer zu erreichen: über mutige Einsätze, die Bereitschaft zum Risiko, die Freude am Vorankommen und die Euphorie nach überstandener Gefahr.

Menschen brauchen elementare Erfahrungen, um sich selbst zu spüren. Das muss keine Havarie auf hoher See sein. Aber mehr als der Sturm im wohltemperierten Wasserglas.

Rausgehen aus dem Gewohnten, Neues versuchen, Luthers Apfelbaum pflanzen – die selbstverantwortete Handlung ist das, was dem Individuum, ja: Freude macht. Wir dürfen auch in diesen düsteren Zeiten Vergnügen empfinden und im Alltäglichen ausbrechen aus der gewohnten Bahn, eine unerwartete Biegung nehmen, andere oder uns selbst überraschen. Es ist wie ein froher Satz nach vorn, über das Gewohnte, das Beängstigende, das Langweilige hinwegzuspringen.

Wenig zeitgemäß scheint, dass es keine gesellschaftlich normierte Anerkennung, keinen Lohn oder Orden für diejenigen gibt, die sich selbst aus der Umklammerung des Alltags und von der Zerstörungskraft der gesellschaftlichen Tristesse befreien. Kennt eine Gesellschaft ohne Gott den Gotteslohn? Doch. Im Stillen. Dann hört man im mächtigen Rauschen der Zeit das eigene Herz wieder schlagen.

Die kommende Zeit

Heinz Bude

Politikentwürfe, die heute die ökologische, die ökonomische und die soziale Dimension der Herausforderungen für die Gegenwartsgesellschaft zusammenbringen wollen, müssen sich darüber im Klaren sein, dass sich die ökologische Frage mit dem Bewusstsein des menschengemachten Klimawandels gewandelt hat. Es geht nicht mehr um den Schutz der Umwelt oder der Natur, sondern um die Bezogenheit zur Erde und um das Miteinander der Lebewesen auf dem Planeten. In dem Bild von Bruno Latour ausgedrückt: Es geht darum, die Welt, in der man lebt, und die Welt, von der man lebt, in ein und demselben Raum miteinander zu verbinden.[1] Wenn wir auf der Erde alle einigermaßen gedeihlich miteinander leben wollen, werden wir Menschen als gefühlte Krone der Schöpfung von einem Verhältnis der Ausbeutung unserer natürlichen Lebensgrundlagen zu einem der Pflege von Wäldern, Flüssen, Meeren, Schwalben, Molchen und Mikroben umstellen müssen. Es sind nicht die schönen Landschaften mit erhebenden Blicken zu erhalten, es ist vielmehr die Bewohnbarkeit der Erde zu gewährleisten. Deshalb muss niemand melancholisch, pantheistisch oder mystisch werden, es braucht aber die Bereitschaft, das Knäuel geosozialer Konflikte zu entwirren, in die wir aufgrund von letztlich kontingenten Extremwetterereignissen überall auf der Welt längst verwickelt sind.

In gewisser Weise muss man den von Norbert Elias so eindrücklich herausgearbeiteten Prozess der Zivilisation unter anderen Voraussetzungen wieder aufnehmen. Das Denkproblem besteht darin, den Begriff und die Formen der Rationalität um Vorstellungen zwischenmenschlicher Güter und kollektiver Freiheiten zu erweitern, damit Rationalität von einer grundsätzlich weltverneinenden zu einer tentativ weltbejahenden Rahmenbestimmung umgewandelt werden kann. Kategorien wie Verbundenheit und Verschiedenheit gehören zum Umkreis des solchermaßen erweiterten Rationalitätsbegriffs. Die Wissenschaft, die sich als Verwalterin von Objektivität und Rationalität darstellt, hat längst die reine durch eine gebundene Rationalität (Herbert A. Simon) ersetzt. Wenn der Mensch das Lebewesen ist, das sich zu sich selbst entscheiden kann, dann sollte er sich um seiner selbst willen vor Augen führen, dass er als Lebewesen auf der Erde nicht bedingungslos von der Erde leben kann.

Das ist leichter gesagt als getan. Denn mit der selbst von Gegnern einer aktiven Klimapolitik nicht geleugneten Tatsache, dass sich der Mensch infolge der »Großen Beschleunigung« der Nutzung von Strom, Gas, Öl und Kohle seit den 1960er-Jahren zur geologischen Macht entwickelt hat, die sich in die Verwandlung des Planeten buchstäblich einschreibt, ist die lange Dauer der Erde zu einer Zeitschicht der Gesellschaft geworden. Sie ist heute zu einer im Hintergrund dräuenden Drohung geworden, die durch keine Klimapolitik mehr wegzubekommen ist. Die heutige geologische Erdbeschaffenheit ist Ausdruck einer Langzeitgeschichte, die von menschlichem Leben gezeichnet ist, aber durch menschlichen Entschluss nicht mehr retuschiert werden kann.

Dieser Einsicht scheint man sich durch eine forcierte Politik der Ereignisse entziehen zu wollen. Klimapolitik besteht heute weitgehend in der Setzung von Klimazielen und der Bereitstellung von Ressourcen zur Erreichung dieser Klimaziele durch diffus gehaltene Akteure. Wer was zu tun hat, ist alles andere als klar. Die Verfehlung eines Klimaziels wird indes als mediales Ereignis kommuniziert, das vom Publikum zumeist als Beweis für die Ohnmacht aller Anstrengungen wahrgenommen wird. Die aufs Ereignis kaprizierte politische Philosophie unterstützt dieses leerlaufende Spiel, weil sie keinen Begriff von einer langsamen Politik hat, die, etwas überzogen ausgedrückt, mehr der Erde als den Menschen dient. So läuft man dem »Ereignis« als Schwundbegriff für die Revolution nach[2] und merkt gar nicht, dass der dem zugrunde liegende Zeitbegriff den Umgang mit den irreversiblen Tatbeständen des Klimawandels verhindert.

Nach dem berühmten Schema der Zeitschichten von Fernand Braudel[3] liegt zwischen der Zeitschicht der langen Dauer und der Zeitschicht der Ereignisse die Zeitschicht der geschichtlich wechselnden Konjunkturen. In dieser Hinsicht stecken wir weltgeschichtlich zweifellos in einer Periode des Wechsels von einer Politik der Freisetzung und Befreiung von gusseisernen Strukturen des Sozialen zu einer des Wiedereintritts in eine Periode des Kollektiven und des Konspirativen. Dieser Wechsel wird von einer Philosophie des Ichs begleitet, die die Angst als Grund einer Überzeichnung des Ichs in der Periode des Neoliberalismus entdeckt hat.[4] Das Ich sucht auf dem Grund seiner Verzweiflung[5] das Andere seiner selbst und öffnet sich damit der Verankerung in einer Welt, die mehr ist als die Konstruktion seiner Welt. Damit wird die eigene Zeit zur Zeit der Anderen[6], mit denen zusammen ich in einer geteilten Zeitgenossenschaft lebe.

Die heutigen Konjunkturen des Kollektiven und Sozialen, einschließlich des Klimas, des Bodens, der Atmosphäre und der Ozeane vergessen den Ursprung dieser Wende und sind daher nicht vor den Versuchungen eines unheilvollen Substanzialismus der Überindividualität und der Transsubjektivität gefeit. Wenn dann noch die politische Unterscheidung zwischen rechts und links fällt, entstehen unangenehme Querformate im politischen Raum, die weder etwas mit der Freiheit noch mit der Gleichheit im Sinn haben.

Das Publikum ist derart auf die Ereignisse fixiert, dass es gar nicht mehr merkt, dass es sich dabei um simulierte Tatbestände handelt. Es regt sich darüber auf, dass wieder nichts passiert ist und niemand die Verantwortung übernehmen will, und bringt sich damit um die Erkenntnis, dass man nur dann etwas erreichen kann, wenn man akzeptiert, was nicht mehr zu ändern ist. Der Klimawandel gibt uns allen die schwierige Aufgabe auf, die Modulationen der langen Dauer, die Annahmen des ideologischen Zeitalters und die auf uns einstürzenden Ereignisse zusammenzudenken. Natürlich muss etwas passieren. Aber man muss darüber streiten, in welchem Rahmen und mit welcher Wirkung.

Derartige politische Entscheidungen bringen neben dem Bedenken der drei Schichten der Zeit nach Braudel die Orientierung in den drei Ekstasen der Zeit nach Heidegger mit sich. Wer handelt, versteht sich nach hinten, entwirft sich nach vorne und entscheidet sich im Jetzt.

Der Blick in die Vergangenheit verändert sich bekanntlich in Abhängigkeit von der gegenwärtigen Befindlichkeit. Nicht nur was die Färbung des Rückblicks, sondern mehr noch was Auslassungen, Ausschmückungen und Akzentuierungen des vergangenen Geschehens betrifft. In Bezug auf die eigene Vergangenheit kann man sich am besten etwas vormachen. Da besteht kein Unterschied zwischen Personen, Gruppen oder ganzen Gesellschaften. Aus der Vergangenheit holt man die Rechtfertigung fürs Tun wie fürs Nichtstun, fürs Flüchten wie fürs Standhalten. Die Zukunft kann man sich auch schönreden, aber das ist deshalb schwieriger, weil man sie nicht kennt. Man neigt dazu, die Zukunft als Fortschreibung der Vergangenheit zu begreifen, aber man weiß untergründig doch, dass Linien plötzlich abbrechen können, Selbstverständlichkeiten im Wechsel der Generationen mit einem Mal infrage stehen und dass sich Dinge ereignen können, die man nie erwartet hätte. Das allermeiste wird in zehn Jahren freilich noch bestehen wie heute, aber in Abhängigkeit davon, ob man 30, 50 oder 70 ist, sieht man dem Ende von allem sehr unterschiedlich entgegen. Hier scheint ein grundsätzlicher Unterschied zwischen dem Individuum und der Welt zu bestehen. Ich werde definitiv irgendwann sterben, die Welt wird jedoch vermutlich nicht untergehen.

Dieser Unterschied zwischen einer veränderbaren Vergangenheit und einer ungewissen Zukunft wird einem in der Gegenwart klar. Jetzt blicke ich im Zorn zurück und ängstige mich davor, was kommt, wenn ich in den Spiegel schaue oder die neuesten Nachrichten auf dem Smartphone zur Kenntnis nehme. Es entscheidet sich in dem Differenzpunkt zwischen Vergangenheit und Zukunft, was die Vergangenheit und die Zukunft für mich bedeuten. Die Zeit dehnt sich in der Weite der Gegenwart oder sie verschwindet im Spalt des Augenblicks. Man spürt den Reichtum des Lebens oder die Last des ungelebten Lebens.

Im kollektiven Empfinden existieren wir heute in den westlich ausgerichteten Gegenwartsgesellschaften in einer »breiten Gegenwart«[7], die alle möglichen Vergangenheiten speichert und von einer drohenden Zukunft heimgesucht wird. Das kulturelle Gedächtnis pluralisiert sich mit der Heterogenisierung der Herkünfte und erweitert sich mit der Multiplizierung der Spuren. Man weiß nicht mehr so richtig, was damals wirklich passiert ist, weil sich so viel gleichzeitig zugetragen hat. Infolge der fortschreitenden Historisierung in globaler Gleichzeitigkeit ist das historische Material geschichtsphilosophisch nicht mehr zu bändigen und taugt daher nicht mehr zur Konstruktion einer gemeinsamen Vergangenheit. Alle Erinnerungen, alle Erfahrungen scheinen die gleiche Gültigkeit zu haben. Im Bewusstsein »unserer breiten Gegenwart« schwindet die kollektive Handlungsfähigkeit, die sich von einer geteilten Vergangenheit abstößt, um in eine gemeinsame Zukunft zu gelangen.

In eins mit der Bereicherung der Vergangenheit kommt es vor unseren Augen zu einem Crash der Zukunft. Nach hinten ist immer weniger zu verstehen und nach vorne immer weniger auszurichten. Der Klimawandel ist das Signalwort für eine Neubestimmung der Verhältnisse zwischen geologischer, ideologischer und lebensgeschichtlicher Zeit. Wer in einer unentrinnbaren Gegenwart nicht einfach nur vergehen will, steht vor der Frage, ob es überhaupt noch die Zeit für ein Leben des Erzeugens, des Weitergebens und des Verwandelns, kurz: ob es noch Zeit für eine Existenz gibt.

Die abrahamitischen Religionen des Judentums, des Christentums und des Islams kennen den Unterschied zwischen einer vergehenden und einer kommenden Zeit. Sie stimmen darin überein, dass die Zeit nicht allein dem Menschen gehört und deshalb nicht einfach nur vergehen kann. Abrahamitisch steckt in der Zeit immer das Versprechen auf eine kommende Zeit, die nicht in einem Jenseits der Zeiten, sondern in der Zeit, die wir miteinander teilen, liegt. Die vorausberechnete Zeit ist verharrende Zeit, die verheißene

Zeit ist lebendige Zeit. Die Zukunft öffnet sich mit der Umwendung des Blicks von der bevorstehenden auf die einbrechende Zeit.[8] Aber für wen öffnet sich die Zukunft? Wo erlebt man dieses Versprechen? Wie kann man sich dafür bereithalten? Die auf Abraham zurückgehenden Religionen erweitern den vertikalen Gottesbezug auf die horizontale Dimension der Beziehung zwischen den Menschen. Die Zukunft, die kommt, ist nach diesem Verständnis immer schon da. Indem Menschen mit Gott hadern, wenn sie sich darüber wundern, dass das Grab leer ist, und wenn sie sich die heiligen Worte vorsingen, stellen sie einen Bezug her, der über sie hinausgeht. Sie schauen dann nach vorne und probieren etwas Neues und anderes, das nicht unbedingt glücken muss, aber einen Versuch wert ist. Nach der Deutung des christlich inspirierten Geschichtsphilosophen Michael Theunissen geschieht das Reich Gottes zwischen den Menschen, die sich auf ihn beziehen: als gegenwärtige Zukunft.[9]

Grund meiner Hoffnung[1]

Ottmar Edenhofer

Im Jahr 1989 wurden die Risse in der Berliner Mauer unübersehbar – eine friedliche Revolution riss sie schließlich nieder. Es schien so, als hätten Demokratie und Marktwirtschaft den Wettbewerb der Systeme endgültig für sich entschieden. Man wähnte das Ende der ideologischen Auseinandersetzungen – das Ende der Geschichte, wie Francis Fukuyama meinte – zum Greifen nahe. Mit diesem Sieg, dachte man, hätte auch die europäische Aufklärung endgültig den Sieg davongetragen.

Es dauerte nur ein Jahr, bis ich aus diesem Traum aufgeschreckt wurde, wenn ich ihn denn je geträumt hatte: Ich war – durch eine Vielzahl überraschender, aber keineswegs zufälliger Ereignisse – Leiter der Flüchtlingshilfe der Jesuiten in Kroatien und Bosnien geworden, die später mein Freund Pater Martin Maier weiterführte. Mitten in Europa wurde ich in einen Krieg hineingeworfen, dessen Ursache ich zu erfassen versuchte. Die Zeichen des Zusammenbruchs der staatlichen Ordnung, Vertreibung, Plünderung und Vergewaltigung, waren überall zu sehen. In die Flüchtlingslager kamen täglich traumatisierte Menschen. Nie werde ich vergessen, wie eines Morgens in der Hafenstadt Split aus einem Schützenpanzer eine junge Frau kletterte, die wenige Stunden vorher mitansehen musste, wie ihre Kinder von Nachbarn massakriert wurden, während sie selbst von UN-Truppen in letzter Minute gerettet worden war. Wir kümmerten uns damals um Lebensmittellieferungen, richteten Beratungsstellen für Frauen ein, die vergewaltigt worden waren, der kroatische Provinzial der Jesuiten unterstützte mit unserer Hilfe ein muslimisches Krankenhaus. Ich war dankbar, dass ich in diesen Jahren inmitten des nationalistischen und ethnischen Wahnsinns, der sich überall breitmachte, für eine Institution arbeitete, die ihre Identität gerade nicht in der nationalen oder ethnischen Abgrenzung sucht, sondern an die menschliche Würde appelliert, die allen Menschen gemeinsam ist, die also im wahrsten Sinne des Wortes katholisch ist. Es war eine Wohltat, in diesen Jahren mit der Jesuitenkurie in Rom zusammenzuarbeiten. Meine antirömischen Affekte wurden damals erheblich domestiziert.

Der Jugoslawienkrieg in den 1990er-Jahren zeigte mir, dass der Fortschrittsautomatismus der Moderne nicht zutreffend sein kann. Denn ich begann rasch zu begreifen, dass die ethnischen Konflikte und Bürgerkriege nicht Zeichen einer nachholenden Entwicklung sind, sondern die Signatur des beginnenden 21. Jahrhunderts werden sollten. Wenige Ereignisse in meinem Leben haben mich so verstört, meine Gewissheiten so sehr erschüttert, wie die beiden kurzen Jahre, die ich für die Bosnien- und Kroatienhilfe der Jesuiten gearbeitet habe. Die Frage nach den Gründen für Gewalt, die traumatischen Wirkungen ethnischer Säuberung, die Einsicht, dass Menschen nur foltern, wenn sie dafür ausgebildet werden, der Zusammenbruch zivilisatorischer Standards sind für mich immer noch unverstandene und ungelöste Themen. Damals gab es den Begriff der politischen Emotionen noch nicht, aber mir wurde klar, dass Gewalt, Wut und Hass der Entfesselung durch die Politik bedürfen, um massenwirksam zu werden. Diese Entfesselung der Gewalt bedarf der Rechtfertigung entlastender Denksysteme (Hans Maier, *StZ*, Heft 2014): Die Akademien der Wissenschaften lieferten diese Pseudogründe ebenso, wie Professoren und Intellektuelle bereit waren, nicht nur abscheuliche Gewalttaten zu rechtfertigen, sondern an ihrer strategischen Planung mitzuwirken. Wenn ich damals zwischen Frankfurt, Split und Tuzla pendelte, tauchte ich in Welten ein, die zwei Flugstunden auseinanderlagen und doch kaum voneinander wussten – ja, auch nichts wissen wollten. Das intellektuelle und politische Deutschland, von wenigen Ausnahmen abgesehen, nahm diesen Krieg hin und verschwendete nicht viele Gedanken auf diese Tragödie an der Peripherie unseres Kontinents.

Was hat das mit meiner Tätigkeit heute zu tun? Wer sich die Dynamik des Klimawandels der letzten 15 000 Jahre vor Augen führt, begreift schnell, dass wir die Betriebsweise unseres Erdsystems in einem Ausmaß und in einer Geschwindigkeit verändern, die für das Zeitalter des Holozäns ohne historisches Vorbild sind. Die steigende globale Mitteltemperatur zeigt bereits ihre unumkehrbaren Wirkungen: Steigender Meeresspiegel, heftiger werdende Zyklone, Dürren, Überschwemmungen führen bereits heute dazu, dass Menschen ihre angestammte Heimat verlassen. Knappe Wasserressourcen, Dürren und ein Einbruch der Agrarproduktion verschärften den Konflikt in Syrien. Die Fidschi-Inseln oder Kiribati werden einen erheblichen Teil ihres Staatsgebiets verlieren, zunehmende Fluten versalzen ihre fruchtbaren Böden. In ethnisch fragmentierten und polarisierten Gesellschaften steigt das Risiko von Konflikten und Gewaltausbrüchen erheblich, wenn der Klimawandel zuschlägt. Meine Erfahrungen in Bosnien haben mir gezeigt, wie dünn der zivilisatorische Firn ist und wie schnell Zivilisationen zusammenbrechen können – selbst zwei Flugstunden von München entfernt.

Seit einiger Zeit beschäftige ich mich zunehmend mit den sicherheitspolitischen Aspekten des Klimawandels und kehre damit zu meinem Ausgangspunkt zurück. Die europäische Flüchtlingspolitik ist zur Zerreißprobe für die deutsche Regierung und die EU geworden. Die Politik hat dabei die Maßstäbe in einem erschreckenden Ausmaß verzerrt. Nach den Angaben der Internationalen Organisation für Migration (IOM) sind in der ersten Jahreshälfte 2018 rund 50 000 Flüchtlinge über das Mittelmeer oder über die türkisch-griechische Landesgrenze nach Europa gekommen. Im weltweiten Maßstab ist das eine verschwindend geringe Zahl. Die Zahl der Flüchtlinge und Migranten, die Landesgrenzen überquert haben, hat mit 25,4 Millionen ein weltweites Rekordniveau erreicht. Nimmt man die Menschen hinzu, die innerhalb von Landesgrenzen auf der Flucht sind, addiert sich diese Zahl auf 65 Millionen. 90 Prozent der Flüchtlinge und Migranten unter UNHCR-Mandat leben in Staaten wie der Türkei, Pakistan, Uganda, Libanon und Iran. Europa trägt also keineswegs die Hauptlast der weltweiten Migration.

Man kann sich heute den Ruf als Realpolitiker in der Flüchtlingspolitik erwerben, wenn man Härte gegen Migranten und Flüchtlinge fordert. Diese vermeintlichen Realpolitiker verweigern sich jedoch der Wirklichkeit: Europa kann die Kriege im Nahen Osten ebenso wenig ignorieren wie die ethnischen Konflikte und die Folgen des Klimawandels in Afrika und anderen Teilen der Welt. Wer glaubt, man könne Flüchtlinge und Migranten vor allem mit militärischen Mitteln an den Außengrenzen abwehren, hat die Dimension des Problems nicht einmal im Ansatz verstanden. Herausforderungen dieses epochalen Ausmaßes können nur durch einen geordneten Multilateralismus gemeistert werden, der Fluchtursachen bekämpft, für ein menschenwürdiges System der Aufnahme von Geflüchteten sorgt und die Lasten der Migration fair verteilt. Wenn Europa seine Identität bewahren will und nicht untätig zusehen möchte, wie es die Kontrolle verliert, muss es sich diesen humanitären Herausforderungen stellen. Es ist für mich eine große Ermutigung, dass die beiden Kirchen in Deutschland, dass Papst Franziskus mit aller Klarheit an die Maßstäbe erinnern, die für Christen in der Politik gelten sollten.

Klima, Kohle, Kapital

Wie kann man den Klimawandel begrenzen? Diese Frage hat mich in der vergangenen Dekade am meisten beschäftigt. Die vielleicht wichtigste Vorbereitung für diese Tätigkeit war das Projekt »Global, aber gerecht«, das wir zusammen mit der Hochschule für Philosophie im Auftrag von Misereor und der Münchener Rückversicherungs-Gesellschaft Munich Re durchgeführt haben. Als die Anfrage kam, war ich skeptisch. Das Potsdam-Institut für Klimafolgenforschung (PIK) war ein Institut naturwissenschaftlicher Positivisten, Religion galt daher als sicheres Zeichen eines mangelnden Intelligenzquotienten. Aber die katholische Kirche glich für die meisten meiner Kollegen schon so sehr einem »Alien«, dass nach einer ersten Begegnung das gegenseitige Interesse wuchs. Die Ironie der Geschichte: Leidenschaftliche Agnostiker, überzeugte Atheisten, heimliche Sympathisanten und natürlich Jesuiten arbeiteten für Misereor; die Münchener Rück-Stiftung war für alle Beteiligten eine Rückversicherung, dass sich die weltanschaulichen Gewichte nicht zu sehr zugunsten einer Seite verschoben.

Auch wenn das Buch *Global, aber gerecht*, das aus dieser Arbeit hervorgegangen ist, medial kein großer Erfolg war, so kann doch seine Rolle für die Enzyklika *Laudato si'* kaum überschätzt werden. Der damalige Chef von Misereor, Josef Sayer, veranstaltete im Vatikan eine Reihe von Tagungen zum Thema »Armut, Klimawandel und Ungleichheit«. Kardinäle und Bischöfe aus aller Welt diskutierten über dieses Thema. Das war auch dringend nötig, denn es gab einflussreiche Kardinäle wie George Pell, die den menschengemachten Klimawandel rundweg bezweifelten. Die Vorstellung, der Mensch könne und solle das Weltklima steuern, war für sie Ausdruck neuzeitlicher Hybris.

Aber als in diesen Konferenzen die Bischöfe des Südens die Folgen des Klimawandels darstellten, wurde auch im Vatikan vielen deutlich, dass sie das Thema nicht weiter verdrängen konnten. Die Wissenschaft hat mit geradezu überwältigender Evidenz gezeigt, dass der Mensch durch die Abholzung der Wälder und die Verbrennung fossiler Energieträger für den Anstieg der globalen Mitteltemperatur verantwortlich ist. Je größer die Wahrscheinlichkeit eines gefährlichen Klimawandels ist und je geringer die Kosten, einer Katastrophe rechtzeitig zu begegnen, umso mehr lohnt sich ambitionierter Klimaschutz. Mit anderen Worten: Auch wenn es Zweifel über das Ausmaß der Klimaschäden gibt, sollte man lieber handeln. Was Wirtschaftswissenschaftlern aus der Entscheidungstheorie geläufig ist, ist Theologen und Kardinälen aus der Moraltheologie bekannt. Denn gerade das tutioristische Moralsystem spricht sich für die Maxime »in dubio pro lege« aus, im Zweifelsfall solle man das ethisch restriktivere, vorsichtigere Gebot für richtig halten und ihm folgen (Rosenberger, *StZ*, 2013, Heft 5). Wer sich davon exkulpieren will, müsse gute Gründe in Anschlag bringen. Die Klimaskeptiker bleiben diese guten Gründe bis heute schuldig – innerhalb wie außerhalb des Vatikans.

Durch meine ersten sieben Jahre am Potsdam-Institut für Klimafolgenforschung wurde ich auf meine spätere Tätigkeit im Weltklimarat gut vorbereitet: Ich konnte mir einen umfassenden Überblick über den Forschungsstand verschaffen, ich lernte Menschen auf allen Kontinenten kennen und begriff, dass das fundamentale Problem der Klimapolitik nicht nur die wissenschaftlichen Fakten sind, sondern Konflikte um Weltanschauungen und Werte. So entwickelte ich mit einem meiner Kollegen philosophische Überlegungen, die helfen sollten, die Konflikte um Werte und Weltanschauungen rational zu durchdringen. Es würde hier zu weit führen, unsere Auseinandersetzungen mit dem Positivismus und dem Pragmatismus ausführlich darzustellen, aber für mich war eine philosophische Grundausbildung ein unentbehrliches Rüstzeug im Umgang mit Konflikten. Das war im Weltklimarat dringend nötig.

Fakten und Werte können nämlich nicht so fein säuberlich getrennt werden, wie sich das der logische Positivismus vorstellt. Wir mussten nicht nur die gesamte wissenschaftliche Literatur sichten, sondern Landkarten erstellen, die Politikern gangbare Wege zur Begrenzung des Klimawandels aufzeigen sollten. Mehrere Hundert Alphatiere, Sonderlinge, tatsächliche Genies und solche, die sich selbst unter Genieverdacht stellten, mussten ermuntert, beruhigt, erheitert und unterhalten werden. Sie alle brachten mich an die Grenzen meiner psychologischen und pädagogischen Fähigkeiten und rangen mir eine neue Hochachtung vor Erziehern, Sozialpädagogen und Lehrern ab. Gemeinsam mit den anderen Vorsitzenden des Weltklimarates musste ich mit 194 Staaten die Zusammenfassung für Entscheidungsträger verhandeln und im Konsens verabschieden: Der permanente Schlafentzug, anhaltender Druck, Drohungen und Lockungen stellten meine physische und psychische Kraft auf eine harte Probe. Ich habe geflucht, geklagt und gelitten. Aber am Ende war es geschafft: Wir hatten die wissenschaftlichen Grundlagen für das Abkommen von Paris im Jahr 2015 gelegt.

Die Einsichten des Weltklimarates lassen sich einfach zusammenfassen: Es steht der Menschheit nur noch ein begrenztes Kohlenstoffbudget zur Verfügung, wenn der Klimawandel begrenzt werden soll. Wir bräuchten nicht einmal eine Klimapolitik, wenn die fossilen Ressourcen im Boden – Kohle, Öl und Gas – kleiner wären als der Deponieraum der Atmosphäre. Steigende fossile Ressourcenpreise würden dafür sorgen, dass die Menschheit auf den Pfad der klimapolitischen Tugend gezwungen wird. Die globalen fossilen Ressourcenmärkte würden die Klimapolitik ersetzen. Leider ist die Realität eine andere: Wir haben etwa 15 000 Gigatonnen Kohle, Öl und Gas im Boden. Die globalen Ressourcenmärkte werden daher das Klimaproblem nicht lösen. Dem Klimaproblem kann nur durch einen internationalen Vertrag erfolgreich begegnet werden, der die Nutzung des verbleibenden Deponieraumes in der Atmosphäre regelt. Diese grundlegende Einsicht, dass die Atmosphäre ein Gemeinschaftseigentum der Menschheit ist, das einer weltumspannenden Regelung bedarf, habe ich in den Entwurf des Fünften Sachstandsberichts geschrieben. Die gesamte Wissenschaftsgemeinschaft hat dem zugestimmt. Am Ende haben jedoch die Regierungen dafür gesorgt, dass diese Formulierung in eine Fußnote verbannt wurde. Manchmal werden Revolutionen und Schlachten in Fußnoten gewonnen.

Laudato si' und die Begegnung mit Papst Franziskus

Wenige Monate nach der Verabschiedung unseres Berichts, im Juli 2014, saß ich schließlich dem Mann in Rom gegenüber, der aller Welt laut und klar verkünden sollte: Die Atmosphäre ist ein Gemeinschaftseigentum der Menschheit (*Laudato si'*, Nr. 23). Papst Franziskus lud mich ein, um mit ihm über die Fragen der Klimapolitik zu sprechen. Wir tauschten uns ausführlich über das Konzept der globalen Gemeinschaftsgüter, über die Eigentumslehre der Kirche und über Romano Guardini aus.

Die Begegnung mit Papst Franziskus war denkwürdig in jeder Hinsicht. Ich hatte zwei Gastgeschenke im Gepäck. Wie es sich für einen deutschen Professor gehört, schenkte ich ihm die englische Ausgabe unseres Buches *Global, aber gerecht*, und ich brachte eine Zeichnung mit, die meine Tochter für ihn gemalt hatte.

Für mein Buch hat sich der Papst höflich bedankt, sein wirkliches Interesse galt jedoch dem Bild meiner Tochter Sarah. Ich trete meiner Tochter nicht zu nahe, wenn ich sage, dass dieses Bild technisch nicht in jeder Hinsicht ein Meisterwerk war. Aber der Papst betrachtete es lange und sagte, er finde in dem Spiel von Licht und Dunkelheit die Situation von Kirche und Welt treffend wieder. Auch ein kleines Licht mache die Dunkelheit heller.

Als ich von meiner Romreise zurückkam, lag in unserem Briefkasten ein Brief aus dem Vatikan, in dem Papst Franziskus sich bei Sarah für das Bild mit den Worten bedankte: »Liebe Sarah, vielen Dank für Dein kleines Gemälde. Es hat mir sehr gefallen. Bete für mich. Gott segne Dich. Franziskus.« An der Echtheit des Briefes konnte kein Zweifel bestehen, dennoch war meine Tochter gar nicht so leicht davon zu überzeugen, dass der Papst aus Rom ihr einen Brief geschrieben hatte. Sie fragte mich, wie viele Päpste es eigentlich gäbe und ob der Papst katholisch sei. Der Wert dieses Briefes ist für meine Tochter beträchtlich gestiegen, seit ich sie davon überzeugt habe, dass wir nur einen Papst haben und – entgegen mancher Unkenrufe – unser Papst auch katholisch ist.

Die Veröffentlichung von *Laudato si'* war ein unglaublicher Glücksfall. *Nature Climate Change* hat der Enzyklika eine eigene Sonderausgabe gewidmet, die ich Papst Franziskus bei einem zweiten Besuch überreicht habe. Darin habe ich zusammen mit einer überzeugten Atheistin und einem protestantischen Kollegen das Konzept der Gemeinschaftsgüter erläutert. Meine Kollegin Brigitte Knopf, jene überzeugte Atheistin, hat in einem deutschen Kommentar eine wunderbare Überschrift gefunden: Der Himmel gehört uns allen. Nie habe ich von einer Atheistin eine treffendere Zusammenfassung des christlichen Glaubens und der katholischen Soziallehre gehört. Seither bete ich inständig, sie möge sich auf keinen Fall zum Christentum bekehren – wir könnten doch sonst nicht mehr so glaubhaft behaupten, die katholische Soziallehre überzeuge auch eingefleischte Atheisten.

Globale Gemeinschaftsgüter – die Frage der Eigentumsrechte

Aber auch jenseits des medialen Interesses wird diese Enzyklika in der kirchlichen Soziallehre eine überragende Stellung einnehmen, die nur noch mit *Rerum Novarum* vergleichbar ist. Mit dieser Enzyklika hat die Kirche 1891 begonnen, sich an der Reform des Kapitalismus zu beteiligen. Oswald von Nell-Breuning (*Gerechtigkeit und Freiheit*, S. 195), Nestor der katholischen Soziallehre, dem 1972 der Romano-Guardini-Preis verliehen wurde, hat die Sozialpflichtigkeit des Eigentums unter den Bedingungen des Kapitalismus so ausgelegt: Die »allgemeine Bestimmung der Erdengüter« ist dem Privateigentum vor- und übergeordnet. Alle Menschen sollen grundsätzlich an der Nutzung der Erdengüter teilhaben können. Die Institution des Privateigentums ist nur insofern legitim, als sie dieser allgemeinen Bestimmung der Erdengüter gerecht wird. Diesen Grundgedanken erweitert *Laudato si'* auf die globalen Umweltprobleme des 21. Jahrhunderts: Die Übernutzung der natürlichen Senken wie eben der Atmosphäre, der Ozeane oder der Wälder rechtfertigt die Einschränkung privater oder nationalstaatlicher Nutzungsrechte. Der ehemalige Bundesverfassungsrichter Ernst-Wolfgang Böckenförde, Guardini-Preisträger des Jahres 2004, fordert darüber hinaus, dass das Aneignungsrecht von Ressourcen durch das Solidaritätsprinzip begrenzt werden muss (*Wissenschaft, Politik, Verfassungsgericht.* »Woran der Kapitalismus krankt«, 2006, 68). Eine Begrenzung der Nutzungsrechte an der Atmosphäre ist demnach sozialethisch nur dann zu vertreten, wenn die Lasten zwischen Ländern gerecht verteilt werden.

Dass hier grundlegende Fragen noch zu klären sind, versteht sich von selbst. Dies war auch der Grund, warum ich zusammen mit der Stiftung Mercator ein eigenes Institut gegründet habe, das sich mit den globalen Gemeinschaftsgütern beschäftigt. Für diese Möglichkeit bin ich der Stiftung Mercator außerordentlich dankbar. So zeigen wir beispielsweise, dass die Begrenzung des Nutzungsraumes Atmosphäre zwar das Vermögen der Besitzer von Kohle, Öl und

Gas vermindert, dass aber z. B. durch eine Bepreisung von CO_2 Einnahmen erzielt werden können, die diese Verluste nicht nur überkompensieren, sondern auch Mittel für Infrastrukturinvestitionen oder Steuersenkungen bereitstellen – fiskalpolitische Maßnahmen, die vielen Ländern neue Entwicklungsmöglichkeiten erschließen. Die Fragen der Fiskalpolitik haben mich in den vergangenen Jahren intensiv beschäftigt. Nicht nur CO_2-Steuern, sondern auch Maßnahmen, die die Ungleichheit vermindern, wie etwa Erbschaftssteuern oder Bodensteuern, sowie die verteilungspolitischen Wirkungen von Infrastrukturinvestitionen rückten in den Fokus meiner Forschung.

Der neuzeitliche Machtgebrauch – Romano Guardini

Man hat *Laudato si'* nicht nur ein romantisches Wirtschaftsverständnis unterstellt, sondern auch eine geradezu technikfeindliche Haltung. Ich bestreite nicht, dass sich da und dort Formulierungen finden, die eine solche Interpretation nahelegen. Die Enzyklika *Laudato si'* verweist hier auf Romano Guardini, mit dessen Thesen sich dieser Vorwurf nicht nur entkräften, sondern ein zukunftweisendes Konzept des Umgangs mit dem technischen Fortschritt entwickeln lässt.

Denn nach Romano Guardini (*Das Ende der Neuzeit*, 1950; *Die Macht*, 1951) ist das Problem der neuzeitlichen Technik gerade nicht, dass dem Menschen hier eine zu große Macht zuwächst. Im Gegenteil, der Machtzuwachs durch die Technik wird grundsätzlich positiv und produktiv bewertet. Das Problem des neuzeitlichen Machtgebrauchs besteht für ihn darin, dass dieser Machtzuwachs verleugnet wird. Der neuzeitliche Mensch konstruiert sich einen Determinismus, dem die Entwicklung und Anwendung von Techniken folgen müssen. Aber genau darin liegt für ihn der Grund der Entfremdung, weil technischer Fortschritt nicht als ein Zugewinn an Freiheit, sondern als Zwang erlebt wird. Wenn wir erwachsen werden wollen, so Guardini, sollten wir nicht vor dem Machtzuwachs der Technik zurückschrecken, sondern die erhöhte Verantwortung bejahen. Verantwortung heißt ja, dass wir rechenschaftspflichtig sind. Die Herausforderung der Postmoderne besteht aber gerade darin, dass wir nicht nur Rechenschaftspflichten gegenüber denen haben, die heute leben – auch wenn sie räumlich weit entfernt sind –, sondern auch denen gegenüber, die noch gar nicht geboren sind – also gegenüber den kommenden Generationen.

Zwischen Fatalismus und Hybris – vom Umgang mit dem Ende der Geschichte

Damit stellt sich aber ein grundlegendes Problem unseres Machtgebrauchs: Ist es nicht Hybris, dem Turmbau von Babel vergleichbar, diese Verantwortung tragen zu wollen? Kann der Mensch das Klima steuern und zugleich disruptive Innovationsprozesse meistern? Sind Erdsystemforscher am Ende nicht Irrende, die glauben, die Welt aus eigener Kraft retten zu können? Hat das 20. Jahrhundert nicht schon genug Weltrettungspläne gesehen, die allesamt auf dem Müllhaufen der Geschichte gelandet sind?

Hier wird implizit oder explizit eine Maxime kritisiert, wonach der Mensch nach dem Höchsten streben soll, auch wenn er weiß, dass er es aus eigener Kraft nicht erreichen kann (Rosenberger, *StZ*, 2013, Heft 5, 345). Ein Christ, so könnte man vermuten, darf nicht nach dem Höchsten streben, weil dies seiner vermeintlichen Demut widerspräche.

Die beste Tradition der christlichen Spiritualität spricht hier eine andere Sprache, die den Menschen zu einer nahezu verwegenen Kühnheit verführen will. So schreibt Ignatius von Loyola:

»Vertraue so auf Gott, als ob der Erfolg der Dinge ganz von dir, nicht von Gott abhinge; wende dennoch dabei alle Mühe so an, als ob du nichts, Gott allein alles tun werde.«

In meinem Handeln – so diese paradoxe Formulierung – soll das Maß meines Gottvertrauens zum Ausdruck kommen und nicht die Berechnung der Erfolgsaussichten. Wer wagt, wer sich selbst aufs

Spiel setzt, wer seine Haut zu Markte trägt, ist der Demütige. Warum? Weil er seine Angst um sich überwindet. Wer sich zurückzieht, sich selbst nicht aufs Spiel setzt, wer immer schon weiß, dass alles scheitert, wer sich von seiner Selbstangst überwältigen lässt, ist der Hochmütige, der seine Talente vergräbt und nicht in Umlauf bringen will. Ein Mittel gegen diese lähmende Selbstangst ist die Dankbarkeit.

Gibt es einen Weg zwischen Hybris und Fatalismus? In den besten Stunden erfahre ich mein Leben als unverfügbares und überfließendes Geschenk, das selbst durch meine Irrtümer, meine Fehler, meine Schuld und selbst durch Krankheit und Tod nicht entstellt werden kann. In diesen Erfahrungen ist die Hoffnung geborgen, mein Leben werde ganz und vollendet sein. Aber eine Hoffnung, die ich nur für mich hätte und die nur in den besten Stunden gilt, wäre keine Hoffnung, sie wäre Betrug. In der Bibel wird Babylon als die Stadt der Hybris beschrieben – ein sinnloser Turmbau, der Menschenopfer fordert, die menschliche Sprache verwirrt und die Begegnung zwischen Menschen zerstört. Das Neue Jerusalem ist das Bild einer Stadt, in der keine Menschen mehr geopfert werden müssen. Alle Völker leben gleichberechtigt in Frieden und Wohlstand. Die Lebensbäume an den Gewässern der Stadt sind Zeichen einer geheilten Schöpfung. Diese Bilder aus dem Buch der Offenbarung halten die Hoffnung wach, dass unser Einsatz Früchte tragen wird und wir in dieser Stadt leben werden. Aber wir wissen auch, dass nicht wir es sind, die die Bäume pflanzen, und nicht wir es sind, die diese Stadt entwerfen. Wir sind nur die Gärtner und Arbeiter. Das mag fromm klingen, aber ich finde keine anderen, ich finde keine besseren Worte, den Grund meiner Hoffnung zu bezeugen.

Die Rückkehr des Glaubens

Stephanie Geiger

Welchen Sinn hat mein Leben? Wie finde ich meine innere Glückseligkeit? Wie lassen sich Körper, Geist und Seele in Einklang bringen? Wer beim Internethändler Amazon Titel zu »Religion & Gesellschaft« sucht, dem werden unter den Bestsellern Bücher gezeigt, die in kreativer Abwandlung der immer gleichen Therapiefloskeln diese Fragen beantworten wollen. Die Suche nach Halt und Orientierung steht hoch im Kurs.

Mental Health, Lebenscoaching und individuelle Selbstoptimierung sind stark nachgefragt. Jedes zehnte verkaufte Sachbuch ist in der Kategorie Spiritualität einsortiert. Aber nicht nur in den Buchregalen, auch in den sozialen Medien, bei Instagram und Tiktok, holen Menschen sich Rat für den richtigen Umgang mit ihrem Alltagsstress. Mithilfe von Aura-Sprays, Yogakursen und Orakelkarten suchen sie Halt bei der Bewältigung ihrer grundlegenden Ängste. Die Coronapandemie hat das noch einmal verstärkt. Es wimmelt nur so von Sinnsuchern. Zwischen 10 und 20, vielleicht aber sogar 35 Milliarden Euro Umsatz soll Schätzungen zufolge die Esoterik-Branche mit ihren Heilsversprechen allein in Deutschland pro Jahr machen. Das Angebot reicht von Sternzeichen-Ketten über die bereits genannten Bücher bis hin zu den Dienstleistungen freiberuflicher Schamanen. Aus dem Sammelsurium spiritueller Angebote wird ein Wohlfühlprogramm ohne Forderungen und Zumutungen zusammengebastelt, das genauso schnell wieder neu sortiert oder ganz aufgegeben wird.

Bis vor gar nicht allzu langer Zeit war die Kirche der Monopolist bei der Beantwortung der Sinnfragen. Aus dem christlichen Glauben heraus hat sie mit ihren Antworten auf die großen Fragen des Lebens und das, was nach dem Tod kommen wird, Halt und Zuversicht gegeben. Doch die Bindekraft der Kirchen ist in Auflösung begriffen. Die althergebrachten Glaubens- und Erkenntnissätze scheinen nicht mehr zu gelten.

Die Welle der Kirchenaustritte rollt seit Jahrzehnten kontinuierlich, in den vergangenen Jahren aber beschleunigt und dramatisch. 2020 traten in Deutschland insgesamt 440 000 Menschen aus katholischer und evangelischer Kirche aus. 2022 waren es mit mehr als einer halben Million so viele Katholikinnen und Katholiken wie nie zuvor. Nur mehr 24,8 Prozent der Deutschen gehören der römisch-katholischen Kirche an. Tendenz: weiter sinkend. Mittlerweile hat der ADAC mehr Mitglieder.

Der am häufigsten genannte Grund für den Kirchenaustritt: der Umgang der Kirche mit dem Missbrauchsskandal, die Widersprüche und Halbwahrheiten. Aber das ist nur ein Teil der Wahrheit. In Italien beispielsweise, wo Missbrauch und die Rufe nach kirchlichen Reformen praktisch keine Rolle spielen, hat in den vergangenen Jahren die Bereitschaft stark abgenommen, die steuerlich vorgesehene Abgabe, die wahlweise für Religionsgemeinschaften oder humanitäre Projekte verwendet werden kann, der Kirche zukommen zu lassen. Immer weniger Ehen werden in Italien kirchlich geschlossen. Ein ähnliches Bild zeichnet auch Spanien, wo immer weniger Menschen sich selbst als praktizierende Katholiken verstehen und die Teilnahme am Religionsunterricht sinkt. Und in den USA besucht nicht einmal mehr die Hälfte der Menschen eine Kirche, Synagoge oder Moschee. So wenig wie nie zuvor.

In Deutschland lassen Eltern, die der Kirche angehören, ihre Kinder nicht notwendigerweise taufen. Selbst dann, wenn beide Eltern Mitglied der Kirche sind, wird auf dieses Sakrament häufig verzichtet. Die Zahl der Taufbewerber ist spürbar rückläufig. Die Erstkommunion und auch die Firmung sind nicht mehr selbstverständlich. Gleiches gilt für die kirchliche Trauung. Die Beerdigung, neben der Taufe eine der wichtigsten Aufgaben der Kirche, ist als Teil einer Selbstverständlichkeit weggebrochen. Das geht so weit, dass testamentarisch verfügt wird, der Pfarrer solle dem Grab fernbleiben. Selbst in gut katholischen Familien rümpft darüber niemand mehr die Nase. Vor 10 oder 20 Jahren wurde über jene getuschelt, die ein Begräbnis ohne Pfarrer hatten, und am Sonntag wurde genau registriert, wer wieder einmal nicht in der Dorfkirche erschien. Jetzt stehen die unter Beobachtung, die am Sonntag zum Gottesdienst gehen. 5,7 Prozent der Katholikinnen und Katholiken sollen das laut offizieller Statistik derzeit sein.

Der Wind hat sich gedreht. Wurden früher ganze Bücher verfasst, in denen Frauen und Männer die Gründe dafür darlegten, weshalb sie der Kirche den Rücken kehrten, werden heute Bücher gefüllt, in denen Katholikinnen und Katholiken um Verständnis dafür werben, weshalb sie an ihrer Kirchenzugehörigkeit festhalten. Dabei ist es ja nicht so, dass die, die in der Kirche bleiben, einverstanden sind mit den Verfehlungen der Vergangenheit, dem desaströsen Umgang damit in der Gegenwart und den völlig unzureichenden Lösungen für die Zukunft. Sich dafür rechtfertigen zu müssen, weshalb man sich das noch immer antue und dazu weiterhin Kirchensteuer zahle, ist dabei die kleinste Herausforderung.

Für all jene, die ihren Glauben in der Gemeinschaft der Kirche leben wollen, wird es zunehmend ungemütlicher, diesen Glauben zu bekennen. Bestenfalls wird ihnen amüsiert oder wohlwollend zweifelnd begegnet. Echte Gespräche über den Glauben sind kaum noch möglich. Und oft fehlt es sogar an den Begrifflichkeiten. Weihnachten können die meisten wohl noch mit Inhalt füllen, aber bei Ostern oder Pfingsten werden die Lücken größer, mit Begriffen wie Schöpfung oder Eucharistie wissen immer weniger Menschen etwas anzufangen. Das Gegenüber schwafelt unwissend und lenkt das Gespräch auf die Signalwörter: Zölibat, Frauenpriestertum, Diskriminierung und – natürlich – Missbrauch.

Gleichzeitig verspürt man selbst Hemmungen, überhaupt noch zuzugeben, dass man an der Kirche festhält. Die Gemeinschaft in der Kirche ist eine wichtige Kraftquelle, aber ihre Schüttung wird immer weniger, der Wind wird rauer, die Gegnerschaft massiver. Hier dagegenzuhalten, kostet Kraft. Es sind nicht die Zweifel am Glauben, die einen verstummen lassen. Man ertappt sich dabei, wie man sich hin und wieder auf die Zunge beißt und seine Meinung erst gar nicht mehr erläutert. Anderen geht es offenbar auch so. Unter den Frauen und Männern, die in der Öffentlichkeit stehen, findet man immer weniger, die davon erzählen, welchen Stellenwert der Glaube in ihrem Leben einnimmt. Langjährige kirchliche Mitarbeiter sagen nicht mehr, sie seien bei der Kirche angestellt, sondern nennen ihren Arbeitgeber kryptisch eine »männlich dominierte, hierarchisch strukturierte Non-Profit-Organisation« oder sprechen einfach nur vom »Sozialbereich«. Die Einsamkeit wird größer.

Das Kreuz an der Halskette reicht schon für Spott und Frotzeleien, Hohn und Häme. Nirgendwo scheint man mehr sicher zu sein. Kürzlich so erlebt in Nepal, wo die christliche Gemeinde wächst: »Ah, ihr seid Christen. Halleluja«, rief ein Mann, der sich kurz vorher als Franzose zu erkennen gegeben hatte, mit einem abfälligen Unterton über den Weg. Dass wenige Meter oberhalb am Hang ein großes schwarzes Kreuz auf ein einstöckiges Gebäude gemalt worden war, eine der vielen neuen Kirchen in dem von Buddhismus und Hinduismus geprägten Land, war ihm offenbar gar nicht aufgefallen und machte die Situation besonders absurd. Während in Europa die Menschen sich vom christlichen Glauben abwenden, findet das Christentum weltweit immer mehr Anhänger. Global wächst die Zahl der Katholiken.

Die Kirchen- und Glaubenskrise in Deutschland und der damit verbundene Bedeutungsverlust sind eklatant. Als Ort des Austauschs von Argumenten, Kritik und Überzeugungen ist die katholische Kirche ausgefallen. Sie ist nicht mehr Mahner und Korrektiv. Die moralische Instanz Kirche gibt es nicht mehr. Einst so richtungsweisend, ist sie heute in einer Selbstlähmung gefangen. Der Ethikrat und die Leopoldina haben der Kirche den Rang abgelaufen.

Dabei stellt die Lebenswirklichkeit die Menschen vor viele Fragen, auf die auch die Kirche aus dem Glauben heraus Antworten geben kann. Ende der 2000er-Jahre wurde in Deutschland hart um die embryonale Stammzellforschung gerungen. Eine der Wortführerinnen war die katholische Kirche – und in ihrem Schlepptau Politikerinnen und Politiker mit Glaubensüberzeugungen. Solcherart Orientierung fällt bei brisanten Themen heute weitgehend aus. Das Schlepptau ist gerissen. Dabei gäbe es genug Klärungsbedarf: Wie steht die Kirche zur Genomeditierung und wo sieht sie die Chancen und Grenzen der Genschere CRISPR-Cas9? Sofern es zu derartigen Themen von kirchlicher Seite Einlassungen gibt, werden die heute vielleicht noch in den einschlägigen Portalen im Internet wahrgenommen, medial gefiltert erlangen sie aber längst nicht mehr die Aufmerksamkeit, die es dafür früher einmal gab. Auch in den Redaktionen haben sich die Gewichtungen verschoben.

Oder denken wir an Fragen von künstlicher Intelligenz und Technik, in denen sowohl Heilserwartungen als auch Unerklärliches liegen und wo zwischen Schöpfungsbildern und Allmachtsfantasien, zwischen Heilserwartung und Apokalypse ganz viele religiöse Motive aufgerufen werden. (Wobei an dieser Stelle die Frage gestattet sei, ob bzw. wie lange Metaphern aus der Bibel überhaupt noch damit in Zusammenhang gebracht werden.) Abgesehen davon, dass durch KI und die Möglichkeiten moderner Technologien unser Menschenbild hinterfragt wird, sind wir durch sie auch mit ethischen Herausforderungen konfrontiert, die der Orientierung bedürfen.

Doch eine Kirche, die selbst aus den Fugen geraten ist, wo statt einem Miteinander ein Gegeneinander spürbar ist und Tendenzen der Selbstmarginalisierung um sich greifen, kann weder Halt noch Orientierung, weder Erfüllung noch Sinn geben, also das, wonach die Menschen suchen und was auch der Staat braucht. Das ist fatal. Eine Gesellschaft, die gleichgültig gegenüber der eigenen Religion ist, ist nicht in der Lage, der spürbaren Radikalisierung von Religionen, Fanatismus, Intoleranz, Hass und Gewalt etwas entgegenzusetzen. Erst der verbindliche Wertekanon schafft die gesellschaftliche Stabilität für ein gelingendes Miteinander.

»Ich kann ja trotzdem Christ sein«, hört man oft von denen, die sich für den Austritt entschieden haben. Konkret bedeutet das bestenfalls, dass vom christlichen Glauben das ausgewählt wird, was individuell am besten gefällt. Weihnachten wird gefeiert, weil es ein schönes Fest für die Familie ist. Ostern und Pfingsten nimmt man gern mit wegen der verlängerten Wochenenden. Doch weshalb soll jemand, der sich von der Kirche verabschiedet hat, noch den Glauben hochhalten, wenn es schon jenen, die noch dabei sind, immer schwerer fällt, sich dazu öffentlich zu bekennen?

Ein nicht unwesentlicher Teil derer, die ausgetreten sind, gibt dezidiert an, es brauche Kirchen als Mahner, Wegweiser und als Korrektiv weiterhin. Ein geradezu wohlfeiler Wunsch. Sich selbst der Verantwortung entledigen, wenn es unangenehm wird, verschwinden, von anderen aber einfordern, dass sie die Erwartungen erfüllen, die man selbst nicht erfüllen mag. Es ist überaus bequem zu hoffen, andere würden dafür sorgen, dass alles wieder gut wird und dass christliche Werte weiter ihre Gültigkeit behalten. Als Beobachter an der Seitenlinie kluge Ratschläge zu geben, wird nicht von Erfolg gekrönt sein. Anzunehmen, durch Kirchenaustritte würden sich die Probleme der Kirche beheben lassen, zu denken, mehr Säkularisierung würde unser gesellschaftliches Miteinander besser machen, zu hoffen, andere würden das Schiff wieder flottmachen, all das wird sich als Trugschluss erweisen. Unsere Gesellschaft hat mit großem Erfolg gelernt, Unangenehmes durch Outsourcing zu lösen – die Erziehung soll von Kitas und Schulen übernommen werden, die Pflege der Angehörigen von Pflegekräften in Altenheimen. Die Folge: Das System kommt spürbar an seine Grenzen. Das ist der Nährboden für alle jene, die den Glauben und die damit verbundenen Werte ablehnen. Da hat der Teufel gewonnen.

Unsere Gesellschaft ist zwar viel stärker durch das Christentum geprägt, als uns das vielleicht bewusst ist. Vor allem Menschen, die aus anderen Kulturkreisen zu uns kommen, fällt das deutlich auf. Dazu gehören die unantastbare Würde jedes Einzelnen und die Ehrfurcht vor dem Leben genauso wie ein auf die Mitmenschen und das Wohlergehen der Gemeinschaft bezogenes Handeln, dazu gehören gegenseitiger Respekt und Toleranz. Werte und Grundüberzeugungen wie Gerechtigkeit und Empathie, aber auch Demut prägen das Miteinander in unserem Land. Deshalb aber zu meinen, unsere Gesellschaft komme ganz ohne die Kirche aus, zeugt von bemerkenswertem Mut. So rasant, wie der Anteil der Kirchenmitglieder zurückgeht, verschwinden auch die Überzeugungen und Werte, die vom Glauben getragen werden, aus dem öffentlichen Raum. Gesetze, Regeln und Normen werden immer mehr als unerträgliche Einschränkungen der persönlichen Freiheit empfunden. Übersteigerter Individualismus will gesellschaftliche Notwendigkeiten und kollektive Werte nicht mehr anerkennen. Rücksichtslosigkeit im Umgang mit anderen und Zweckrationalität sind nicht allein individuelle Ausprägungen, sondern in meinen Augen typisch für atheistische und agnostische Milieus.

Glaube ist nicht einfach nur eine Dienstleistung. Kirche und Glaube sind der Kitt für den gesellschaftlichen Zusammenhalt. Gläubige vertrauen ihren Mitmenschen mehr als Nichtgläubige. Gläubige Menschen engagieren sich häufiger als Konfessionslose oder Angehörige anderer Glaubensgemeinschaften ehrenamtlich. Nicht zu vergessen die Einrichtungen in kirchlicher Trägerschaft, die den Staat einerseits entlasten, die andererseits aber auch weiter stark nachgefragt sind, Kindergärten, Schulen und Altenheime zum Beispiel. Zweifellos bedeutet es nicht das Ende unseres Sozialstaates, sollte die Kirche aufgrund sinkender Einnahmen aus der Kirchensteuer weitere Schulen schließen und Kindergärten und Altenheime aufgeben. Der Hauptteil der Kosten wird auch heute gedeckt durch staatliche Mittel, Gebühren von Eltern oder Pflegebedürftigen und Spenden. Aber genau diese Einrichtungen, ihre Mitarbeiterinnen und Mitarbeiter, geben dem, was den christlichen Glauben trägt und prägt, Präsenz im alltäglichen Leben und ein Gesicht.

Der Glauben ist in der deutschen Diskussion völlig aus dem Blick geraten. Statt über Strukturen und Machtarchitektur zu ringen, was per se Ausdruck tiefer Unsicherheit und Hilflosigkeit ist, sollten wir uns viel mehr darüber Gedanken machen, wie wir dem Glauben und dem missionarischen Auftrag wieder mehr Platz in unserem Leben geben können. Die Kirche hat dafür beste Voraussetzungen: Sie ist noch immer eine starke Marke mit einem genialen Branding. In fast jedem Dorf steht eine Kirche, 24 Millionen Katholikinnen und Katholiken in Deutschland, fast 1,4 Milliarden weltweit. Auf der Wahrnehmbarkeit, dem Wiedererkennungswert und dem Bekanntheitsgrad lässt sich aufbauen.

Die Nachfrage dafür ist da. Der Mensch ist ein Suchender. Unser Glaube ist ein Schatz, der es mit den Heilsversprechen von Meditations- und Yogakursen locker aufnehmen kann. Das beweist auch der Zulauf zu Angeboten, die das Unterwegssein mit Glaubensfragen verbinden, beispielsweise beim Pilgern. Bergexerzitien, Gipfelmessen und auch die jüngste Diskussion über die Relevanz von Gipfelkreuzen zeigen, dass der christliche Glaube kein Auslaufmodell ist und Menschen mit ganz unterschiedlichen Beweggründen anspricht und Gemeinschaft erleben lässt.

Wir brauchen eine Rückkehr des Glaubens, eine Renaissance gläubiger Zuversicht. Wir brauchen den Mut, der die Frauen und Männer an Pfingsten erfasste, hinauszugehen und den Glauben zu verkünden. Kirchen müssen wieder echte Gotteshäuser sein und nicht Museen, Konzertsäle, Ausstellungshallen oder – ganz profan – Orte, in denen es an heißen Sommertagen schön kühl ist. In den Sakramenten müssen wieder das Heilige und die Gnade Gottes deutlicher in den Vordergrund treten. Werden wir nicht stumm wegen kritischer Fragen, sondern nehmen wir sie als Quelle der Vergewisserung. Nichts hat unsere Zeit heute mehr nötig als Menschen, die aus dem Glauben heraus und getragen vom Heiligen Geist Gemeinschaft leben und das gesellschaftliche Miteinander nach dem Vorbild Jesu gestalten und weitertragen.

Fortwährende Offenheit

Tomáš Halík

Als die Christen zu Beginn ihrer Geschichte gefragt wurden, was an ihrer Glaubenspraxis neu sei, ob es eine neue Religion oder eine neue Philosophie sei, antworteten sie: Es ist der Weg. Es ist der Weg, demjenigen zu folgen, der gesagt hat: Ich bin der Weg. Im Laufe der Geschichte sind Christen immer wieder zu dieser Vision zurückgekehrt, besonders in Krisenzeiten.

Die Aufgabe der Weltbischofssynode ist die Anamnese; sie besteht darin, an den dynamischen Charakter des Christentums zu erinnern, ihn wiederzubeleben und zu vertiefen. Das Christentum war zu Anfang der Weg, und es soll jetzt und für immer der Weg sein. So war es am Anfang, so muss es jetzt und für immer sein. Die Kirche als Gemeinschaft von Pilgern ist ein lebendiger Organismus, was bedeutet, dass sie immer offen ist, sich wandelt und weiterentwickelt. Synodalität, ein gemeinsamer Weg (*synhodos*), bedeutet fortwährende Offenheit für den Geist Gottes, durch den der auferstandene, lebendige Christus in der Kirche lebt und wirkt. Die Synode ist eine Gelegenheit, gemeinsam auf das zu hören, was der Heilige Geist den Kirchen heute sagt.

In den kommenden Tagen [während der Prager Synode[1] im Februar 2023; Anm. d. Hg.] werden wir gemeinsam über die ersten Ergebnisse nachdenken, die sich auf dem Weg zur Wiederbelebung des synodalen Charakters der Kirche auf unserem Kontinent herausgestellt haben. Es ist ein kleiner Abschnitt einer langen Reise. Dieses kleine, aber wichtige Fragment der historischen Erfahrung des europäischen Christentums muss in einen größeren Zusammenhang gestellt werden, nämlich in das vielfarbige Mosaik des globalen Christentums der Zukunft. Wir müssen klar und verständlich sagen, was das europäische Christentum heute tun will und tun kann, um eine Antwort zu geben auf die Freuden und Hoffnungen, den Kummer und die Ängste unseres ganzen Planeten – dieses Planeten, der heute in vielerlei Hinsicht verbunden und gleichzeitig in vielerlei Hinsicht geteilt und global bedroht ist.

Wir begegnen uns heute in einem Land mit einer dramatischen religiösen Geschichte. Dazu gehören die Anfänge der Reformation im 14. Jahrhundert, die Religionskriege im 15., 16. und 17. und die schwere Verfolgung der Kirche im 20. Jahrhundert. In den Gefängnissen und Konzentrationslagern unter Hitler und Stalin lernten die Christen praktische Ökumene und den Dialog mit Nichtgläubigen, ebenso wie Solidarität, das Teilen, die Armut und die »Wissenschaft des Kreuzes«. Mein Heimatland hat infolge soziokultureller Veränderungen drei Wellen der Säkularisierung erlebt: eine »sanfte Säkularisierung« im Zuge des raschen Übergangs von einer Agrar- in eine Industriegesellschaft, eine harte, gewaltsame Säkularisierung unter dem kommunistischen Regime und eine weitere »sanfte Säkularisierung« beim Übergang von einer totalitären Gesellschaft zu einer fragilen pluralistischen Demokratie in der Postmoderne. Es sind gerade die Wandlungen, Krisen und Prüfungen, die uns vor die Herausforderung stellen, neue Wege und Möglichkeiten hin zu einem tieferen Verständnis für das Wesentliche zu finden.

Papst Benedikt hat bei einem Besuch in diesem Land als Erster die Idee geäußert, dass die Kirche nach dem Bespiel des Jerusalemer Tempels auch einen »Vorhof der Heiden« errichten sollte. Während Sekten nur diejenigen akzeptieren, die umfassend gläubig und dem jeweiligen Bekenntnis verpflichtet sind, muss die Kirche einen Raum für spirituell Suchende offen halten, für diejenigen, die sich zwar nicht vollständig mit ihren Lehren und Praktiken identifizieren, aber dennoch eine gewisse Nähe zum Christentum verspüren. Jesus erklärte:»Denn wer nicht gegen uns ist, ist für uns« (Mk 9, 40); er warnte seine Jünger vor dem Übereifer der Revolutionäre und Inquisitoren, vor ihren Versuchen, die Engel des Jüngsten Gerichts zu spielen und zu früh die Spreu vom Weizen zu trennen.

Selbst der heilige Augustinus argumentierte, dass viele von denen, die meinen, sie seien draußen, in Wirklichkeit drinnen sind und viele, die meinen, sie seien drinnen, in Wirklichkeit draußen sind. Die Kirche ist ein Mysterium; wir wissen zwar, wo die Kirche ist, aber wir wissen nicht, wo sie nicht ist.

Wir glauben und bekennen, dass die Kirche ein Mysterium ist, ein Sakrament, ein Zeichen (*signum*) – ein Zeichen der Einheit aller Menschen in Christus. Die Kirche ist ein dynamisches Sakrament, ein Weg zu diesem Ziel.

Vollkommene Vereinigung ist ein eschatologisches Ziel, das erst am Ende der Geschichte verwirklicht werden kann. Erst dann wird die Kirche vollständig und vollkommen eins, heilig, katholisch und apostolisch sein. Erst dann werden wir Gott vollständig sehen und widerspiegeln, so wie Er ist.

Es ist die Aufgabe der Kirche, das Verlangen nach diesem Ziel stets in den Herzen der Menschen präsent zu halten und gleichzeitig der Versuchung zu widerstehen, irgendeine Form der Kirche, irgendeinen Zustand der Gesellschaft und irgendeinen Stand der religiösen, philosophischen oder wissenschaftlichen Erkenntnis als endgültig und vollkommen anzusehen.

Wir müssen immer die konkrete Form der Kirche im Lauf der Geschichte von ihrer eschatologischen Form unterscheiden; das heißt, wir müssen die auf dem Weg befindliche, die kämpfende Kirche (*ecclesia militans*), von der siegreichen Kirche im Himmel (*ecclesia triumphans*) unterscheiden.

Die Kirche inmitten der Geschichte als die perfekte *ecclesia triumphans* zu betrachten, führt zum Triumphalismus, einer gefährlichen Form der Götzenanbetung. Außerdem kann die *ecclesia militans*, wenn sie der Versuchung des Triumphalismus nicht widersteht, zu einer mit Sünde beladenen militanten Institution werden.

Wir bekennen in Demut, dass dies in der Geschichte des Christentums wiederholt geschehen ist. Diese tragischen Erfahrungen führen uns heute zu der festen Überzeugung, dass die Mission der Kirche darin besteht, eine Quelle geistiger Inspiration und Wandlung zu sein, wobei sie die Gewissensfreiheit jedes Menschen vollumfänglich respektiert und jede Form von Gewaltanwendung und Manipulation ablehnt.

Ebenso wie politische Macht können auch moralischer Einfluss und spirituelle Autorität missbraucht werden, wie uns die Skandale des sexuellen, psychologischen, wirtschaftlichen und geistlichen Missbrauchs in der Kirche gezeigt haben, insbesondere der Missbrauch und die Ausbeutung der Schwächsten und Verwundbarsten. Die ständige Aufgabe der Kirche besteht in der Mission. In der heutigen Welt kann Mission nicht gleichbedeutend sein mit *reconquista* (Wiedereroberung), Ausdruck der Nostalgie für eine verlorene Vergangenheit, sie kann auch nicht gleichbedeutend sein mit Proselytismus, der Manipulation oder dem Bestreben, Suchende innerhalb der bestehenden geistigen und institutionellen Grenzen der Kirche einzuhegen. Vielmehr müssen diese Grenzen gerade durch die Erfahrungen der Suchenden erweitert und bereichert werden.

Wenn wir das Prinzip der Synodalität ernst nehmen, dann kann Mission nicht als einseitiger Prozess verstanden werden, sondern vielmehr als Begleitung im Geiste des Dialogs, als eine Suche nach gegenseitigem Verständnis. Synodalität ist ein Prozess, in dem wir nicht nur lehren, sondern auch lernen.

Die Aufforderung, den »Vorhof der Heiden« innerhalb des Tempels der Kirche zur Integration der Suchenden zu öffnen, war ein positiver Schritt auf dem Weg der Synodalität im Geiste des II. Vatikanischen Konzils. Heute müssen wir jedoch noch weiter gehen. Es ist etwas mit der Tempelform der Kirche insgesamt geschehen, und wir dürfen das nicht ignorieren. Vor seiner Wahl auf den Stuhl Petri erinnerte Kardinal Bergoglio an die Worte der Heiligen Schrift: Jesus steht vor der Tür und klopft an. Aber heute, fügte er hinzu, klopft Jesus *von innen* an. Er will hinausgehen, und wir müssen ihm folgen. Wir müssen über unsere derzeitigen geistigen und institutionellen Grenzen hinausgehen, um vor allem zu den Armen, den Ausgegrenzten und den Leidenden zu gehen. Die Kirche soll ein Feldlazarett sein – diese Idee von Papst Franziskus muss weiterentwickelt werden. Ein Feldlazarett braucht den Rückhalt einer Kirche, die in der Lage ist, eine kompetente Diagnose zu stellen (Deutung der Zeichen der Zeit), Prävention (Stärkung des Immunsystems gegen ansteckende Ideologien wie Populismus, Nationalismus und Fundamentalismus) ebenso zu betreiben wie Therapie und langfristige Genesung (einschließlich des Prozesses der Versöhnung und der Heilung von Wunden nach Zeiten der Gewalt und Ungerechtigkeit).

Für diese äußerst anspruchsvolle Aufgabe braucht die Kirche dringend Verbündete – ihr Weg muss mit anderen geteilt werden, ein gemeinsamer Weg (*synhodos*) sein. Wir dürfen nicht mit dem Stolz und der Arroganz derjenigen, die glauben, im Besitz der Wahrheit zu sein, auf andere zugehen. Die Wahrheit ist ein Buch, das noch keiner von uns zu Ende gelesen hat. Wir sind nicht *im Besitz* der Wahrheit, sondern *Liebhaber* der Wahrheit und *Liebhaber* des Einzigen, der sagen darf: Ich bin die Wahrheit.

Jesus hat Pilatus' Frage nicht mit einer Theorie, einer Ideologie oder einer Definition von Wahrheit beantwortet. Aber er *bezeugte die Wahrheit*, die über alle Doktrinen und Ideologien hinausgeht; er offenbarte die sich ereignende Wahrheit, die lebendig und persönlich ist. Nur Jesus kann sagen: *Ich bin die Wahrheit*. Und gleichzeitig sagt er auch: Ich bin der Weg und das Leben.

Eine Wahrheit, die nicht lebendig und nicht ein Weg wäre, wäre eher eine Ideologie, eine bloße Theorie. Orthodoxie muss mit Orthopraxie – dem richtigen Handeln – Hand in Hand gehen.

Und wir dürfen die dritte, tiefere Dimension des Lebens in der Wahrheit nicht vergessen, nämlich die Orthopathie, die rechte Leidenschaft, das Verlangen, die innere Erfahrung – die Spiritualität. Vor allem durch die Spiritualität – die spirituelle Erfahrung des einzelnen Gläubigen und der ganzen Kirche – führt uns der Geist schrittweise in die Ganzheit der Wahrheit ein. Diese drei brauchen sich gegenseitig. Auch wenn die Orthodoxie (richtige Gedanken) intellektuell attraktiv sein kann, so ist sie ohne Orthopraxie (richtiges Handeln) doch unwirksam, und ohne Orthopathie (richtiges Fühlen) ist sie kalt, schal und oberflächlich.

Die Neuevangelisierung und die synodale Umgestaltung der Kirche und der Welt sind ein Prozess, in dem wir lernen müssen, Gott auf eine neue und tiefere Weise anzubeten – im Geist und in der Wahrheit.

Wir brauchen keine Angst zu haben, dass einige Formen der Kirche aussterben: »Wenn das Weizenkorn nicht in die Erde fällt und erstirbt, bleibt es allein; wenn es aber erstirbt, bringt es viel Frucht.« (Joh 12, 24) Wir dürfen nicht unter den Toten nach den Lebenden suchen. In jeder Phase der Kirchengeschichte müssen wir uns in der Kunst der geistlichen Unterscheidung üben und am Baum der Kirche die lebendigen von den vertrockneten und toten Zweigen unterscheiden. Der Triumphalismus, die Anbetung eines toten Gottes, muss durch eine demütige kenotische Ekklesiologie ersetzt werden. Das Leben der Kirche besteht in der Teilhabe am österlichen Paradoxon: dem Moment der Selbst-Hingabe und der Selbst-Transzendenz, der Verwandlung des Todes in Auferstehung und neues Leben.

Mit den Augen des Glaubens sehen wir nicht nur den fortgesetzten Prozess der Schöpfung (*creatio continua*). In der Geschichte – und besonders in der Geschichte der Kirche – können wir auch die fortdauernden Prozesse der Inkarnation (*incarnatio continua*), des Leidens (*passio continua*) und der Auferstehung (*ressurectio continua*) sehen.

Zur Ostererfahrung der jungen Kirche gehört auch die Überraschung, dass die Auferstehung keine Wiederbelebung der Vergangenheit ist, sondern eine radikale Verwandlung darstellt. Man bedenke, dass selbst die Augen derjenigen, die ihm am nächsten standen, den auferstandenen Jesus nicht erkennen konnten. Maria Magdalena erkannte ihn an seiner Stimme, Thomas an seinen Wunden, die Emmauspilger am Brechen des Brotes.

Auch heute noch besteht ein wichtiger Teil der christlichen Existenz in dem Abenteuer, den lebendigen Christus zu suchen, der in vielen überraschenden Formen – und manchmal anonym – zu uns kommt. Er kommt durch die verschlossene Tür der Angst; wenn wir uns in Angst verschließen, werden wir ihn verpassen. Er kommt zu uns als eine Stimme, die zu unseren Herzen spricht; wenn wir uns vom Lärm der Ideologien und der kommerziellen Werbung betäuben lassen, werden wir sie überhören. Er zeigt sich uns in den Wunden unserer Welt; wenn wir diese Wunden ignorieren, haben wir kein Recht, mit dem Apostel Thomas zu sagen: Mein Herr und mein Gott! Er zeigt sich uns als der unbekannte Fremde auf dem Weg nach Emmaus; wenn wir nicht bereit sind, unser Brot mit anderen, auch mit Fremden, zu brechen, werden wir ihn verpassen.

Als *signum*, als sakramentales Zeichen, ist die Kirche ein Symbol jener »universellen Bruderschaft«, die das eschatologische Ziel der Kirchen- wie der Menschheitsgeschichte, ja des gesamten Schöpfungsprozesses ist. Wir glauben und bekennen, dass sie ein *signum eficiens* ist – ein wirksames Instrument dieses Prozesses der Einigung. Und um dies zu erreichen, müssen Kontemplation und Aktion miteinander verbunden werden. Es erfordert »eschatologische Geduld« mit der heiligen Unruhe des Herzens (*inquietas cordis*), die nur in den Armen Gottes am Ende der Zeiten enden kann. Gebet, Anbetung, die Feier der Eucharistie und »politische Liebe« sind kompatible Elemente des Prozesses der Vergöttlichung, der Verchristlichung der Welt.

Politische *diakonia* schafft eine Kultur der Nähe und der Solidarität, der Empathie, der Gastfreundschaft, des gegenseitigen Respekts und baut Brücken zwischen Menschen verschiedener Völker, Kulturen und Religionen. Gleichzeitig ist politische *diakonia* auch ein Gottesdienst, Teil jener *metanoia*, in der die menschliche und zwischenmenschliche Wirklichkeit verwandelt wird und eine göttliche Qualität und Tiefe erhält.

Die Kirche beteiligt sich an der Veränderung der Welt vor allem durch die Evangelisierung, die ihre Hauptaufgabe ist. Die Fruchtbarkeit der Evangelisierung liegt in der Inkulturation, der Inkarnation des Glaubens in eine lebendige Kultur, in die Art, wie die Menschen denken und leben. Die Saat des Wortes muss tief genug in guten Boden gepflanzt werden. Evangelisierung ohne Inkulturation ist nichts als oberflächliche Indoktrination.

Das europäische Christentum galt als paradigmatisches Beispiel für Inkulturation: Das Christentum wurde zur dominierenden Kraft in der europäischen Zivilisation. Nach und nach wurden jedoch die Nachteile und Schattenseiten dieser Art der Evangelisierung deutlich. Seit der Aufklärung sind wir in Europa Zeugen einer gewissen »Ex-Kulturation« des Christentums, einer Säkularisierung von Kultur und Gesellschaft. Dieser Säkularisierungsprozess hat nicht, wie manche erwartet hatten, zum Verschwinden des Christentums geführt, sondern zu seiner Veränderung. Bestimmte Elemente der Botschaft des Evangeliums, die von der Kirche während ihrer Verflechtung mit der politischen Macht vernachlässigt worden waren, wurden in den säkularen Humanismus aufgenommen. Das II. Vatikanische Konzil versuchte, die »Kulturkriege« zwischen dem Katholizismus und der säkularen Moderne zu beenden und genau deren Werte (z. B. die Betonung der Gewissensfreiheit) mithilfe des Dialogs in die offizielle Lehre der Kirche zu integrieren. (Hans Urs von Balthasar sprach davon, »die Ägypter zu berauben«.)

Der erste Satz der Konstitution *Gaudium et spes* klingt wie ein Eheversprechen: Die Kirche verspricht dem modernen Menschen Liebe, Achtung und Treue, Solidarität und Aufgeschlossenheit für seine Freuden und Hoffnungen, seine Sorgen und Ängste.

Dieses Angebot stieß jedoch kaum auf Gegenliebe. Dem »modernen Menschen« schien die Kirche eine zu alte und unattraktive Braut zu sein. Außerdem kam das Wohlwollen der Kirche gegenüber der modernen Kultur zu einer Zeit, als die Moderne gerade zu Ende ging. Die Kulturrevolution um 1968 stellte vielleicht sowohl den Höhepunkt als auch das Ende der Moderne als Epoche dar. Das Jahr 1969, als der Mensch den Mond betrat – und wenig später leitete die Erfindung des Mikroprozessors das Zeitalter des Internets ein –, kann als symbolischer Beginn einer neuen postmodernen Epoche angesehen werden. Dieses Zeitalter ist vor allem durch das Paradoxon der Globalisierung gekennzeichnet – auf der einen Seite steht die nahezu universelle Vernetzung, auf der anderen Seite die radikale Pluralität.

Heute zeigt sich die dunkle Seite der Globalisierung. Man denke nur an die weltweite Ausbreitung von Gewalt, von den Terroranschlägen auf die Vereinigten Staaten im Jahr 2001 bis zum Staatsterrorismus des russischen Imperialismus und dem aktuellen von Russland begangenen Völkermord in der Ukraine, man denke an die von Infektionskrankheiten ausgelösten Pandemien, an die Zerstörung der natürlichen Umwelt und die Zersetzung des moralischen Klimas durch Populismus, Fake News, Nationalismus, politischen Radikalismus und religiösen Fundamentalismus.

Teilhard de Chardin war einer der ersten Propheten der Globalisierung, die er als »Planetarisierung« bezeichnete, was ihren Platz im Kontext der Gesamtentwicklung des Kosmos widerspiegelt. Teilhard vertrat die Ansicht, dass der Globalisierungsprozess seinen Kulminationspunkt nicht durch einen Entwicklungs- und Fortschrittsautomatismus erreichen würde, sondern dank einer bewussten und freien Hinwendung der Menschheit zu »einer einzigen Kraft, die vereinen kann, ohne zu zerstören«. Er sah diese Kraft in der Liebe, wie sie im Evangelium verstanden wird. Liebe ist Selbst-Verwirklichung durch Selbst-Transzendenz.

Ich glaube wirklich, dass dieser entscheidende Moment gerade jetzt stattfindet und dass die Hinwendung des Christentums zur Synodalität, die Umwandlung der Kirche in eine dynamische Gemeinschaft von Pilgern einen Einfluss auf das Schicksal der gesamten Menschenfamilie haben kann. Synodale Erneuerung kann und sollte eine Einladung, Ermutigung und Inspiration für alle sein, gemeinsam zu wandern, zu wachsen und zu reifen.

Hat das europäische Christentum heute den Mut und die spirituelle Energie, die Bedrohung durch den »Kampf der Kulturen« abzuwenden, indem es den Globalisierungsprozess in einen Prozess der Kommunikation, des Teilens und der gegenseitigen Bereicherung verwandelt und wir zu einer *civitas ecumenica*, einer Schule der Liebe und »universellen Brüderlichkeit« gelangen?

Als die durch das Coronavirus ausgelöste Pandemie Kirchen leerte und schloss, habe ich mich gefragt, ob dieser »Lockdown« nicht eine prophetische Warnung sei. So könnte Europa bald aussehen, wenn unser Christentum nicht wiederbelebt wird, wenn wir nicht verstehen, was »der Heilige Geist den Kirchen heute sagt«.

Wenn die Kirche zur Verwandlung der Welt beitragen soll, muss sie selbst ständig verwandelt werden: Sie muss eine *ecclesia semper reformanda* sein. Wenn eine Reform, eine Veränderung der Form, beispielsweise bestimmter institutioneller Strukturen, gute Früchte tragen soll, muss ihr eine Revitalisierung des »Kreislaufs« des Kirchenkörpers vorausgehen und von dieser begleitet werden – und das ist die Spiritualität. Es ist nicht möglich, sich nur auf die einzelnen Organe zu konzentrieren und das außen vor zu lassen, was sie verbindet und was sie mit dem Geist und mit Leben erfüllt.

Heute fühlen viele »Menschenfischer« ganz ähnlich wie die galiläischen Fischer an den Ufern des Sees Gennesaret, als sie Jesus zum ersten Mal begegneten: »Meister, wir haben die ganze Nacht gearbeitet und nichts gefangen.« (Lk 5, 5) In vielen Ländern Europas sind die Kirchen, Klöster und Priesterseminare leer oder halb leer.

Jesus sagt uns dasselbe, was er den erschöpften Fischern sagte: Versucht es wieder, geht ins tiefe Wasser. Es wieder zu versuchen heißt nicht, alte Fehler zu wiederholen. Es braucht Beharrlichkeit und Mut, aus dem seichten Wasser ins tiefe zu gehen.

»Was seid ihr so furchtsam? Habt ihr noch keinen Glauben?« (Mk 4, 40), sagt Jesus in allen Stürmen und Krisen.

Der Glaube ist eine mutige Reise zu den tiefen Wassern, eine Reise der Verwandlung (*metanoia*) der Kirche und der Welt, eine gemeinsame Reise (*synhodos*) der Synodalität.

Es ist eine Reise von lähmender Furcht (*paranoia*) zu *metanoia* und *pronoia*, zu Voraussicht, Besonnenheit, Unterscheidungsvermögen, Offenheit für die Zukunft und Empfänglichkeit für Gottes Herausforderungen, wie sie in den Zeichen der Zeit zu lesen sind.

Möge unser Treffen in Prag ein mutiger und gesegneter Schritt auf dieser langen und anstrengenden Reise sein.

Unsere Christenpflicht und die Würde des Menschen[1]

Waltraud Klasnic

Pfingsten war für das Urchristentum und seine Verbreitung über den ganzen Erdkreis ein wahrhaft revolutionäres Ereignis. Unsere Welt braucht diesen pfingstlichen Geist bis heute stets aufs Neue, auch in Form einer Standortbestimmung und der geistigen Auseinandersetzung mit den großen Fragen unserer Zeit.

Diesem Geist verpflichtet, haben der damalige Diözesanbischof Egon Kapellari und ich als Landeshauptmann der Steiermark den »Pfingstdialog Geist & Gegenwart« ins Leben gerufen. Es war der Versuch einer Kooperation zwischen der Diözese Graz-Seckau und dem Bundesland Steiermark, der in der traditionsreichen bischöflichen Sommerresidenz Schloss Seggau in der Südsteiermark anfänglich alle zwei Jahre stattfand und mittlerweile jährlich stattfindet.

Es ist eine säkulare Veranstaltung, die interdisziplinär vor allem den großen europäischen Herausforderungen nachspürt, sich aber der Tatsache bewusst ist, dass das Christentum Europa entscheidend geprägt hat und die europäischen Werte und auch die Errungenschaften der Aufklärung wesentlich christlich inspiriert sind. Vor allem die Frage nach der »Seele Europas« wurde immer wieder als drängend dargestellt.

So unterschiedliche Persönlichkeiten, Denker, Literaten und politische Verantwortungsträger wie Alice Schwarzer, Hans Dietrich Genscher, Robert Menasse, Ivan Krastev, Peter Sloterdijk, Ruth Klüger, Necla Kelek, Richard David Precht, Jeremy Rifkin, Sigmar Gabriel, Karel Schwarzenberg sowie die österreichischen Bundeskanzler Wolfgang Schüssel und Alfred Gusenbauer und der heutige österreichische Bundespräsident Alexander Van der Bellen, die EU-Kommissare Franz Fischler, Benita Ferrero-Waldner und Johannes Hahn sowie der damalige EU-Parlamentspräsident Hans Gerd Pöttering waren u. a. zu Gast auf Seggauberg. Als hochrangige Vertreter ihrer Kirchen haben die Kardinäle Koch, Marx, Turkson und Vlk sowie Erzbischof Franz Lackner mit ihren Interventionen den Dialog bereichert. Im ökumenischen Geist nimmt immer auch ein Repräsentant der evangelischen Kirche an den Gesprächen teil.[2] Warum betone ich dieses Zusammenwirken von Persönlichkeiten in Kirche und Staat?

Der freiheitliche Rechtsstaat (und die Demokratie), so hat der deutsche Staatsrechtler und langjährige Verfassungsrichter Ernst-Wolfgang Böckenförde festgestellt, lebt »von Voraussetzungen, die er selbst nicht garantieren kann«.

In einem Interview 2010 präzisierte Böckenförde seine Haltung: »Vom Staat her gedacht braucht die freiheitliche Ordnung ein verbindendes Ethos, eine Art ›Gemeinsinn‹ bei denen, die in diesem Staat leben. Die Frage ist dann: Woraus speist sich dieses Ethos, das vom Staat weder erzwungen noch hoheitlich durchgesetzt werden kann? Man kann sagen: zunächst von der gelebten Kultur. Aber was sind die Faktoren und Elemente dieser Kultur? Da sind wir dann in der Tat bei Quellen wie Christentum, Aufklärung und Humanismus.«

Ähnlich äußerte sich der Sozialphilosoph Jürgen Habermas. Obwohl er »religiös unmusikalisch sei«, wisse er um die enorme Wichtigkeit der Sinnressource Religion. In seinem Buch *Zeit der Übergänge* (2001) schreibt er: »Das Christentum ist für das normative Selbstverständnis der Moderne nicht nur eine Vorläufergestalt oder ein Katalysator gewesen. Der egalitäre Universalismus, aus dem die Ideen von Freiheit und solidarischem Zusammenleben, von autonomer Lebensführung und Emanzipation, von individueller Gewissensmoral, Menschenrechten und Demokratie entsprungen sind, ist unmittelbar ein Erbe der jüdischen Gerechtigkeits- und der christlichen Liebesethik. In der Substanz unverändert, ist dieses Erbe immer wieder kritisch angeeignet und neu interpretiert worden. Dazu gibt es bis heute keine Alternative, auch angesichts der aktuellen

Herausforderungen einer postnationalen Konstellation zehren wir nach wie vor von dieser Substanz. Alles andere ist postmodernes Gerede.«

Es ist meine feste Überzeugung: Das Christentum war und ist unverzichtbar für eine humane, demokratische Gesellschaft. Trotz aller Probleme bleibt es die Verantwortung von uns Christinnen und Christen, dafür zu wirken, dass die christliche Ethik eine herausragende Rolle in Staat und Gesellschaft einnimmt. Denn wir wissen, dass Solidarität mehr ist als nur eine Floskel – sie muss gelebt werden.

Es geht um das Recht jedes Einzelnen auf ein menschenwürdiges Leben. Ich habe mich immer wieder dieser Herausforderung gestellt und mich bemüht, meiner Verantwortung so gut es geht gerecht zu werden. Die folgenden Beispiele mögen dies zeigen.

Anonyme Geburt und Babyklappe

Jedes Kind, das geboren wird, ist ein Geschenk. Es gibt aber leider auch noch immer Umstände, die es einer Mutter nicht möglich erscheinen lassen, ihr Kind unter den herkömmlichen »normalen« Bedingungen zur Welt zu bringen und liebevoll zu betreuen. Zeit meiner politischen Tätigkeit habe ich mich daher für die Möglichkeit der anonymen Geburt und der Babyklappe eingesetzt. Viele Jahre bin ich mit meinem Anliegen auf Unverständnis und Kopfschütteln gestoßen, aber zur Jahrtausendwende war es so weit: Österreich ermöglichte die anonyme Geburt in den Spitälern, und es wurden dort vielfach auch Babyklappen eingerichtet. Mit großer Freude kann ich feststellen, dass dadurch von 2001 bis 2022 in rund 700 Fällen bedürftigen Frauen und ihren Kindern geholfen werden konnte.

Unbürokratische zivilgesellschaftliche Soforthilfe für Menschen in akuter Not

Über 30 Jahre – beginnend in den 1970er-Jahren – habe ich mich in der damals sogenannten Katastrophenhilfe österreichischer Frauen eingebracht. Diese zivilgesellschaftliche Vereinigung hat, wie ihr

Name bereits sagt, zum Ziel, Menschen, die plötzlich und unvorhersehbar in Not geraten sind, rasch und unbürokratisch zu helfen. Denn oftmals gilt: Wer schnell hilft, hilft doppelt. In mehreren Hundert Fällen konnten wir Unterstützung leisten, und bei den Besuchen vor Ort habe ich bewegende und erschütternde Schicksale kennengelernt.

Opferschutz für Betroffene von Missbrauch und Gewalt im Bereich der katholischen Kirche Österreichs

Als in den ersten Monaten des Jahres 2010 immer mehr Missbrauchsfälle im Bereich der katholischen Kirchen Österreichs und Deutschlands bekannt wurden, bat mich Kardinal Christoph Schönborn, als Opferschutzanwältin zur Verfügung zu stehen. Unter der Voraussetzung absoluter Unabhängigkeit sagte ich ihm, unterstützt von Herwig Hösele, meine Bereitschaft zu.

Die Dimension der Verbrechen und die furchtbaren Folgen für die betroffenen Menschen aller Generationen waren mir dabei nicht bewusst. Doch bereits in den ersten Monaten meiner Tätigkeit wurde mir klar, was mich erwartete. Jedes einzelne Gespräch hat mich zutiefst berührt. Es waren keine »Fälle«, sondern bewegende Schicksale, die mich betroffen machten und für die es nie eine Wiedergutmachung, sondern bestenfalls menschliche, finanzielle und therapeutische Hilfe geben konnte und geben kann. Auch wenn wir alle wissen, dass Missbrauch und Gewalt leider ein gesamtgesellschaftliches Phänomen sind, sind die Verbrechen, die von Tätern im Kirchendienst verübt wurden, in besonderer Weise erschütternd, weil die hohen ethischen und moralischen Ansprüche christlicher Kirchen zu Recht eine ganz besondere Verantwortung im Umgang mit Kindern und Jugendlichen erfordern.

Wenn katholische Verantwortungsträger Kinder nicht schützen und fördern, sondern missbrauchen und schänden, verlangt das klare Konsequenzen.

Wir stellten eine Kommission zusammen, in der renommierte Persönlichkeiten aus Recht, Psychiatrie, Psychologie und Pädagogik ehrenamtlich tätig waren.

Diese »Unabhängige Opferschutzkommission« erarbeitete ein Reglement, wonach Betroffene Hilfeleistungen in vier Kategorien (5000, 15 000, 25 000, mehr als 25 000 Euro) erhalten können. Es wird nach einer groben Plausibilitätsprüfung und ohne Verjährung im Zweifel immer im Sinne der Betroffenen entschieden.[3] Auf dieser Basis hat die Opferschutzkommission bis Ende 2022 rund 3000 positive Entscheidungen getroffen, also finanzielle und/ oder therapeutische Hilfeleistungen zugesprochen. Die katholische Kirche Österreichs hat alle Beschlüsse der Kommission mitgetragen und rund 65 000 Therapiestunden finanziert. Insgesamt wurden zwischen 2010 und Ende 2012 Hilfeleistungen in Höhe von über 34 Millionen Euro zuerkannt.

Der Kommission ist bewusst, dass eine Wiedergutmachung des schweren Leids nicht möglich ist – aber das Eingeständnis von Schuld und die Anerkennung ihres Leidens achten die Würde dieser Menschen.

Das Modell der Kommission wurde von zahlreichen österreichischen Bundesländern und auch Bundeseinrichtungen übernommen und gilt international als vorbildlich, wie die *Frankfurter Allgemeine Zeitung* in einem Leitartikel am 3.11.2018 feststellte: »Die Bischöfe in Österreich haben dieses Problem längst erkannt – und im Ansatz gelöst. Während die deutschen Bischöfe auch nach ›Fulda‹ in der Vorstellung gefangen sind, Aufklärung und Entschädigung seien bei ihnen in den besten Händen, haben die Österreicher unter Führung des Wiener Kardinals Christoph Schönborn schon vor acht Jahren eine unabhängige Opferschutzkommission mandatiert und sich seither deren Entscheidungen unterworfen.« Mittlerweile, das soll auch gesagt sein, haben die deutschen Bischöfe entscheidende Schritte in die richtige Richtung getan.

Im Jahr 2016 luden die Präsidentin des Nationalrates und der Präsident des Bundesrates zu einer Veranstaltung ein, bei der die Spitzen der Bundesregierung, der Bundesländer und der katholischen Kirche sich ganz »offiziell« zu ihrer Verantwortung bekannten und sich für jahrzehntelange Versäumnisse entschuldigten. Ein

Resultat dieses Eingeständnisses war die 2017 geschaffene staatliche Heimopferrente.

Massiver Ausbau der Hospiz- und Palliativversorgung

Von 2008 bis 2022 war ich Vorsitzende des Dachverbandes Hospiz Österreich, der die Interessen von mehr als 380 Hospiz- und Palliativeinrichtungen im gesamten Bundesgebiet vertritt. Die Mitarbeiter:innen dieser Einrichtungen betreuen schwer kranke und sterbende Menschen und deren Angehörige und Vertrauenspersonen.

Viele Menschen sagen, dass sie keine Angst vor dem Tod haben, aber Angst vor dem Sterben: Angst vor den Schmerzen, vor der Pflegebedürftigkeit, vor dem Alleinsein, vor der Abhängigkeit.

Die persönliche Zuwendung von Tausenden hauptberuflichen und ehrenamtlichen Mitarbeiter:innen in der Begleitung von Menschen in ihrer letzten Lebensphase, aber auch die Begleitung von oft verzweifelten und stark belasteten Angehörigen sind deshalb besonders wichtig. In einer Phase, in der die Medizin auch mit ihren modernsten Methoden nicht mehr helfen kann, ist es unerlässlich, sich für die betroffenen Menschen Zeit zu nehmen und sich ihnen zuzuwenden. Das Gespräch, die aufmunternde, geduldige und liebevolle Begleitung und die Erfüllung »letzter Wünsche« – sei es noch ein spezieller Besuch oder gar nur ein »Lieblingsgericht« – sind in einer besonderen Weise wertvoll. Auch für die Begleiter:innen sind diese Erfahrungen berührend, auch stärkend und bereichernd.

Diesbezüglich hat es in den letzten Jahren große und wichtige Fortschritte in der politischen Meinungs- und Willensbildung in Österreich gegeben. 2014 und 2015 ist das in der parlamentarischen Enquete-Kommission »Würde am Ende des Lebens« sehr deutlich geworden.

Alle sechs damals im Nationalrat vertretenen Parteien sind der Empfehlung der parlamentarischen Enquete-Kommission gefolgt und haben damit eine einstimmige Willensbekundung abgegeben: Jeder Mensch hat ein Recht darauf, würdevoll zu leben und würdevoll zu sterben. Hospiz- und Palliativversorgung müssen bundesweit flächendeckend umgesetzt werden und für alle Menschen (jeden Alters), die sie brauchen, erreichbar, zugänglich und leistbar sein.

Daher war es nun höchste Zeit, eine Regelfinanzierung für *alle* Einrichtungen zu gewährleisten. Die dazu notwendigen Beschlüsse wurden im Februar 2022 im Parlament gefasst.

Besonders freut es mich, dass der Konvent der Elisabethinen in Graz, dem ich mich besonders verbunden fühle, das europaweit erste Hospiz für Obdachlose initiiert hat und die Palliativ- und Hospizversorgung insgesamt wesentlich ausbaut. Generell ist festzustellen, dass die Orden im Allgemeinen, die Elisabethinen im Speziellen vorbildhaft im Einsatz für die *Menschenwürde jedes Einzelnen sind.*

Wir sollten, und damit schließt sich der Kreis, möglichst viele Menschen ermutigen, sich für bedürftige Mitmenschen zu engagieren. Bei allem Bewusstsein über die Unvollkommenheit unseres Tuns ist es doch Christenpflicht, für den Nächsten einzustehen – es ist der Urgrund allen Christseins, aller christlichen Gemeinschaft, die an Pfingsten zusammengefunden hat.

Der steirische Diözesanbischof Wilhelm Krautwaschl hat im »Pfingstdialog Geist & Gegenwart 2023«, der unter dem Generalthema »The European Way of Life. Anspruch und Wirklichkeit« stand, den deutschen Literaturnobelpreisträger Heinrich Böll zitiert. Dieses Zitat möchte ich an den Schluss meines Beitrags stellen: »Selbst die allerschlechteste christliche Welt würde ich der besten heidnischen vorziehen, weil es in einer christlichen Welt Raum gibt für die, denen keine heidnische Welt je Raum gab: für Krüppel und Kranke, Alte und Schwache. Und mehr noch als Raum gab es für sie: Liebe für die, die der heidnischen Welt als nutzlos erschienen und erscheinen.«[4]

Jeder Mensch hat ein unverwechselbares, einzigartiges Antlitz. Die Würde jedes einzelnen Menschen ist daher unantastbar.

Gelebte Vielfalt auf der Suche nach Einheit

Der Austausch mit den Ostkirchen

Alfons Kloss

M it Blick auf das Pfingstereignis, so meine Überzeugung, müssen wir Christinnen und Christen heute mehr denn je lernen, Vielfalt zu akzeptieren, aber gleichzeitig in all unserer Verschiedenheit möglichst engagiert Gemeinsamkeit zu leben. Ja, wir bemühen uns um eine größere Einheit zwischen den Kirchen, aber schon auf dem Weg dahin sollte uns ein gemeinsames christliches Zeugnis in der fragilen Welt von heute ein tägliches Anliegen sein. Die drängenden Probleme unserer Zeit – Solidarität, Klimaschutz, Friede, globale Gerechtigkeit – erfordern unseren Einsatz auf der Grundlage des Evangeliums, der uns allen gemeinsamen Basis des Christentums.

Die Stiftung Pro Oriente, für die ich hier spreche, bemüht sich seit knapp 60 Jahren um einen vertieften Dialog und um die engere Zusammenarbeit der katholischen Kirche mit den orthodoxen und orientalisch-orthodoxen Kirchen – mit dem Ziel einer größeren Einheit. Vieles an vermeintlich Trennendem wurde inzwischen theologisch aufgearbeitet, und bei manchen Themen ist klar geworden, dass es sich hier oft eher um historische Verwerfungen, kulturelle Abgrenzungen, sprachlich-terminologische Verständigungsprobleme oder schlicht um ein schrittweises machtpolitisches Auseinanderleben zwischen unseren Kirchen gehandelt hat.

Die gemeinsamen ökumenischen Bemühungen mit den Ostkirchen waren in den letzten Jahrzehnten von unterschiedlichem Erfolg geprägt. Ohne Zweifel wurden markante Annäherungen erzielt; es ist zu einem offeneren Umgang mit mehr Austausch, Kenntnis und Dialog gekommen – nicht zuletzt auch durch zahlreiche Begegnungen und Initiativen unserer Stiftung Pro Oriente. Ein namhafter Metropolit einer orientalisch-orthodoxen Kirche hat dies in einer unserer Dialogkonferenzen in Rom kürzlich auf den Punkt gebracht:»Es geht einfach darum, das Wissen über den anderen zu verbessern und gegenseitige Vorurteile abzubauen.« Was so simpel klingt, ist im Umgang miteinander doch ein durchaus anspruchsvolles und forderndes Programm, das wir stets vor Augen haben sollten.

Das große Ziel, zu dem wir unterwegs sein wollen, ist natürlich die Einheit. Zugleich wissen wir, dass dies ein sehr weit gesetztes Ziel ist. Sollen wir uns von Prognosen entmutigen lassen, dass wir dies in absehbarer Zeit nur sehr schwer erreichen werden? Sollen wir der Einschätzung zustimmen, dass die Ökumene derzeit nicht mehr so zügig vorankommt wie nach dem II. Vatikanum, beziehungsweise sollen wir uns der Schar jener anschließen, die in unserer ergebnisorientierten Welt nur das unmittelbar Machbare anstreben, und ausbleibende konkrete Erfolge laut beklagen?

Unsere Antwort ist ein klares Nein. Ich glaube, dass wir im Dialog mit den Ostkirchen lernen können, einen Weg geduldig zu gehen. Papst Franziskus spricht häufig davon, dass wir»gemeinsam vorangehen« sollen,»camminare insieme«, Hand in Hand. Zugleich plädiert er sehr pragmatisch dafür, dass wir uns mehr darauf konzentrieren sollen, was uns verbindet, und nicht darauf, was uns trennt. Auch wenn wir die volle Einheit miteinander nicht so bald erleben dürften, sollten wir doch möglichst jetzt schon gemeinsam ein christliches Zeugnis in unserer Welt leben und als Christinnen und Christen einen konkreten Beitrag zum Bonum Commune in unseren Gesellschaften leisten.

Zu dieser Einstellung gehört aus meiner Sicht vor allem auch, Vielfalt als einen Reichtum ansehen. In einer Zeit, in der sich die Menschen in vielen Bereichen auf ihre jeweilige Identität hinter gesellschaftliche Zäune zurückziehen, ist ein Offensein gegenüber »dem Anderen« wichtiger denn je; letztlich ist dies für mich auch eine durch und durch christliche Grundhaltung. Zieht sich das

Überwinden von Zäunen im Wirken Jesu nicht wie ein roter Faden durch das Evangelium? Sollten wir nicht gerade im kirchlichen Austausch diese Offenheit, dieses Aufeinanderzugehen selbstverständlich praktizieren? Im Umgang mit den Ostkirchen können uns deren unterschiedliche Traditionen und Riten als etwas Wertvolles erscheinen; sie sind über Jahrhunderte in diversen historischen und kulturellen Kontexten gewachsen. Und unser Christentum des Westens tut gut daran, den Austausch und Dialog mit unseren östlichen Schwesterkirchen freundschaftlich zu pflegen und für unser eigenes Glaubensleben von ihnen zu lernen.

Einen wichtigen Anstoß in diese Richtung hat Papst Franziskus mit seinem vierjährigen Beratungsprozess der weltweiten Synode der katholischen Kirche gegeben, der von 2021 bis 2024 dauern wird und sich dem Thema einer synodalen Kirche widmet. Im Zentrum dieser global angelegten Initiative sollen vor allem das Aufeinanderhören und Voneinanderlernen stehen. Nachdem Papst Franziskus in diesen Prozess auch ausdrücklich unsere Schwesterkirchen einbezogen haben will, hat Pro Oriente gemeinsam mit der Päpstlichen Hochschule St. Thomas von Aquin in Rom im Herbst 2022 drei Konferenzen zum Thema »Listening to the East« organisiert. Worum ging es? Namhafte Vertreter der orthodoxen und orientalisch-orthodoxen Kirchen, Frauen, Laien, Jugendliche, Theologinnen und Theologen, Bischöfe und Priester hatten die Möglichkeit, ihre Erfahrungen über gelebte Synodalität und kirchliches Leben in ihren jeweiligen Kirchen mit uns katholischen Christinnen und Christen auszutauschen und zu diskutieren.

Es war beeindruckend, mit welcher Offenheit und inhaltlicher Tiefe beraten wurde – ein fruchtbares »gemeinsames Vorangehen« und Teilen auch sehr konkreter und aktueller Anliegen. Bezeichnenderweise sind bei den Ostkirchen ebenfalls die Stellung der Frau bzw. der Jugend aktuelle und besonders drängende Themen. Die katholische Seite hat in diesem Prozess jedenfalls vor allem zugehört. Die Zusammenfassungen dieser Diskussionen wurden in der Folge direkt dem Generalsekretariat der Synode für die weitere Behandlung auf globaler Ebene des synodalen Prozesses zugeleitet.

Somit konnte ein konkreter Beitrag aus einer »Zuhör-Übung« mit unseren Schwestern und Brüdern der Ostkirchen gewonnen werden, der die Überlegungen der katholischen Kirche zu mehr Synodalität befruchten kann.

Papst Franziskus spricht immer wieder von der »Ökumene der Tat«. Was können wir darunter auch im Umgang mit den Ostkirchen verstehen? Ich denke, wir sollten uns bewusst sein, dass unsere Gesellschaften – gerade angesichts der vielfältigen gegenwärtigen Herausforderungen – nicht darauf warten, ob und wie sich die christlichen Kirchen in allenfalls unterschiedlichen theologischen Positionen einig werden. Nein, sie erwarten unseren Einsatz als Christinnen und Christen hier und jetzt. Dies gilt besonders für die Jugend, die immer weniger Verständnis für die aus ihrer Sicht überkommenen kirchentrennenden Stolpersteine hat, die unsere ältere Generation ihrem Idealismus und Tatendrang in die Wege legt.

Ein besonderes Anliegen muss uns in diesem Zusammenhang etwa auch eine konkrete ökumenische Zusammenarbeit in den Ländern des Nahen Ostens sein – im Ursprungsgebiet unseres Glaubens. Es ist oft davon gesprochen worden, dass die Christinnen und Christen in den dortigen Gesellschaften wie ein verbindender Zement wirken würden: durch ihren Brückenschlag zu anderen dortigen Religionen und Kulturen, durch ihr soziales Engagement, durch ihre Bildungseinrichtungen. Dort, wo diese christliche Präsenz in den letzten Jahren durch Konflikte und Kriege bedrängt oder eingeschränkt wurde, macht sich dieses Fehlen auch gesellschaftlich besonders schmerzlich bemerkbar. Daher muss es unser aller Bestreben sein, die Christinnen und Christen dort wieder zu stärken: nicht immer nur unter Betonung ihrer Schutzbedürftigkeit als Minderheit, sondern als unabhängige Bürger mit allen Rechten, vor allem auch auf die freie Ausübung ihrer Religion. Und es geht auch darum, der christlichen Jugend vor Ort Perspektiven und Hoffnung für die Zukunft in ihren jeweiligen Ländern zu geben.

Pro Oriente hat hierfür eine eigene Initiative gestartet und in sechs Ländern des Nahen Ostens ökumenische Jugendforen veranstaltet, wo jugendliche Angehörige der verschiedenen christlichen

Glaubensgemeinschaften zusammenkommen, miteinander Perspektiven für gemeinsames Handeln in ihren Kirchen und Gesellschaften beraten und wenn möglich auch gemeinsame Projekte vorbereiten. Diese sehr spezielle Vernetzungs- und Dialogarbeit, die in Zusammenarbeit mit einer Gruppe renommierter Theologinnen und Theologen aus der Region namens »We choose abundant life« erfolgt, wird fortgesetzt und auch noch mehr international eingebunden. Es ist eindrucksvoll zu sehen, mit wie viel Engagement und Motivation die Jugend sich an dieser Arbeit beteiligt – als Christinnen und Christen der verschiedensten Kirchen, beseelt von ihrem Auftrag aus dem Glauben, auf der Suche nach einer positiven Zukunft in einem schwierigen Umfeld. Wie viel können wir hier im satten Europa davon lernen, wir Älteren, die wir uns in einem vermeintlich sicheren Wissen um kirchliches Leben oft abgeschottet haben bzw. müde geworden sind?

Ja, wie diese Jugend im Nahen Osten gemeinsam unterwegs ist, könnte man eine »Ökumene der Tat« nennen – und was eint diese Jugend? Ihr Idealismus, ihr Wille, etwas für Gesellschaft und Kirche beizutragen, und ihre Offenheit, aufeinander zuzugehen. Unabhängig davon, ob der/die andere katholisch, orthodox, orientalisch-orthodox oder evangelisch ist.

Was das mit Pfingsten zu tun hat? Oft denke ich daran und träume von der Kraft des Feuers, das aus dem Himmel kommt, vom Getöse, vom heftigen Sturm, der uns voranbringen kann ... aber genau so kommt es eben nicht. Nein, wir sind weniger spektakulär unterwegs, oft mit nur spärlicher Eingebung, aber mit umso mehr Anstrengung und ohne die nötige Geduld. Aber im Zentrum sollte immer genau das stehen, was wir in unserer Ökumene spüren und leben: Ein und derselbe Geist soll uns inspirieren, aber »jeder hörte sie in seiner Sprache reden«. Wieder das Thema der Vielfalt. Die Kernfrage ist für mich dabei letztlich: Wie viel Vielfalt, wie viel Pluralität ertragen wir, solange wir uns noch auf dem Weg zur Einheit befinden?

Ich denke, wir sollten uns dankbar und auch neugierig auf den Dialog, auf die Zusammenarbeit mit den Ostkirchen mit ihren so reichen und über Jahrhunderte gewachsenen Traditionen einlassen. Fühlen wir uns mit ihnen verbunden und gehen wir einen Weg mit ihnen, gemeinsam, im Gebet, im Austausch, in konkreten Aktionen, z. B. im karitativen Bereich! Für mich tun sich allerdings große Hürden dort auf, wo grundlegende Überzeugungen unseres Glaubens nicht respektiert werden. Wo eine Kirchenführung etwa einen Angriffskrieg gegen ein anderes unabhängiges Land gutheißt und sich zu Zwecken der politischen Propaganda einspannen lässt. Es gibt wohl kaum ein wichtigeres Postulat unseres Glaubens als den Einsatz für den Frieden, ein Anliegen, das nie und nimmer aufgegeben werden darf.

Papst Benedikt XVI. hat dazu Folgendes gesagt: »Hören wir aufeinander und lernen wir so, der eine vom anderen, was es heißt, Christ in der Welt von heute zu sein.« Christsein kennt keine Grenzen, keinen »anderen«, keine geschlossenen Schachteln.

Zum 50. Jahrestag der damals bahnbrechenden ökumenischen Begegnung von Papst Paul VI. und dem Patriarchen der koptisch-orthodoxen Kirche Papst Schenuda III. am 10. Mai 1973 sind der jetzige koptische Papst Tawadros II. und Papst Franziskus 2023 ebenfalls am 10. Mai in Rom zusammengetroffen. Als schönes konkretes Zeichen sind beide zum Abschluss der großen Generalaudienz am Petersplatz vor die zahllosen Gläubigen aus aller Welt getreten und haben sie gemeinsam gesegnet. So haben die Nachfolger des hl. Markus und des hl. Petrus brüderlich vor aller Welt unseren gemeinsamen Glauben bezeugt und den einen Segen weitergegeben, der von oben kommt. Auf diesem Weg, unter dem einen Segen von oben, sollten wir Christinnen und Christen bewusst – und freudig – vorangehen, in der Hoffnung auf immer größere Einheit untereinander.

Dann wird es nicht mehr heißen: »Warum wir auf das Christentum nicht verzichten werden«, sondern: »Warum wir auf das Christentum nicht verzichten können!« Weil sich unsere Spur, unsere gemeinsamen Bemühungen um das Zeugnis Jesu Christi in dieser Welt positiv auswirken – wenn wir daran glauben und es gemeinsam leben.

Bewahrung der Schöpfung

Charlotte Kreuter-Kirchhof

Im Jahr 2015 verabschiedeten die Staaten der Welt das Pariser Klimaschutzabkommen. Dieses Abkommen schafft eine neue internationale Rechtsgrundlage, um die Erdatmosphäre vor einer gefährlichen, vom Menschen verursachten Störung zu bewahren. Im gleichen Jahr vereinbarte die Staatengemeinschaft die Weltentwicklungsziele. 17 *Sustainable Development Goals* weisen den Weg zu einer weltweit nachhaltigen Entwicklung. Ebenfalls 2015 veröffentlichte Papst Franziskus seine Enzyklika *Laudato si'* in Sorge um das gemeinsame Haus, unsere Erde. Mit den Worten von Franz von Assisi lobt er Gott und dankt für »Mutter Erde, die uns erhält und lenkt« (*Laudato si'*, Nr. 1). Im Rückblick markiert das Jahr 2015 einen Neubeginn der internationalen Klimaschutzmaßnahmen und der Zusammenarbeit der Staaten für eine weltweit nachhaltige Entwicklung. Gleichzeitig ruft die Kirche der Welt in Erinnerung, dass der Mensch Treuhänder der Erde und die Schöpfung ihm anvertraut ist.

Acht Jahre nach der Enzyklika *Laudato si'* wendet sich Papst Franziskus im Oktober 2023 erneut an alle Menschen guten Willens mit einem eindringlichen Aufruf zu weltweit wirksamem Klimaschutz. Im Mittelpunkt seines apostolischen Schreibens *Laudate Deum* steht die globale Klimakrise. Der Papst fordert die Menschheit erneut auf, Verantwortung für das Erbe zu übernehmen, das ihr anvertraut ist. Er wendet sich gegen apokalyptische Diagnosen und mahnt, dass es höchste Zeit sei, weltweit wirksame Klimaschutzmaßnahmen zu ergreifen. Das Klimasystem der Erde »ist ein gemeinschaftliches Gut von allen und für alle« – so Papst Franziskus (*Laudato si'*, Nr. 23).

Globaler Klimaschutz

Der Papst stützt sich in seinem apostolischen Schreiben auf die wissenschaftlichen Erkenntnisse des Intergovernmental Panel on Climate Change (IPCC). Nach den Erkenntnissen dieses Weltklimarates findet der vom Menschen verursachte Klimawandel bereits statt. Die globale Oberflächentemperatur hat sich bereits erwärmt. Menschen erleben weltweit die nachteiligen Auswirkungen des Klimawandels. Gleichzeitig wissen die Staaten der Welt, dass sie auf dem gegenwärtigen weltweiten Klimaschutzpfad das vereinbarte globale Pariser Klimaschutzziel nicht erreichen werden, die Erwärmung der Erdatmosphäre auf 2 °C, möglichst auf 1,5 °C zu begrenzen. Die globale Bestandsaufnahme im Rahmen des Pariser Abkommens zog Ende 2023 eine ernüchternde Zwischenbilanz der bisherigen internationalen Klimaschutzbemühungen der Staatengemeinschaft.

Trotz dieser bislang nicht ausreichenden Klimaschutzmaßnahmen der Staaten kam der Weltklimarat in seinem Bericht zu dem Ergebnis, dass weltweit wirksamer Klimaschutz noch möglich ist. Das im Pariser Abkommen vereinbarte 2° C-Ziel kann noch erreicht werden. Der wirksame Schutz der Erdatmosphäre liegt nicht jenseits der Möglichkeiten des Menschen. Die wissenschaftlichen Erkenntnisse geben aber Anlass zu der Sorge, dass der für wirksamen globalen Klimaschutz notwendige politische Willen und die Gestaltungskraft der Staatengemeinschaft gegenwärtig nicht ausreichen werden, um das vereinbarte globale Klimaschutzziel zu erreichen.

Die Wissenschaft fordert die Staaten der Welt deshalb auf, die naturwissenschaftlichen Erkenntnisse zum Klimawandel nicht zu ignorieren und wirksamen Klimaschutz weltweit zu veranlassen. Es ist höchste Zeit zu handeln, aber es ist noch nicht zu spät. Wir sind nicht die letzte, sondern wir sind die entscheidende Generation für den Schutz der Erdatmosphäre.

Schöpfungsdankbarkeit und Zukunftshoffnung

Diese wissenschaftlich fundierte Klimaverantwortung verbindet der christliche Glaube in Schöpfungsdankbarkeit mit Zukunftshoffnung. Die Bibel bekennt Gott als Schöpfergott:»Gott sah alles an, was er gemacht hat, und siehe, es war sehr gut.« (Gen 1, 31) Am Beginn der biblischen Erzählungen stehen Gott, der Schöpfer der Welt, und die Schöpfung als Gabe Gottes. Sie ist den Menschen anvertraut. Die Bibel begreift das menschliche Dasein in drei Dimensionen: Der Mensch steht in einer»Beziehung zu Gott, zum Nächsten und zur Erde« (*Laudato si'*, Nr. 66).

Wer aber die Erde als Geschenk Gottes sieht, tritt in eine andere Logik ein (*Laudato si'*, Nr. 159). Der Mensch empfängt die Erde als Gabe Gottes und übernimmt die Verantwortung, dieses Geschenk zu bewahren und an die nächste Generation weiterzugeben. Wer die Schöpfung als Gabe Gottes versteht, wird dankbar und sieht sich selbst als Treuhänder der Erde. Wer in der Schöpfung den Willen Gottes erkennt, staunt ob der Wunder der Natur und sucht Gottes Willen in der Schöpfung zu ergründen. Wer in der Schöpfung die Größe Gottes erkennt, vertraut auf das Wirken dieses Schöpfergottes in Gegenwart und Zukunft.

In seiner Treuhänderschaft übernimmt der Mensch Verantwortung für den Erhalt der Erde. Er hat die Gesetze der Natur und das empfindliche Gleichgewicht der Geschöpfe auf dieser Welt zu respektieren (*Laudato si'*, Nr. 68). Er sieht in der Erde ein Geschenk, in dem jedes Geschöpf einen Wert und eine Bedeutung besitzt (*Laudato si'*, Nr. 76). Er erhält dieses Geschenk, um es an kommende Generationen weiterzugeben (*Laudato si'*, Nr. 67). Zugleich weiß sich der Mensch getragen von der unverbrüchlichen Zusage Gottes, der den Menschen als sein Ebenbild geschaffen hat. Diese Gotteskindschaft verleiht Hoffnung gegen alle Resignation und ermutigt zu wirksamem Handeln.

Papst Franziskus wendet sich mit seiner Enzyklika und seinem apostolischen Schreiben nicht nur an die Mitglieder der Kirche, sondern an alle Menschen guten Willens. Die Dankbarkeit für die

Schöpfung und die Verantwortung des Menschen für den Erhalt der Erde sind nicht nur ein christlicher Auftrag, sondern ein Anliegen vieler Religionen. Die Religionsgemeinschaften und ihre Gläubigen sollten sich in diesem Anliegen vereinen und gemeinsam Verantwortung für den Schutz der Erde übernehmen.

Ethische Dimension globalen Klimaschutzes

Diese Stimme der Religionsgemeinschaften, die Stimme der Ethik ist für die internationalen, europäischen und nationalen Anstrengungen zum Erhalt der Erdatmosphäre grundlegend. Der vom Menschen verursachte Klimawandel hat eine ethische Dimension. Diese ist Grundlage der internationalen Klimaschutzverhandlungen seit deren Beginn. Die Staaten der Welt anerkennen die Verantwortung für den Klimaschutz als Ausdruck der intragenerationellen und der intergenerationellen Gerechtigkeit.

Intragenerationelle Gerechtigkeit fordert den Ausgleich zwischen den Staaten des globalen Nordens und des globalen Südens. Die Hauptbetroffenen der nachteiligen Auswirkungen des Klimawandels sind nicht die Menschen in Mitteleuropa, in den USA und in anderen Industriestaaten im globalen Norden, sondern Menschen, die in den Ländern des globalen Südens etwa in Afrika und in manchen Teilen Asiens leben. Wenn die Wüsten sich ausdehnen, verlieren die dort lebenden Menschen ihre Existenzgrundlage. Nehmen extreme Wetterereignisse zu, leiden darunter vor allem diejenigen, die sich vor Wirbelstürmen und Starkregen nicht zu schützen vermögen. Wenn der Meeresspiegel steigt, werden kleine Inselstaaten untergehen.

Diese Menschen aber, die die Hauptlast der nachteiligen Auswirkungen des Klimawandels tragen, haben bislang in deutlich geringerem Umfang zum anthropogenen Klimawandel beigetragen als die Bevölkerung in den Industriestaaten. Die Verantwortung für die bisherigen Treibhausgasemissionen ist weltweit ungleich verteilt. Auch stehen den Staaten im globalen Süden deutlich weniger finanzielle und technologische Mittel zur Minderung von Treibhausgasemissionen und zur Anpassung an die nachteiligen Folgen des Klimawandels zur Verfügung als den Staaten im globalen Norden. Klimaminderungs- und Klimaanpassungsmaßnahmen aber sind nur demjenigen möglich, der die notwendigen Technologien und hinreichende Finanzmittel besitzt. Nur dann können die Menschen Deiche errichten, klimaresilient bauen, säen und ernten und individuelle Klimavorsorge treffen. Schadensverantwortung und Schutzfähigkeit liegen beim Klimaschutz nicht beim Hauptgeschädigten. Der Schutz der Erdatmosphäre ist deshalb eine Frage intragenerationeller Gerechtigkeit. Hinzu tritt die Gerechtigkeit zwischen den Generationen. Der Klimawandel greift über den Lebenshorizont der heute lebenden Menschen hinaus. Nach einem Grundprinzip des Rechts kann kein Vertrag zulasten Dritter geschlossen werden. Wenn wir heute die Erdatmosphäre nicht wirksam schützen, handeln wir zulasten Dritter, zulasten unserer Kinder und Kindeskinder. Deshalb muss das Recht die Grenze der Zeit überwinden und heute generationenübergreifend Maßstäbe setzen, um künftige Generationen zu schützen. Dies ist eine Frage der intergenerationellen Gerechtigkeit. Heutiges Recht muss die Zukunft von Generationen gestalten. Wenn das Bundesverfassungsgericht in seinem Klimaschutzbeschluss die intertemporale Vorwirkung der Freiheitsrechte entwickelt, knüpft es an diese Dimension weltweiter Klimagerechtigkeit an. Die Solidarität mit den Menschen im globalen Süden und die Verantwortung für unsere Kinder und Kindeskinder fordern weltweit wirksamen Klimaschutz.

Gemeinsame, aber unterschiedliche Verantwortlichkeit der Staaten

Diese ethische Dimension des Klimawandels anerkennen die Staaten der Welt im Leitprinzip nachhaltiger Entwicklung und im Prinzip gemeinsamer, aber unterschiedlicher Verantwortlichkeiten. Nach diesem Prinzip tragen die Staaten der Welt auf einer ersten

Stufe eine gemeinsame Verantwortung für den Schutz des Klimasystems der Erde. Kein Staat der Welt kann allein das Klimasystem der Erde bewahren. Staatliche Souveränität und staatliche Handlungsmöglichkeiten stoßen bei globalen Umweltgütern an ihre Grenzen. Ein wirksamer Schutz der Erdatmosphäre ist nur durch weltweite Kooperation möglichst aller Staaten möglich. Handlungsfähigkeit der Staaten entsteht erst durch internationale Zusammenarbeit. Internationale Kooperationen eröffnen den Weg zu wirksamen Schutzkonzepten. Deshalb ist es grundlegend, dass sich das internationale Klimaschutzregime mit der Klimarahmenkonvention und dem Pariser Klimaschutzabkommen auf nahezu weltweit gültige völkerrechtliche Verträge stützt. Dies ist Ausdruck der gemeinsamen Verantwortung aller Staaten für den Schutz des Klimasystems der Erde.

Auf einer zweiten Stufe differenziert das Prinzip der gemeinsamen, aber unterschiedlichen Verantwortlichkeiten nach der Schadensverantwortung und der Schutzfähigkeit der Staaten. Da die Industriestaaten in der Vergangenheit mehr Treibhausgase emittiert haben als die Entwicklungsländer und ihnen zudem in weit größerem Umfang die wirtschaftlichen und technologischen Mittel zur Bekämpfung des Klimawandels zur Verfügung stehen, übernehmen sie nach Maßgabe der Klimarahmenkonvention bei Maßnahmen zum Schutz der Erdatmosphäre die Führung. Auch das Pariser Klimaschutzabkommen gründet auf diesem Prinzip der gemeinsamen, aber unterschiedlichen Verantwortlichkeiten, durchbricht aber die starre Aufteilung in zwei Staatengruppen. Das Abkommen differenziert nach den jeweiligen Fähigkeiten der Staaten »angesichts der unterschiedlichen nationalen Gegebenheiten«. Es anerkennt die unterschiedliche Schadensverantwortlichkeit und Schutzfähigkeit der Staaten, differenziert aber in den Rechtsfolgen nicht mehr nach Staatengruppen, sondern begründet eine staatenspezifische Handlungsverantwortung für den Klimaschutz. Diese hängt auch vom Stand der (wirtschaftlichen) Entwicklung eines Staates ab. Damit integriert das Prinzip der gemeinsamen, aber unterschiedlichen Verantwortlichkeiten den engen Zusammenhang von Umweltschutz und Entwicklung in das Schutzkonzept. Diese Weiterentwicklung des Prinzips durch das Pariser Klimaschutzabkommen verleiht dem internationalen Klimaschutzregime eine stärkere Dynamik und Differenzierungskraft.

Schöpfungsverantwortung

Der Erhalt der Erdatmosphäre, die Bewahrung der Schöpfung ist ein gemeinsames Anliegen der Menschheit. Das Christentum sieht indes den einzelnen Menschen hinter jeglicher Gruppen- oder Staatenzugehörigkeit. Das gemeinsame Anliegen der Menschheit wird so in der Perspektive des Christentums zur Aufgabe jedes Menschen im Dienst an den Menschen.

Die Bibel lehrt, dass Gott den Menschen als sein Abbild schuf (Gen 1, 27). Jeder Mensch wurde »aus Liebe erschaffen (…), als Abbild Gottes und ihm ähnlich« (*Laudato si'*, Nr. 65). Dieser Gedanke der Gottesebenbildlichkeit des Menschen ist eine Kernbotschaft des christlichen Glaubens. In dieser Ebenbildlichkeit Gottes gründet die unveräußerliche Würde des Menschen. Diese Würde, die Gott jedem Menschen verleiht, ist eine gleiche Würde. Jeder Mensch hat das Recht, in Würde zu leben.

Die Staatengemeinschaft anerkennt den engen Zusammenhang von Umwelt und Entwicklung; sie macht das Prinzip nachhaltiger Entwicklung zum Leitgedanken globalen Umweltschutzes. Das Christentum stellt dieses Prinzip in die Perspektive der unveräußerlichen, gleichen Würde jedes Menschen. »Gerade wegen seiner einzigartigen Würde und weil er mit Vernunft begabt ist, ist der Mensch aufgerufen«, die Schöpfung zu bewahren (*Laudato si'*, Nr. 69). Christen sehen in der Schöpfung eine Gabe Gottes und in jedem Menschen ein Abbild des Schöpfergottes. Schöpfungsverantwortung vereint auf diese Weise Menschheitsverantwortung und Verantwortung für die Würde jedes einzelnen Menschen.

Die Zaudereien beiseiteschieben

Neuer Schwung für die Ökumene durch Papst Franziskus

Jens-Martin Kruse

I.

»Für mich hat die Ökumene Priorität«[1], erklärte Papst Franziskus in einem Interview mit der italienischen Zeitung *La Stampa* im Dezember 2013. Auf den ersten Blick mag dieses Bekenntnis zur Ökumene erstaunlich erscheinen, doch für Papst Franziskus stellt die Suche nach der Einheit der Christenheit einen »wesentlichen Aspekt im Amt des Bischofs von Rom« dar, »sodass heute der Petrusdienst ohne Einbeziehung dieser Öffnung für den Dialog mit allen an Christus Glaubenden nicht vollkommen erfasst wäre«[2]. Von daher ist die Ökumene für Papst Franziskus eine Grunddimension seiner Amtsausübung. Die Folgen dieses Selbstverständnisses für die Ökumene sind aufsehenerregend. Mitten in einer Situation, in der die Beziehungen zwischen den christlichen Kirchen seit Jahren von Erschöpfung, Ratlosigkeit und Stillstand geprägt sind, tritt mit der Wahl von Kardinal Bergoglio zum Papst am 13. März 2013 ein Akteur auf, der sich viel stärker als seine Vorgänger selbst als aktiver Impulsgeber und Gestalter der Ökumene versteht. Vom ersten Tag seines Pontifikates an fördert Papst Franziskus die Ökumene mit eigenen Initiativen und ermöglicht qualitativ neue Erfahrungen. Getragen ist die ökumenische Grundhaltung von Papst Franziskus von einem tiefen Vertrauen in das Wirken des Heiligen Geistes, der für ihn »der große Protagonist der Kirche«[3] ist. Und dasselbe gilt für die Ökumene, die es im Verständnis von Papst Franziskus ohne Anwesenheit und aktives Handeln des Heiligen Geistes nicht gibt. Das

Hören auf den Heiligen Geist und die Bereitschaft, sich von ihm auf neue Wege führen zu lassen, gehören daher genauso zu den Grundhaltungen der Ökumene wie das Gebet und die Bitte um das Kommen des Geistes.

Eine besondere Bedeutung für die inhaltlichen Konturen seiner Ökumene-Konzeption besitzen die Ansprachen, die Papst Franziskus jedes Jahr zum Pfingstfest hält. Im Bedenken der biblischen Pfingstgeschichte gewinnt er grundlegende Einsichten über das Wirken des Heiligen Geistes. Pfingsten – das ist die Ursprungserfahrung der Kirche. Das verändernde, belebende und erneuernde Kommen des Heiligen Geistes ist nicht auf das Ereignis des ersten Pfingstfestes beschränkt, sondern darf in jeder Gegenwart erwartet und erbeten werden. Denn der Heilige Geist ist – wie Papst Franziskus mit einer eindrücklichen Formulierung sagt –»ein Spezialist im Überbrücken von Entfernungen; er weiß, wie man Entfernungen überwindet. Er lehrt uns, sie zu überwinden.«[4] Dies gilt sowohl für die zeitlichen Differenzen zwischen Pfingsten und unserer Gegenwart als auch für die Trennungen innerhalb der Christenheit. Auf den ersten Blick könnte es allerdings so erscheinen, als ob der Heilige Geist Unordnung schaffe, weil er bei den Glaubenden wie bei den Kirchen eine Vielfalt der Charismen hervorbringt. Doch unter dem Wirken des Heiligen Geistes»ist all das ein großer Reichtum, denn der Heilige Geist ist der Geist der Einheit, was nicht Einförmigkeit bedeutet, sondern eine Rückführung von allem in die Harmonie. Die Harmonie bewirkt in der Kirche der Heilige Geist. (...) Nur er kann die Unterschiedlichkeit, die Pluralität, die Vielfalt erwecken und zugleich die Einheit bewirken.«[5] Das Vertrauen, dass der Heilige Geist durch alle Kirchen hindurch in der Geschichte wirkt und Spaltungen überwindet, dient nicht der Vermeidung, sondern der Ermöglichung von Ökumene. Papst Franziskus ist überzeugt: Menschliches Handeln – so wichtig und unerlässlich es ist – kann die Einheit der Christenheit nicht herstellen. Wer wirklich auf diesem Weg weiterkommen will, kann das nur von Gott her tun, aus der Begegnung mit Jesus Christus. Von dieser Begegnung, wie sie der Heilige Geist ermöglicht, aber gilt, dass ihr eine Kraft innewohnt, die niemand kontrollieren kann. Papst Franziskus fordert daher: »Die Kirche muss diese unfassbare Freiheit des Wortes akzeptieren, das auf seine Weise und in sehr verschiedenen Formen wirksam ist, die unsere Prognosen übertreffen und unsere Schablonen sprengen.«[6] Mit dem Vertrauen auf das Wirken des Geistes korrespondiert daher eine Offenheit für die »Überraschungen Gottes« und als Antwort darauf die Bereitschaft, sich in der Ökumene vom Heiligen Geist leiten zu lassen und mutig »die neuen Wege zu beschreiten, die die Neuheit des Heiligen Geistes uns anbietet«[7].

II.

Sein Verständnis vom Ziel des ökumenischen Weges hat Papst Franziskus gleich bei dem ersten ökumenischen Gottesdienst dargelegt, den er zum Abschluss der Gebetswoche für die Einheit der Christen am 25. Januar 2014 in Rom gefeiert hat: »Wir alle haben durch die Spaltungen Schaden erlitten. Wir alle wollen nicht zum Ärgernis werden. Gehen wir darum alle gemeinsam brüderlich den Weg zur Einheit, auch indem wir unterwegs Einheit stiften, jene Einheit, die vom Heiligen Geist kommt und die uns eine ganz eigene Besonderheit bringt, die nur der Heilige Geist verwirklichen kann: die versöhnte Verschiedenheit.«[8] Die Aussage ist für die Ökumene von großer Bedeutung, weil Papst Franziskus damit an eine Einheitsvorstellung anknüpft, die auch von anderen christlichen Kirchen geteilt wird. Die Grundidee hat der evangelische Theologe Oscar Cullmann (1902–1999) in seinem Buch *Einheit durch Vielfalt* (1986) entwickelt. Der Lutherische Weltbund hat dieses Anliegen unter dem Titel »Einheit in versöhnter Verschiedenheit« zu seiner ökumenischen Leitperspektive gemacht. Die Vorstellung einer Einheit in Verschiedenheit, die der Heilige Geist schafft, bildet eine Grundkonstante in den ökumenischen Überlegungen von Papst Franziskus, die für ihn in der Gestaltung der Beziehungen zu anderen Kirchen leitend ist. Dabei ist für Papst Franziskus vollkommen klar, dass die Suche nach der Einheit weder bedeuten kann, »einander zu unterwerfen noch einzuverleiben, sondern vielmehr alle Gaben anzunehmen, die Gott jedem gegeben hat, um in der ganzen Welt das große Geheimnis der vom Herrn Jesus Christus durch den Heiligen Geist gewirkten Erlösung kundzutun. Jedem von euch möchte ich versichern, dass die katholische Kirche, um das ersehnte Ziel der vollen Einheit zu erreichen, nicht beabsichtigt, irgendeine Forderung aufzuerlegen als die, den gemeinsamen Glauben zu bekennen, und dass wir bereit sind, im Licht der Lehre der Schrift und der Erfahrung des ersten Jahrtausends gemeinsam die Bedingungen zu suchen, um mit diesen die notwendige Einheit der Kirche unter den gegenwärtigen Umständen zu gewährleisten.«[9] Sein Einheitsverständnis sieht Papst Franziskus in dem geometrischen Körper eines Polyeders ausgedrückt, der eine Einheit bildet, »aber seine Teile sind alle verschieden, jedes hat seine Besonderheit, sein Charisma. Das ist die Einheit in der Vielfalt.«[10] Mit der Metapher vom Polyeder bringt Papst Franziskus einen neuen und innovativen Vorschlag in den ökumenischen Dialog ein, der die Möglichkeit eröffnet, eine Einheit der Christenheit zu denken, welche die Besonderheit der jeweiligen Kirchen wertschätzen und zugleich die Identität des Ganzen zum Ausdruck bringen kann.

III.

Papst Franziskus ist überzeugt, dass die Einheit der Christenheit nicht erst am Ende der Zeiten wie ein Wunder kommen wird. »Die Einheit kommt auf dem Weg. Der Heilige Geist bewirkt sie im Unterwegssein.«[11] Deshalb müssen die Kirchen gemeinsam auf dem Weg sein und die Kultur der Begegnung und des Dialogs und der Zusammenarbeit immer weiter ausbauen. »Die Mauern, die uns trennen, können nur dann überwunden werden, wenn wir bereit sind, uns gegenseitig zuzuhören und voneinander zu lernen. Wir müssen die Differenzen beilegen durch Formen des Dialogs, die uns erlauben, an Verständnis und Respekt zu wachsen. Die Kultur der Begegnung macht es erforderlich, dass wir bereit sind, nicht nur zu geben, sondern auch von den anderen zu empfangen.«[12] Die Traditionen der einzelnen Kirchen sind für Papst Franziskus »ein Reichtum und keine Bedrohung für die Einheit der Kirche«[13]. Daher fordert er, das, »was der Geist bei ihnen gesät hat, als ein Geschenk anzunehmen, das auch für uns bestimmt ist«[14]. Immer wieder erinnert er die Kirchen daran, im Engagement für die Ökumene nicht nachzulassen.»Im geistlichen wie im kirchlichen Leben macht man immer Rückschritte, wenn man stillsteht: Sich aus Furcht, Trägheit, Müdigkeit oder Bequemlichkeit zufriedenzugeben, haltzumachen, während man zusammen mit den Geschwistern auf den Herrn zugeht, bedeutet, seine Einladung auszuschlagen. Und um gemeinsam auf ihn zuzugehen, reichen gute Ideen nicht aus, sondern es ist notwendig, konkrete Schritte zu machen und die Hand auszustrecken.«[15] Genau dies tut Papst Franziskus. Er lebt Ökumene ebenso kreativ wie unermüdlich. Beinahe täglich empfängt er ökumenische Gäste im Vatikan. Immer wieder macht er sich selbst auf den Weg, um andere christliche Kirchen zu besuchen. Keine seiner zahlreichen Auslandsreisen vergeht ohne ökumenische Begegnungen, und immer wieder schafft Papst Franziskus dabei Gelegenheiten, die Beziehungen zu anderen Kirchen zu vertiefen und Themen der Ökumene weiter zu profilieren.

IV.

Die Reihe der ökumenischen Begegnungen und Besuche, die Papst Franziskus in über zehn Jahren Pontifikat bisher unternommen hat, gleicht einer Kette, die aus vielen je für sich kostbaren Perlen besteht, die zusammen von herausragender Bedeutung für die gesamte Ökumene sind. Den Anfang bildet Ende Mai 2014 die Reise ins Heilige Land, wo Papst Franziskus gemeinsam mit dem Ökumenischen Patriarchen Bartholomäus I. in der Grabeskirche einen Gottesdienst feiert.»Es ist eine außerordentliche Gnade, hier im Gebet vereint zu sein«, sagt Papst Franziskus in seiner Ansprache und lädt dazu ein, an diesem Ort »die Größe unserer christlichen Berufung wiederzuentdecken: Wir sind Männer und Frauen der Auferstehung, nicht des Todes. Lernen wir von diesem Ort, unser Leben, die Sorgen unserer Kirchen und der ganzen Welt im Licht des Ostermorgens zu leben.«[16] Von diesem Ursprungsort des christlichen Glaubens nimmt die Ökumene, wie sie Papst Franziskus vertritt, ihren Ausgang und gewinnt ihre inhaltliche Gestalt und Kraft. Immer wieder gelingt es Papst Franziskus mit seinen ökumenischen Besuchen, Reisen und Begegnungen, Hindernisse aus dem Weg zu räumen, Verständigung zu ermöglichen und die Gemeinschaft zwischen den Kirchen zu fördern. Sei es der Besuch einer evangelikalen Gemeinde in Caserta am 28. Juli 2014, bei dem er in einer bewegenden Geste um Vergebung für die Übergriffe und Verfolgungen durch Katholiken in der Zeit des Faschismus in Italien gebeten hat. Sei es die Begegnung mit der evangelisch-lutherischen Kirchengemeinde Rom Mitte November 2015, bei der Papst Franziskus in einem Dialog mit der Gemeinde eine Möglichkeit zu einer gemeinsamen Abendmahlsteilnahme von konfessionsverbindenden Ehepaaren aufgezeigt und dazu ermutigt hat, voranzugehen. Denn Papst Franziskus ist überzeugt – so sagt er es in der Christuskirche –: »Es ist Zeit für versöhnte Verschiedenheit.«[17]

In diesem Geist haben Papst Franziskus und Bischof Munib Younan, Präsident des Lutherischen Weltbundes (2010-2017), erstmals in der Geschichte der Christenheit mit einem Gottesdienst am 31. Oktober 2016 in Lund ein Reformations-Gedenkjahr gemeinsam eröffnet. Die ökumenische Bedeutung dieses außergewöhnlichen Ereignisses lässt sich kaum überschätzen. Waren die Erinnerung und Deutung der Reformation über Jahrhunderte zwischen den Kirchen umstritten gewesen, so würdigt nun Papst Franziskus in seiner Predigt Luthers Rechtfertigungslehre als angemessene Weise, »das Wesen des menschlichen Daseins vor Gott zum Ausdruck« zu bringen. Am 12. Februar 2016 reist Papst Franziskus extra nach Kuba, um die Gelegenheit zu nutzen, im Flughafengebäude von Havanna erstmals den russisch-orthodoxen Patriarchen Kyrill I. treffen zu können. Immer wieder gibt Papst Franziskus der Ökumene neue inhaltliche Impulse. So zum Beispiel durch die »Ökumene der Liebe«, die er im April 2016 zu einem zentralen Thema macht, indem er gemeinsam mit dem Patriarchen Bartholomäus I. eine Flüchtlingsunterkunft auf der Insel Lesbos besucht. Ein weiteres Themenfeld, das Papst Franziskus mit Blick auf die Einheit der Christen besonders am Herzen liegt, bildet die »Ökumene der Märtyrer«. So spricht er dem Oberhaupt der koptisch-orthodoxen Kirche, Papst Tawadros II., bei seinem Besuch in Kairo Ende April 2017 seine Solidarität angesichts weniger Tage zuvor erfolgter Terroranschläge aus. Gemeinsam erklären sie, »dass uns die Ökumene der Märtyrer vereint und auf dem Weg zu Frieden und zu Versöhnung ermutigt«[18]. An die mit der Ökumene verbundene Aufgabe der Mission und Evangelisierung erinnert Papst Franziskus Mitte Juni 2018 bei seinem Besuch des Ökumenischen Rates der Kirchen in Genf. In seiner Ansprache dankt er für allen Einsatz zugunsten der Einheit der Christen und bringt zugleich seine Hoffnung zum Ausdruck, dass, »wenn der missionarische Schub wachsen wird, auch die Einheit unter uns wachsen wird. Wie an den Ursprüngen die Verkündigung den Frühling der Kirche kennzeichnete, so wird die Evangelisierung die Blüte eines neuen ökumenischen Frühlings kennzeichnen.«[19] Wie wichtig die Ökumene für den Frieden auf der Welt ist, das wird besonders an einer Pilgerreise in den Südsudan sichtbar, die Papst Franziskus Anfang Februar 2023 gemeinsam mit Erzbischof Justin Welby und Reverend Iain Greenshields unternimmt. Diese Reise ist ein eindrückliches Zeugnis dafür, dass Grenzen und Unterschiede zwischen Christen überwunden werden können und Versöhnung möglich ist.

V.

Ökumene lebt von den Menschen, für die sie vor allem eins ist: ein Herzensanliegen! An Spaltung leiden und Einheit ersehnen. Auf den Heiligen Geist hören und im Vertrauen auf sein Wirken Mut schöpfen und neue Wege gehen. Trennendes überwinden und Gemeinschaft vertiefen, selbst gegen Widerstand. Für Papst Franziskus ist die Ökumene so ein Herzensanliegen und zugleich ist sie die Weise, in der er sein Amt und seinen Dienst als Papst ausübt. Mit seinem großen und unermüdlichen Engagement, seinem herzlichen Stil und seiner Freude an Begegnungen, mit dem klar zum Ausdruck kommenden Respekt vor anderen kirchlichen Traditionen, mit den unzähligen Ansprachen, Gottesdiensten, Begegnungen und Gesten hat Papst Franziskus ein vielfältiges ökumenisches Wirken entfaltet. Die Gewissheit, dass der Heilige Geist die Einheit der Christenheit vollenden wird, lässt ihn im Vorgriff auf die kommende, aber noch nicht erreichte Einheit schon jetzt mehr Gemeinschaft wagen. Mit diesem kühnen Handeln, das weitere Schritte der Annäherung vorwegnimmt, gelingt es Papst Franziskus, zukunftsbezogene Prozesse in Gang zu setzen, die Bewegung in festgefahrene Beziehungen zwischen den Kirchen bringen. Gerade in diesen Krisenzeiten, in denen der ökumenische Schwung aufgrund aktueller Herausforderungen (Kirchenaustritte, Coronapandemie, Ukrainekrieg) und der schon lange währenden Glaubwürdigkeitskrise der Kirchen nahezu erloschen ist, erweist es sich für alle Christen als überaus hilfreich, dass es mit Papst Franziskus auf Weltebene einen Akteur der Ökumene gibt, der in der Lage ist, immer wieder weiterführende ökumenische Akzente zu setzen und die Kirchen – wie ein Lotse im Sturm – beharrlich auf dem Weg der Ökumene zu halten. In der Gewissheit »Es ist Zeit für versöhnte Verschiedenheit« sucht Papst Franziskus in allen Kirchen Menschen, die seine ökumenischen Impulse aufnehmen und weiterführen und darum mehr Ökumene wagen. Wo dieses Anliegen von Papst Franziskus von anderen Kirchen und Christen geteilt wird, da werden sich neue Möglichkeiten auftun, auf dem Weg der Einheit der Christenheit voranzukommen. »Schieben wir« daher – so ermutigt Papst Franziskus – »die Zaudereien, die wir von der Vergangenheit geerbt haben, beiseite, und öffnen wir unser Herz dem Wirken des Heiligen Geistes, dem Geist der Liebe (Röm 5, 5), um gemeinsam mit raschen Schritten dem segensreichen Tag unserer wiedergefundenen vollen Gemeinschaft entgegenzugehen.«[20]

Die Anwesenheit von Transzendenz

Mein persönliches Pfingstwunder

Hanna Leitgeb

Mein persönliches Pfingstwunder – wenn ich den Vorgang denn so nennen darf, der letzten Endes dazu geführt hat, dass ich zu diesem Sammelband beitrage – ereignete sich im Jahr 1981 oder 1982. Auf das Jahr genau erinnere ich es nicht. Jedenfalls war ich mindestens schon 15 Jahre alt und bereits in der Oberstufe des örtlichen Gymnasiums, aber noch weit entfernt vom Abitur. Als eine Gruppe neuer Schulfreundinnen, die sich in den Pausen und Freistunden des noch kaum gewohnten Kurssystems gefunden hatten, waren wir auf unseren Vespas in die nächtliche Pfingstandacht des nahe unserer Heimatstadt gelegenen Altenberger Doms gefahren. Schon allein in der Clique im Dunkeln unterwegs zu sein und sich von der Magie dieses Ortes, dem so elegant-prächtigen gotischen Solitär, versteckt in den Hügeln des Bergischen Landes, anziehen zu lassen, hatte etwas Verquer-sperrig-Cooles – so empfanden wir es damals. Es war ein Distinktionsmerkmal suchender Pubertierender, die dann eben ein, zwei Stunden später auf der angesagten Party erscheinen würden.

Die spezifische Inszenierung jener Pfingstandacht damals, die ich so zum ersten Mal erlebte, hinterließ einen bleibenden Eindruck: Der nächtliche Dom war nahezu dunkel bis auf wenige Kerzen am Altar, alle elektrischen Lichter gelöscht, und nachdem die entsprechenden Texte gelesen, Gebete gesprochen und Lieder gesungen waren, entzündete der Pfarrer an der Osterkerze eine kleinere Kerze und trug das symbolische Pfingstfeuer zunächst zu den Messdienern, die ihre eigenen Kerzen mitgebracht hatten, und dann mit ihnen gemeinsam zur versammelten Gemeinde. Zu diesem Zweck lag an jedem Platz eine eigene kleine Kerze. Es war ein wunderschönes Lichterspiel, in dessen Verlauf das alte Gemäuer sich immer mehr erhellte.

Nur unsere Freundinnengruppe war natürlich nicht brav in den Sitzbankreihen des Mittelschiffs zu den »alten« Leuten eingerückt, sondern hatte sich demonstrativ unauffällig-auffällig seitlich des Altars an die Wände der alten Säulen gedrückt und war von daher von der Erleuchtung ausgeschlossen – was wir stoisch-trotzig durchzustehen bereit waren.

Aber da geschah dieses »Wunder«, und es geschah nur mir: Ganz zum Schluss auf seiner Flammen-Entzündungs-Runde, schon fast wieder auf dem Weg zurück zum Altar erblickte der Pfarrer unsere lichtlose Gruppe am Rande, griff von einer vorderen Bank eine übrig gebliebene Kerze, brachte sie ausgerechnet mir und entzündete sie mit der seinen. Ich war plötzlich mit einer Flamme beseelt. Noch dazu von diesem Pfarrer, der als einer der charismatischsten Prediger im weiten Umkreis galt (und von dem weiter unten noch die Rede sein wird) – was nicht wenig zur Motivation dieses nächtlichen Ausflugs beigetragen hatte. Was für eine Symbolik. Das konnte kein Zufall gewesen sein. Die Freundinnen waren unterdessen nicht träge gewesen, hatten aus den vorderen Bänken noch weitere Kerzen organisiert, sodass auch ich mein Licht weiterzugeben vermochte und wir uns als Gruppe in den allgemeinen Lichterglanz einreihen konnten.

Jedes Mal, wenn ich an diesen Moment zurückdenke, weiß ich, dass hier eine Verbindung gestiftet worden ist, die das allmählich erwachsen werdende Ich nie mehr aufkündigen würde. Warum? Waren mir doch die verordneten Gottesdienste der Eltern und Schule immer ein Graus gewesen, ganz zu schweigen vom antiquierten Religionsunterricht.

Zunächst einmal, da mache ich mir nichts vor, lag es selbstredend an dem gelungenen ästhetischen Ereignis. Das können sie, die Katholiken. Ihnen steht ein riesiges Reservoir von großartigen Gebäuden zur Verfügung, das sie mit einem ebenso eindrucks- und wirkungsvollen Ensemble von Riten, Melodien und Sprachbildern bespielen. Man taucht ein in eine immer wieder re-inszenierte Tradition, die Geborgenheit vermittelt, wenn man dafür empfänglich ist. Es gab (und gibt) immer wieder Momente in meinem Leben, wo diese Formeln und Bilder ihre stärkende, aufbauende, tröstliche Kraft entfaltet haben. Im Trott des Alltags, in schönen Augenblicken der Dankbarkeit, in nachdenklichen Phasen – da gibt es etwas, das ist größer als ich. Und erst recht in den Momenten voller Untröstlichkeit, denen jeder von uns im Leben ausgesetzt ist, in Auseinandersetzung mit Trauer, Krisen, Krankheit, Tod. Religion als Kontingenzbewältigungsstrategie.

Damals hätte ich dieses pragmatische inszenatorisch-ästhetische Argument nicht gelten lassen. Es spielte sich unbewusst ab. Unsere Freundinnen-Clique fühlte sich in ihrer gerade erwachenden jugendlichen Sinnsucher-Schwärmerei vielmehr getriggert von der intellektuellen Auseinandersetzung, in die dieser charismatische Prediger im Altenberger Dom uns hineinzog, jeden Sonntag um 17:15 Uhr, nach dem Verlesen des Evangeliums. Da ging es um Milan Kunderas *Die unerträgliche Leichtigkeit des Seins* oder Nikos Kazantzakis' *Die letzte Versuchung* oder Heinrich Bölls Weihnachtserzählung. Der Besuch der nächtlichen Pfingstandacht war eher ein Zugeständnis von uns – na gut, das schauen wir uns dann auch mal an. Und wie waren wir überrascht, dass Kirche ohne Predigt auch wirken konnte.

Und dieses Gefühl blieb. Später war ich dankbar dafür, dass Jürgen Habermas den Ausdruck der religiösen Unmusikalität wiederbelebte und in den Diskurs einspeiste – was ja im Umkehrschluss nichts anderes heißt, als dass ein bedeutender zeitgenössischer Philosoph auch die Möglichkeit einer religiösen Musikalität zugesteht, diese sogar als eine Gabe anerkennt, die als vorpolitische Erfahrung für eine politische Gemeinschaft von Bedeutung ist. Ja, so kann ich es für mich formulieren, was mir damals im Altenberger Dom bewusst wurde, es ist mehr als eine intellektuelle Auseinandersetzung, es ist ein Gefühl von Demut und Dankbarkeit gegenüber der Schöpfung, ein Gefühl der Anwesenheit einer Transzendenz, das sich in mir ausbreitete und dem ich mich verpflichtet fühle.»Und ob ich schon wanderte im finstern Tal, fürchte ich kein Unglück; denn du bist bei mir.« Und darin kann ich mich allen Menschen verbunden fühlen, ob sie nun Christen, Buddhisten, Juden, Moslems, Shintoisten oder was auch immer sind.

Die Kontingenz der Geburt hat mich in eine christliche Familie geworfen. Ich kann diese Tradition annehmen, in der wir alle hier in Europa und der westlich kolonialisierten Welt leben, auch diejenigen, die aus der Kirche ausgetreten sind. Die große Kulturleistung des Christentums hat Tom Holland in seinem Buch *Herrschaft. Die Entstehung des Westens* in aller Breite aufgezeigt: Ob Recht, Philosophie oder Naturwissenschaften, von Kunst und Politik ganz zu schweigen, überall hat das Christentum seinen prägenden Einfluss gesetzt. Selbst wenn man mit den Beatles »All you need is love« singt, rekurriert man auf die Botschaft, die mit Jesus Christus einst in die Welt gekommen ist.

Mag sein, dass manche Hardcore-Dogmatiker meinen Text als Zeugnis einer Wischiwaschi-Kulturchristin lesen, auf die sie gerne verzichten würden. Es ist mir egal. Ich lasse mir mein Christentum nicht nehmen. Das heißt nicht, dass ich mit allem einverstanden sein muss, was die weltliche Institution dieser Religion, sprich die Kirche, in meinem Fall die katholische Kirche, daraus gemacht hat. Ich frage mich ernsthaft, wie viele Menschen das große Glaubensbekenntnis von Anfang bis Ende aus vollem Herzen mitsprechen können. Ich kann es nicht, und ganz besonders nicht, wenn es heißt: »Ich glaube an die heilige katholische Kirche.« An diese Kirche glaube ich nicht. Sie ist eine Organisation, in der Menschen ihre Machtpositionen ausgenutzt haben, um widerwärtigste Unterdrückungssysteme zu manifestieren – die aktuellen Missbrauchsfälle sind da ja »nur« die Spitze des Eisbergs (der so charismatische Prediger aus dem Altenberger Dom tauchte Jahrzehnte später in diesem Zusammenhang wieder prominent in den Schlagzeilen auf – unfassbar). Das macht mich wütend, das ekelt mich an. Es sind Menschen, die systematisch Verbrechen an anderen Menschen begangen haben und begehen, gedeckt durch die Kirche. Und dennoch, sie berühren mein religiöses Gefühl – oder soll ich sagen: mein persönliches religiöses Bedürfnis – nicht. Ich bin gewiss, dass viele dogmatische Lehrsätze und Bekenntnisformeln, die heute so antiquiert und abstoßend erscheinen, nur existieren, weil Menschen Worte, ideologisch motiviert oder nicht, willentlich oder unwillentlich falsch ausgelegt, übertragen und übersetzt haben. Und manches, was in anderen Zeiten und Kontexten vielleicht seinen Sinn gehabt hat, ist heute einfach nicht mehr nachvollziehbar. Die Kirche muss sich ändern. Oder sie wird überholt.

Aber das Christentum wird dennoch bleiben, wie auch immer, weil sein zugrunde liegendes Angebot an uns Menschen eine mögliche Antwort auf die ewigen Fragen des in die Welt geworfenen Individuums gibt.

Gemeinschaft in Freiheit –
Freiheit in Gemeinschaft

Nathanael Liminski

D as gesellschaftliche Leben hat sich derart zerschlagen, dass »fast nur noch die Einzelmenschen und der Staat übrig blieben«. Diese Diagnose stammt nicht etwa aus einer Studie, die die Folgen von Vereinssterben, Individualismus und On-Demand-Mediatheken in den 2020er-Jahren analysiert. Sie stammt aus der Enzyklika *Quadragesimo anno* des Jahres 1931. Der damalige Papst Pius XI. beschreibt darin ebenso drastisch wie hellsichtig eine Entwicklung, die uns zwar weithin als Trend der vergangenen 20 Jahre erscheinen mag, die aber schon viel länger andauert. Wir durchleben eine langfristige, kontinuierliche und grundlegende Veränderung der Umstände menschlichen Zusammenlebens. Für den heutigen Menschen ist, jedenfalls in den westlichen Gesellschaften, das Leben im Alltag weit stärker individualisiert und weit weniger in konkrete Gemeinschaften eingebettet, als dies über Jahrtausende hinweg üblich und noch bis weit ins 19. Jahrhundert hinein überwiegend der Fall gewesen ist: Generationenübergreifendes Zusammenleben ist seltener geworden. In nahezu sämtlichen Industrienationen erleben wir eine Wanderungsbewegung von den überschaubaren Gemeinschaften ländlicher Regionen in größere Städte. Vereine, Gewerkschaften, Parteien oder Kirchen, die früher das Leben prägten, verlieren unübersehbar an Bindekraft. Diese Entwicklung betrifft auch die Familie als primäre Form menschlicher Gemeinschaft.

Diese Entwicklung pauschal als positiv oder negativ zu bezeichnen, erscheint dabei ebenso sachfremd wie müßig, zumal die Bewertung am Befund selbst nichts ändert. Erscheint den einen der Rückgang institutioneller Bindungen als Verlust an Gemeinschaft und Halt, betrachten andere ihn als Befreiung, als Ausbruch aus überkommenen Konventionen und einengenden Institutionen. Neutral gefasst erscheint es als ein Kennzeichen unserer heutigen Gesellschaft, dass Bindungen weniger übernommen als vielmehr gewählt werden. Sie beruhen heute weniger als früher auf gesellschaftlichen Erwartungen und stärker als früher auf persönlichen Entscheidungen aus freien Stücken.

Doch wahr ist auch: Für das Funktionieren unseres demokratischen Gemeinwesens, das die Ausübung von individueller Freiheit erst ermöglicht, hat es schwerwiegende Konsequenzen, wenn Bindungen, Gemeinschaften und damit Gemeinschaft generell abnehmen. Ernst-Wolfgang Böckenförde hat in seinem berühmten Diktum festgehalten, dass der moderne Staat von Voraussetzungen lebe, die er selbst nicht schaffen könne. Er meinte damit – in seinen eigenen Worten – ein »verbindendes Ethos«. Und man mag ergänzen: Das betrifft auch die Gemeinschaften im Raum zwischen Individuum und Staat, in denen dieses Ethos vermittelt, gebildet, angewandt und fortentwickelt wird.

Allen Gemeinschaften zwischen Individuum und Staat voranzustellen ist zweifellos die Familie als erste Gemeinschaft im Leben eines Menschen. Mit den Worten des Bundesverfassungsgerichts: »Dieser Ordnungskern der Institute ist für das allgemeine Rechtsgefühl und Rechtsbewusstsein unantastbar.« (BVerfGE 10, 59/66) Papst Benedikt formulierte es anders, meinte aber wohl das Gleiche, als er die Familie als »Kern jeder Sozialordnung« würdigte, den Gott gleichsam mit der Schöpfung mitgeschaffen habe. Fest steht: Beim natürlichen Gang der Dinge macht jede und jeder in der Familie die ersten Schritte darin, Freiheit in Gemeinschaft zu leben und Gemeinschaft in Freiheit zu erleben. Eine auf Zukunft bedachte Gesellschaft achtet die Familie als dem Staat vorangehendes Institut. Die rechtliche, politische oder auch nur kommunikative Vereinzelung ihrer Glieder – Kinder, Eltern, Väter und Mütter oder auch Männer und Frauen – wird dem Wesenskern von Familie nicht gerecht. Vielmehr gefährdet die Verkennung des unbedingten und unendlichen Miteinanders langfristig die für eine freie Gesellschaft so grundlegende Institution Familie. Und schwächt damit den Ort, an dem grundlegende gesellschaftliche Regeln gelernt werden und das »Ich« erstmals in ein »Wir« eingeordnet wird – allen Negativbeispielen zum Trotz immer noch viel mehr als an jedem anderen Ort.

Die Gemeinschaftsgebundenheit der Person als Ausgangspunkt

»Das Menschenbild des Grundgesetzes ist nicht das eines isolierten souveränen Individuums; das Grundgesetz hat vielmehr die Spannung Individuum – Gemeinschaft im Sinne der Gemeinschaftsbezogenheit und Gemeinschaftsgebundenheit der Person entschieden, ohne dabei deren Eigenwert anzutasten.« (BVerfGE 4, 7 (15 f.)) Schon im Jahr 1954 und damit in der Frühphase der Bundesrepublik äußerte sich das Bundesverfassungsgericht so grundsätzlich zum Menschenbild des Grundgesetzes. Weder radikaler Individualismus noch Kollektivismus prägen demnach unsere Verfassung. Bis heute spricht das Gericht vom Menschen, der »grundsätzlich frei« und zugleich »sozialgebunden« ist (BVerfGE 144, 20, Rz. 540).

Die Entstehungsgeschichte des Grundgesetzes zeigt, dass dieses Menschenbild verschiedene Ursprünge hat, nicht nur christliche. Es ist insofern kein exklusiv christliches, aber eben doch ein dezidiert christliches Menschenbild. Denn für Christen ist diese spezifische Verbindung von Freiheit und Gemeinschaft Kern des Glaubens: Wenn Christen Pfingsten feiern, erinnern sie an die Begründung und Ausformung des Christentums als Gemeinschaft.

Gemeinschaft im christlichen Sinne ist – und hier liegt der entscheidende Unterschied zum Kollektivismus – dem Menschen nicht übergeordnet. Der einzelne Mensch ist Teil der Gemeinschaft, aber die Gemeinschaft dient dem Menschen, nicht umgekehrt. Sie dient der Verwirklichung von Freiheit und Nächstenliebe. Es ist eben diese Überzeugung, die unser Grundgesetz mit der unbedingten Garantie der Menschenwürde zum Ausgangspunkt und Kern unserer freiheitlichen demokratischen Grundordnung gemacht hat. Es ist gerade dieser innere Wesenskern unseres Gemeinwesens, der den Staat des Grundgesetzes zum schieren Gegenbild jeglicher totalitärer Herrschaftsanmaßung macht und ihn dagegen immunisiert, den Einzelnen als bloßes Mittel zum Zweck zu betrachten. Der Staat ist, um es in die Worte des Verfassungskonvents von Herrenchiemsee zu fassen, um des Menschen willen da, nicht der Mensch um des Staates willen.

Der Mensch wiederum ist nach diesem Verständnis berufen, seine Freiheit nicht in rücksichtsloser Selbstverwirklichung, sondern in der Gemeinschaft zu entfalten. Diese Haltung jedoch kann der freiheitliche Staat nicht erzwingen, ja er darf sie nicht erzwingen können. Er ist darauf angewiesen, dass der Einzelne seine Freiheit nutzt, aber nicht ausnutzt, dass er in der Ausübung seiner Freiheit aus eigener Einsicht bedenkt, dass sie an die Gemeinschaft gebunden ist.

Der christliche Glaube ist sicher nicht die einzige Quelle, aus der diese Einsicht und diese Haltung geschöpft werden können. Auch Andersgläubigen oder Nichtgläubigen ist nichts davon verschlossen. Der christliche Glaube indes beruft einen jeden Christen, an der Verwirklichung eines solchen Verständnisses von Gemeinschaft mitzuwirken – eines Verständnisses, das gegenwärtig auch Anfechtungen ausgesetzt ist.

Die Bedeutung von Gemeinschaftsbildung für unser Gemeinwesen

Der Respekt vor und die Verwirklichung von Gemeinschaft in verschiedenen Funktionen und Organisationsformen ist gleichzeitig auch Mitwirkung an der Verwirklichung unserer freiheitlichen demokratischen Grundordnung – und das in mehrfachem Sinne:

Wie zentral die Gemeinschaftsbildung für unser Gemeinwesen ist, zeigt sich zum einen an der Rolle der Parteien in unserem Staat. Sie sind integraler Bestandteil der politischen Willensbildung. Sie dienen dazu, dass sich der politische Wille vom Bürger zum Staat hin entwickelt – und nicht umgekehrt. Diese Funktion der politischen Willensbildung ist der Grund für die Privilegierung der Parteien in unserer Verfassungsordnung. Eine effektive Willensbildung setzt eine umsichtige Willensabbildung im Sinne einer sensiblen Aufnahme öffentlicher Stimmungen zwar voraus, darf sich darin jedoch nicht erschöpfen. Der zunehmende Mitgliederrückgang der politischen Parteien hat Folgen für die Ausübung dieser für die repräsentative Demokratie existenziellen Funktion. Je weniger Mitglieder Parteien haben, desto weniger repräsentativ sind die Parteimitglieder auch für die Wählerschaft. Das ohnehin bestehende und als solches natürliche Phänomen, dass die Mitglieder einer Partei prononciertere Positionen als die Wähler der gleichen Partei vertreten, kann ab einem gewissen Grad zu einem Problem für die Willensbildung werden – wenn Parteien sich auf das programmatisch Wünschenswerte kaprizieren und dabei das politisch Machbare aus dem Blick verlieren. Die Radikalisierung entlang der reinen Lehre entfremdet Partei und Wähler voneinander. Dies gibt Raum für populistische Parteien, die nicht auf konstruktive Mitgestaltung abzielen, sondern aus bloßer Meinungsabbildung heraus eine destruktive Kraft entwickeln. Es ist nicht zu viel gesagt, wenn man festhält, dass unsere Demokratie insofern auch vom Engagement in demokratischen Parteien lebt.

Die Bedeutung von Gemeinschaftsbildung für unseren Staat zeigt sich des Weiteren bei den vielen Verbänden und Vereinigungen, denen Schlüsselfunktionen in unserem Gemeinwesen zugewiesen sind. Dies gilt im Kleinen für die Vereine vor Ort, die nicht nur Aufgaben der Daseinsvorsorge übernehmen, sondern die zugleich dem Leben Struktur geben, Gemeinschaft stiften und Heimat schaffen – von der freiwilligen Feuerwehr bis zu den Sportvereinen. Es gilt nicht weniger für die Gewerkschaften und Arbeitgeberverbände, deren Übereinkommen Grundlage des sozialen Friedens in Deutschland sind. Wenn sie für ihre jeweiligen Seiten mangels ausreichender Mitgliederzahl nicht mehr repräsentativ wären und damit nicht mehr den Willen der Mehrheit abbilden würden, wäre der soziale Frieden gefährdet. Darüber hinaus nehmen die zahlreichen

Institutionen der funktionalen Selbstverwaltung, von der Handwerkskammer über die Industrie- und Handelskammer bis zur Landwirtschaftskammer, Aufgaben wahr, mit denen der Staat im engeren Sinne überfordert wäre. Auch hier ist unser Gemeinwesen auf Menschen angewiesen, die dieses System durch eigenes Engagement am Laufen halten.

Schließlich sind es ungeachtet allseits bekannter Entwicklungen noch immer auch die Kirchen, die bis heute in besonderem Maße nicht nur geistige Heimat sind, sondern auch eine Institution der Wertevermittlung und zentrale Akteure unseres Sozialstaates. Ohne die Kirchen und ihre Tätigkeit würde unsere Gesellschaft für alle ärmer – auch für diejenigen, die sich ihnen nicht oder nicht mehr verbunden fühlen. Nicht ohne Grund formuliert der Linken-Politiker Gregor Gysi:»Ich glaube nicht an Gott, aber ich fürchte eine gottlose Gesellschaft.« Und führt aus:»Ohne die Kirchen gäbe es eine moralfreie Gesellschaft.« Der Mitgliederschwund insbesondere der christlichen Kirchen kann Auswirkungen haben, die längst nicht mehr nur eine innerkirchliche Angelegenheit sind. Glauben stiftet nicht nur verbindende Moralvorstellungen, sondern auch Zusammenhalt – das erleben wir nicht nur an Weihnachten, sondern auch, wenn Trauergottesdienste nach großen Katastrophen selbst jenen Trost und Zuversicht spenden, die vielleicht nicht jeden Sonntag in die Kirche gehen. Und wenn die Kirchen sich aus dem Betrieb von Krankenhäusern, Seniorenheimen, Kindergärten und anderen sozialen Einrichtungen langfristig zurückziehen müssten, bedürfte es staatlicher Investitionen und Neustrukturierungen unseres Sozialstaates in einer beispiellosen Dimension. Aus der Kombination all dessen – Werte vermitteln, Zusammenhalt stiften, soziale Notlagen auffangen – ergibt sich der besondere Beitrag der Kirchen für den sozialen Pegelstand, das menschliche Niveau in einer Gesellschaft.

Ableitungen

Wer dafür Verantwortung trägt, unser Gemeinwesen zu erhalten und zu stärken, darf sich allerdings nicht allein in einem Lamento erschöpfen. Es reicht nicht, nur an die Bürger zu appellieren, sich zu engagieren. Man muss vielmehr strukturelle Voraussetzungen dafür schaffen, dass Parteien, Vereine, Verbände, Kirchen und letztlich auch der Einsatz für den Staat wieder attraktiver werden und die dem allem vorgelagerte Familie geschützt und gestützt wird.

Das Pfingsterlebnis zeigt, dass Gemeinschaft nur dann anziehend ist, wenn sie – im wörtlichen Sinne – begeistert. Gemeinschaft ist keine reine Kopfsache. Sie muss emotional berühren. Das erfolgt nur in den seltensten Fällen durch abstrakte Abhandlungen und Strukturdebatten, sondern gelingt vielmehr durch konkrete Erfahrungen und Erfolgserlebnisse. Gemeinschaft muss vor Ort erfahrbar sein und einen wahrnehmbaren Zweck im Alltag verfolgen.

Für die Kirche bedeutet das: Sie sollte weniger Funktionskirche sein, die in Gremien abstrakte Strukturdebatten führt, ganz gleich ob von Klerikern oder Laien. Sie muss überzeugende Sinnstiftung und gelebte Gemeinschaft vor Ort erfahrbar machen und damit ihre eigentliche Bestimmung in den Mittelpunkt stellen.

Was die Kirche von anderen Vereinigungen unterscheidet und worin sie sich abhebt, ist das gemeinsame Erlebnis des Glaubens. Hierin liegt das, was allein die Glaubensgemeinschaften bieten können, neudeutsch der *unique selling point*, althumanistisch das *Proprium*. Versteht sich Kirche hingegen vornehmlich als bloßer besonders sozialer Großverband, so wird sie auch in den Augen der Menschen lediglich eine Vereinigung von vielen und verliert damit gerade das, worin sie sich eigentlich auszeichnet. Gleichermaßen verheerend wäre ein Rückzug der Kirchen aus dem öffentlichen Raum. Weder eine Entwicklung zum Sozialklub ohne Sendung noch eiferndes Sektierertum führen zum Ziel. Um der reinen Lehre willen die Menschen zu verlieren, kann jedenfalls nicht die Antwort auf die unverkennbare Krise der Kirchen sein.

Für Parteien, Vereine und Verbände bedeutet das Erlebnis von

Gemeinschaft: Die Konzentration auf die inhaltlichen Anliegen und die Befreiung von formellen Fesseln können der Schlüssel sein, um andere für sich zu begeistern. Bürokratieabbau sollte nicht nur für den Staat gelten, sondern auch für manche Vereinigung – und insbesondere für die Parteien. Wenn die Chance, eine gute inhaltliche Forderung durchzusetzen, allen Reformkommissionen zum Trotz immer noch davon abhängt, ob man genügend Ausdauer in spätabendlichen Parteiversammlungen besitzt, werden sich immer weniger Menschen mit guten inhaltlichen Ideen finden, die sich dieser Prozedur unterziehen. Denn gerade in der jüngeren Generation bildet sich Gemeinschaft nicht nur in den althergebrachten Versammlungsformen, sondern über viele mögliche Formen der Kommunikation und des Zusammenwirkens – spontan oder geplant, in Präsenz oder virtuell, themenbezogen oder anlassbezogen. Das ist alles schon länger bekannt, aber immer noch nicht umgesetzt und vollzogen.

Was bedeutet diese Entwicklung für den Staat? Auch unser Staat ist gefordert, sich in seiner konkreten Ordnung, in seinen Strukturen und Verfahren stets aufs Neue darauf zu überprüfen, ob diese von innerer Sinnhaftigkeit getragen werden oder lediglich sind, wie sie sind, weil sie schon immer waren, wie sie sind. Wollen wir mit dem Menschenbild des Grundgesetzes den Staat vom Menschen her ordnen und nicht das Leben des Menschen vom Staat her, so kann der Staat nicht statisch bleiben, wenn sich das Zusammenleben der Menschen so grundstürzend verändert. Verlieren abstrakte Kollektive an Bindungskraft, so muss der Staat sein Fundament und seine Legitimation noch stärker in konkreten Gemeinschaften finden. In der eingangs zitierten Enzyklika *Quadragesimo anno* heißt es: »… so verstößt es gegen die Gerechtigkeit, das, was die kleineren und untergeordneten Gemeinwesen leisten und zum guten Ende führen können, für die weitere und übergeordnete Gemeinschaft in Anspruch zu nehmen; zugleich ist es überaus nachteilig und verwirrt die ganze Gesellschaftsordnung.« Ganz in diesem Sinne ist es das Prinzip der Subsidiarität, der Verortung staatlicher Aufgabenwahrnehmung möglichst nah am Menschen, im Raum des Bekannten und des konkret Beeinflussbaren, das uns bei der Ordnung unseres Gemeinwesens noch stärker, oder vielmehr *wieder* stärker leiten sollte.

In diesem Sinne brauchen wir eine Rückbesinnung auf die Vorteile unseres föderalen Systems. Wenn staatliche Aufgaben immer stärker auf höheren Ebenen angesiedelt werden, wenn immer nur Berlin oder Brüssel verantwortlich sind, entfremdet das den Bürger vom Staat, da es die staatliche Leistungsfähigkeit schwer kontrollierbar und schwer greifbar macht. Unser Föderalismus ermöglicht nicht nur eine ortsnahe Erfüllung staatlicher Aufgaben und eine Anpassung an unterschiedliche Gegebenheiten, sondern sorgt auch für unmittelbare Verantwortlichkeiten, die nicht weit entfernt angesiedelt sind – sondern auf der Ebene der Länder und Kommunen. Die kommunale Selbstverwaltung ist in unserer Verfassung und in unserer Geschichte tief verankert. Sie ist die Basis einer kraftvollen Demokratie vor Ort. Wenn sich kaum neue Kandidaten für Stadträte, Kreistage und Bürgermeisterstellen finden, ist diese Basis bedroht. Deshalb müssen wir die Attraktivität kommunaler Mandate und Ämter erhöhen. Dazu gehört erstens, dass sich kommunale Mandate besser in den Alltag der Arbeitswelt und auch junger Familien integrieren lassen, etwa durch mehr digitale Prozesse. Dazu gehört zweitens, dass sich kommunale Ämter besser in Lebensläufe integrieren lassen. Wie auch sonst im öffentlichen Dienst muss bei kommunalen Ämtern die Durchlässigkeit erhöht werden, müssen pensions- und rentenrechtliche Hürden beseitigt und Anreize für den Wechsel zwischen Wirtschaft und Staat geschaffen werden. Drittens muss die Attraktivität inhaltlich gesteigert werden – insbesondere durch eine Entschlackung von Verfahren. Und schließlich müssen kommunale Amts- und Mandatsträger vor Angriffen von den Feinden unserer Demokratie effektiv geschützt werden.

Auch hier gilt: Man darf sich nicht darauf beschränken, das nachlassende Engagement zu beklagen. Man muss aktiv dafür arbeiten, die Voraussetzungen für Gemeinschaft in Freiheit und damit für unser Gemeinwesen zu schaffen.

Ausblick

Die Bedingungen unseres Zusammenlebens mögen sich über die Zeit verändert haben und noch weiter verändern, aber die Zweckrichtung unseres Wirkens als Christen und Bürger bleibt dabei unverändert: die Gesellschaft daraufhin zu ordnen, die Würde des Menschen zu achten, den unbedingten Eigenwert des Einzelnen zur Geltung kommen zu lassen, einem jeden Menschen die Entfaltung seiner Freiheit in Verantwortung zu ermöglichen und so letztlich auch zum Besten für alle, ja dieser Welt zu wirken. All dies gelingt nur in Gemeinschaft mit anderen, und diese Gemeinschaft mit Leben zu füllen, ist daher eine Verpflichtung, in die uns Christen das Wunder von Pfingsten ruft.

Vom Glück des Risikos

Thomas de Maizière

Pfingsten kommt der Heilige Geist. So haben wir es gelernt. An Pfingsten feiern wir das Fest der Dreieinigkeit Gottes: Vater, Sohn und Heiliger Geist sind ein und dasselbe; verschieden in Form und Erscheinung und doch eine Einheit. Jesus Christus als wahrer Mensch und wahrer Gott, identisch mit seinem Vater, zu dem er am Kreuz ruft:»Warum hast Du mich verlassen?« Und dann noch der Heilige Geist: als Drittes, als Medium, als Verbindung zwischen Vater und Sohn, zwischen Gott und den Menschen.

Wie soll man das erklären? Professor Oswald von Nell-Breuning, der berühmte Theologe und Sozialwissenschaftler, hat einmal bei einer Veranstaltung, auf der ich dabei war, gesagt: Das mit der Dreieinigkeit, das kann man eigentlich nicht erklären. Daran muss man glauben.

Ist Pfingsten also nur etwas für die Glaubenden? Für diejenigen, für die immer alles selbstverständlich war und ist? Von Kindesbeinen an. Aber was tun, wenn genauer nachgefragt wird? Und was tun, wenn die Kindesbeine nicht mehr in den Kindergottesdienst gehen? Lautet die Antwort dann nur: Daran musst du glauben?

So werden wir noch weniger.

Wenn wir so weitermachen als Christen, dann dürfen wir uns nicht wundern, wenn sich immer mehr Menschen abwenden. Und das gar nicht einmal wegen des Themas Missbrauch oder wegen einer institutionellen Verkrustung von und in den Kirchen, sondern weil wir Christen Geschichten erzählen, die weit weg sind von der Lebenserfahrung der Menschen von heute.

Wenn ich an Pfingsten und an den Heiligen Geist denke, der bewirkt, dass Menschen aus allen Nationen in einer anderen als der

Muttersprache reden und predigen können und sich dennoch verstehen, so fällt mir immer der Turmbau zu Babel ein, die schöne Geschichte aus dem Alten Testament. Dort wird die Geschichte umgekehrt erzählt: Zunächst sprechen alle Menschen eine Sprache. Dann werden sie größenwahnsinnig, weil sie einen Turm bauen wollen, der bis in den Himmel reicht. Zur Strafe wird ihnen von Gott »die Sprache verwirrt«. Keine und keiner versteht mehr die anderen. Und die Menschen verstreuen sich in alle Winde. Ihre Sprache trennt sie.

Ist Pfingsten also die Umkehr des Turmbaus zu Babel? Dort sind alle Menschen verwirrt, zerstreut und verstehen sich nicht. Aber sind im Happy End der Apostelgeschichte des Neuen Testaments nach Pfingsten alle eines Geistes? Wie schön wäre das? Genauer: Wäre das wirklich schön?

Wenn wir uns in der Welt umsehen, dann scheint die Pfingstgeschichte allem hohnzusprechen, was wir täglich in den Nachrichten hören und sehen. Und: Wollen wir das überhaupt, dass alle eines Geistes sind? Ich fände das schrecklich langweilig. Auch unterschiedliche Sprachen tragen einen so schönen Schatz an verschiedenen Bedeutungen von Wörtern und Formulierungen mit sich. Darauf möchte ich nicht verzichten.

Oder sollen gar Sprach- und Übersetzungsmaschinen der neue Heilige Geist sein, weil sie bewirken, dass sich alle Menschen aus der ganzen Welt verstehen? Hauptsache, sie sind Kunden bei Google & Co. Nein, auch das möchte ich nicht.

Pfingsten darf man nicht banalisieren. Es geht bei Pfingsten um mehr und um anderes.

Wenn ich mich schwierigen Texten in der Bibel nähere, dann gehe ich auf zweierlei Weise vor: Als Erstes beschäftige ich mich genauer mit der Herkunft und der Bedeutung des Schlüsselwortes, um das es geht. An Pfingsten ist es das Wort »Geist«. Was ist damit gemeint?

Im Deutschen kennen wir nur das eine Wort »Geist«. In der englischen Sprache gibt es dagegen drei Wörter für »Geist«: *ghost, mind* und *spirit*.

- *ghost*, das ist das Gespenst im Schloss, das spukt; der unsichtbare Geist, der Gutes oder Böses tut;
- *mind*, das ist Geist im Sinne von Verstand haben, einen Gedanken fassen, geistreich sein;
- Und *spirit*? Das ist Geist im Sinne von Stimmung, von Mut, von Gemeinschaftsgefühl, von Laune.

Ich bin mir ganz sicher: An Pfingsten geht es nicht um *ghost*, vielleicht um *mind*, aber vor allem um *spirit*, also um das Gemeinschaftsgefühl, die Stimmung und den Mut, den wir als Christen von Pfingsten mitnehmen können.

Wenn das so ist, dann können wir ganz anders auf Pfingsten blicken. Dann geht es nicht um Zauberei, um züngelnde Flammen, um Geistes- oder Sprachverwirrung, um Spracheinheit, sondern um eine innere Einstellung, darum, Mut zu fassen.

Aber wofür?

Die zweite Methode, um einen Bibeltext besser zu verstehen, besteht für mich darin, vor und nach der entsprechenden Textstelle in der Bibel weiterzulesen.

Die Geschichte von Pfingsten steht in der Apostelgeschichte im 2. Kapitel. Und wenn man die Pfingstgeschichte weiterliest, dann kommen erstaunliche Dinge zutage. Die Menschen sprechen nämlich weiterhin in ihrer Muttersprache, aber sie werden von allen verstanden. Die Menschen, die das hören, werden ratlos. Petrus sagt auf die Frage, was das alles zu bedeuten habe: Mit Pfingsten ist verbunden, dass eure jungen Männer Visionen haben werden und die Alten Träume.

Du zeigst mir die Wege zum Leben, heißt es da. Und weiter: »Du erfüllst mich mit Freude vor deinem Angesicht.« Kehrt um, »und euch und euren Kindern gilt die Verheißung und all denen in der Ferne, die der Herr herbeirufen wird«.

Es geht also bei der Pfingstgeschichte nicht einfach darum, dass wir gänzlich unerwartet vom Heiligen Geist mit irgendwelchen »Flämmchen« heimgesucht, verändert, besetzt oder erobert werden, sondern darum, dass wir ermutigt und befähigt werden, neue

Wege zu gehen, anders zu denken als bisher, Visionen zu haben und zu träumen.

Und dann heißt es in Kapitel 2, Vers 7 so wunderbar:»Sie gerieten außer sich vor Staunen.« Genau dafür braucht man *spirit*, eine Stimmung, ein Staunen, um den Weg hin zum Leben zu gehen, umzukehren. Aber nicht zurück in eine angeblich heile Welt von früher, sondern in ein Leben im Hier und Heute und für morgen. Das ist nicht der Weg in irgendein Reich, zum Tod oder nach innen oder zurück, sondern der Weg zum prallen, irdischen, gestaltungsfähigen Leben.

Ich bin kein Theologe. Ich weiß gar nicht, ob das eine dogmatisch halbwegs zuverlässige Auslegung dieses Textes ist. Das ist mir aber auch gleichgültig. Pfingsten so verstanden als ein Aufbruch mit Mut und in Gemeinschaft, das eröffnet für mich neue Perspektiven.

Zukunft ist – Gott sei Dank – prinzipiell unvorhersehbar. Daraus folgt zwingend, dass ein gewohnter oder wahrscheinlicher Ablauf gestört, verändert und auf den Kopf gestellt werden kann. In welche Richtung auch immer, willkommen oder unwillkommen.

Unsicherheit ist auch der Preis für Freiheit. Denn wenn menschliche Entscheidungen frei sind, dann sind sie auch nicht vorhersehbar, also im Ergebnis unsicher. Wer Freiheit will, muss also auch Unsicherheit wollen und das bedeutet mit Risiken leben wollen.

Ein *Risiko* ist die Wahrscheinlichkeit, dass sich etwas anders entwickelt als erwartet, negativ oder positiv.

Meistens verwenden wir den Begriff des Risikos mit Blick auf negative Befürchtungen.

Viele eingegangene Risiken erweisen sich im Nachhinein aber als Glücksfall: eine Ehe, eine Investition, eine Berufsausbildung, ein Neubeginn. Wenn die Erde als eine Scheibe gedacht wird, dann erscheint das Risiko, dass man am Rand von der Scheibe fallen könnte, real. Im Ergebnis fährt dann niemand weit raus aufs Meer. Die Welt bleibt fremd. Weil die Erde aber eine Kugel ist, überwindet Neugier am Ende die Angst vor dem Risiko. Magellan ist auf den Philippinen ermordet worden. Es war sein Risiko, die Welt zu umkreisen. Er ist persönlich gescheitert. Aber für uns war das ein

Glücksfall. Magellan und seine Expedition zeigten: Wir können ins Offene und die Welt kennenlernen.

Mit dem Risiko ist es wie mit der Krise. Beides soll angeblich nicht sein, weil beide Begriffe fälschlicherweise mit Negativem verbunden werden. Aber wenn ein Risiko mit negativen Folgen abgewehrt oder ein Wagnis bestanden wurde, dann ist man stolz. Eine Krise setzt bei vielen Menschen mehr Kräfte frei, als sie lähmt. Ein Risikomanager genießt hohes Ansehen. Politiker werden auch danach beurteilt, ob sie das Land sicher durch Krisen geführt haben.

Wir Deutschen lieben Sicherheit. Menschen brauchen Sicherheiten. Das ist wahr. Sicherheit besteht für uns aus Betriebssicherheit (*safety*), öffentlicher Sicherheit (*security*) und Gewissheiten (*certainty*). Sicherheiten bedeuten Orientierung.

Aber sie können eben auch einengen. Sicherheit braucht Freiheit genauso, wie umgekehrt Freiheit Sicherheit braucht.

Risiken lassen sich eingrenzen, aber nicht ausschließen. Beim Skifahren fahren jetzt fast alle mit einem Helm. Wenn es neblig wird, fahren wir langsamer. Das Risiko eines Sturzes finden wir nicht so schlimm wie das Glück eines wunderbaren Gipfelblicks. All das klappt: Privat können wir mit Risiken ohne Angst umgehen. Vorsicht und Wagemut statt Tollkühnheit und Turnen ohne Netz, privates Risikomanagement.

Was hat das alles mit Pfingsten zu tun?

Pfingsten zeigt uns, dass Risiken eine Wende im Leben bedeuten können. Und umgekehrt: Eine Wende im Leben bedeutet immer Risiko. »Sie gerieten ins Staunen«, heißt es in der Pfingstgeschichte. Heute wissen wir angeblich immer alles, vor allem hinterher.

Pfingsten zeigt uns, dass man vor Staunen »außer sich geraten kann«, Visionen entwickeln, Träume haben, und gerade deshalb neue Wege zum Leben, Wege ins Leben finden kann.

»Vertraut den neuen Wegen«, das singen wir nicht nur bei Kirchentagen. Das ist Pfingsten. Der christliche Glaube macht uns risikofreudig.

Nun gilt das sicher für uns als Einzelne. Wie ist es aber mit Institutionen, mit unseren Kirchen? Gefährdet eine Institution die eigene Existenz, wenn sie sich bewusst einem Risiko aussetzt, ohne das Ergebnis vorher zu kennen? Gibt es für Institutionen und Kirchen die Pflicht, Risiken zu vermeiden, um ihrer eigenen Existenz willen?

Ich glaube, es ist eher umgekehrt: Ohne Risiko, ohne Vertrauen auf neue Wege kann die Existenz der uns so vertrauten Kirchen in der bisherigen Form und Hülle eher im Ganzen gefährdet sein als mit dem Vermeiden jeden Risikos.

In der krisenhaften Lage, in der sich unsere Kirchen befinden, gibt es zwei strategische Möglichkeiten:

Die eine nenne ich mal eine Abwarte- oder Aussitz- oder »Wird schon nicht so schlimm kommen«-Variante: Wenn alles so bleibt, wie es ist, schrumpfen wir so vor uns hin, halten an dem komfortablen rechtlichen Gerüst fest und hoffen auf bessere Zeiten. Das ist ein Weg scheinbar ohne Risiko, aber jedenfalls auch ohne Glück.

Dies scheint mir im Moment aber die herrschende Auffassung oder besser: Mentalität zu sein.

Die andere strategische Möglichkeit nenne ich mal eine proaktive Gegenstrategie: nicht abwarten, sondern Vertrauen wagen, ins Offene gehen, Risiko suchen – die »Risiko«-Variante. Da müssten die Kirchen – zunächst einmal intern – darüber beraten, was das bedeuten kann. Und dazu gehört eine schonungslose Analyse der Risiken. Ist zum Beispiel das Risiko der Unfinanzierbarkeit der Kirchen durch die steigende Zahl der Kirchenaustritte vielleicht sogar höher als durch das Durchdenken anderer Modelle? Die Kirchensteuer in der jetzigen Form könnte sogar zum Austrittsbeschleuniger geworden sein und immer mehr werden. Gäbe es andere Modelle der Finanzierung, die vielleicht auf den ersten Blick weniger Geld, aber auf Dauer mehr Sicherheit bieten und zu mehr Akzeptanz, zu weniger Kirchenaustritten und zu mehr gemeindlichen Aktivitäten führen?

Ich nenne dazu nur die Stichworte: Selbsteinschätzung der Höhe der Kirchensteuer – ähnlich wie beim Kirchgeld –, Zweckbindung der Kirchensteuer für einen vom Steuerzahler festgelegten Zweck, Reduzierung der Steuersätze, gestaffelte Steuersätze für kinderreiche Familien.

In Frankreich gibt es keine Kirchensteuer, dafür sind die Kommunen und der Staat für die Kirchengebäude zuständig. Was hieße die Übertragung eines solchen Modells für Deutschland und die verfassten Kirchen? Was ist mit einer Kirchen- und Kultursteuer, von der man sich als Steuerzahler nicht befreien lassen kann, aber bei der die Steuerzahler bestimmen, wofür das Geld ausgegeben wird?

Warum kümmern wir uns als Christen und als Kirchen so wenig um diejenigen, die aus der Kirche ausgetreten sind? Aus den Augen, aus dem Sinn, so verhalten wir uns im Moment.

Wenn ich dagegen irgendein Abo kündige, werde ich bestürmt, mir das noch mal anders zu überlegen. Tun wir das auch?

Gibt es andere Formen der Beteiligung an und in Kirchen als nur die Mitgliedschaft?

Wo sind unsere Angebote für die Suchenden, die nicht gleich die volle liturgische Dröhnung wollen?

Setzen wir in unserer Sprache schon so viel Wissen voraus, dass der Abstand zu denjenigen, die gar nicht kirchenkritisch, aber ahnungslos sind, zu groß ist?

Setzen wir zu viel auf die Profis in Talar und mit Ausbildung? Oder können wir uns mehr Ehrenamt zutrauen?

Ich bin also gegen das klagende Abwarten als Antwort auf die Kirchenaustritte und die Vertrauenskrise der Kirchen. Strahlen wir nicht das Jammertal der Schrumpfung aus, sondern den Geist der Frohen Botschaft, von Pfingsten, vom Staunen.

Stellen wir uns mitten ins Leben von Krieg und Frieden, Klima und Energie, Demokratie und Bewährung – nicht durch den dogmatischen Zeigefinger, sondern durch Zuversicht ausstrahlendes und beherztes Tun.

Ich weiß, das ist alles leicht gesagt und schwer gemacht. Aber es geht mir um eine Haltung der Zukunft gegenüber. Unsere verfassten Kirchen sind ein gutes und unverzichtbares Gerüst, ein starkes Gerippe. Aber Gerüste und Gerippe haben keine Muskeln und kein Herz, keinen *spirit*.

Im Text unseres Glaubensbekenntnisses folgen auf das Bekenntnis zum Heiligen Geist unmittelbar unsere Kirchen, auch in der »Gemeinschaft der Heiligen«, für mich als Protestanten als Gemeinschaft aller Gläubigen.

Wir Menschen sind auch als Gemeinschaft der Gläubigen nicht immer »eines Geistes«, sondern unterschiedlich und einzigartig. Wir wachsen in unseren Sprachen auf. Durch Staunen und Zuhören können wir andere Sprachen und andere Menschen verstehen lernen, ohne mit ihnen einer Meinung sein zu müssen. Damit können wir auch unsere Institutionen, unsere Kirchen zum Staunen bringen: Pfingsten als Aufbruch, nicht als Bestätigung.

Zuerst müssen wir dazu unsere Mentalität ändern. Wir sollten uns angewöhnen, dass Risiken zu unserem privaten wie öffentlichen Leben ebenso gehören wie Routine. Risiken sind das Salz in der Suppe des Lebens.

Wer das Staunen nicht verlernt hat, weiß, wovon ich rede. Der Geist von Pfingsten ist der Mut zu Neuem, zum Staunen, zum Leben nach vorn.

Reden wir also nicht so viel von der Angst vor der Zukunft, sondern mehr vom Glück des Risikos. Das ist Pfingsten.

Echt gute Ideen

Walid Nakschbandi

Als ich Anfang der 1980er-Jahre Afghanistan verließ, sagte mir mein Vater auf meine kindliche Frage, wo ich für ihn beten solle:»In einer Kirche, in einer Synagoge oder in einer Moschee.« Er gab mir damit zu verstehen, dass ich Gott überall finden würde, wo Menschen ihm zu Ehren einen Ort erschaffen hätten. Und dass ich Antworten auf drängende Fragen vor allem im stillen Zwiegespräch mit ihm finde. Neben einem sehr praktischen Rat, den ich immer befolge, wenn ich – wie jüngst nach dem Hamas-Angriff auf Israel – tief berührt bin, hat er mir damit eine Richtung gewiesen: Ich fokussiere mich konsequent auf das Verbindende aller Religionen. Das Trennende hätte mich nicht nur persönlich in eine schwierige Lage gebracht. Auch sonst habe ich noch nie und nirgendwo erlebt, dass der Blick auf das Trennende Vorteile gegenüber dem Blick auf das Verbindende gebracht hätte – außer natürlich manchmal kurzfristig für den Einzelnen, aber nie für die Gemeinschaft.

Ich bin von meiner Herkunft her also Moslem, seit meinem Umzug nach Deutschland vor über 40 Jahren dann vor allem vom christlichen Menschenbild geprägt. Genauer gesagt ist dessen rheinisch-katholische Ausprägung fest in meinem Herzen verankert. Damit bin ich dann wohl wiederum irgendwie buddhistisch geprägt, denn zahlreiche Kölner Spruchweisheiten (»Et is, wie et is« etc.) sind eigentlich nur die rheinische Übersetzung der buddhistischen Lehre. So viel zum Verbindenden zwischen den Religionen.

»Jede Jeck is anders« ist für mich auch die kölsche Übersetzung des Doppelgebotes der Liebe, mit dem Jesus die Frage eines Schriftgelehrten nach dem höchsten Gebot in der Bibel beantwortete und das die Liebe zum Menschen mit der zu Gott gleich gewichtet. Wenn ich von meiner Prägung durch das christliche Menschenbild schreibe, dann meine ich genau das: Gott liebt die Menschen bedingungslos. Allein daraus ergibt sich die automatische Verantwortung oder Aufgabe, dass wir Menschen uns auch gegenseitig lieben sollen. Dann wird »alles gut«. Nur zur Sicherheit hat Jesus uns die Nächstenliebe aber auch noch mal ausdrücklich aufgetragen. Nur für den Fall, dass wir es noch nicht ganz verstanden haben. Haben wir nicht. Oder wir verlieren das Verständnis – den Verstand? – davon immer wieder. Ganz offensichtlich, denn wir sehen ja, wie unsere Gesellschaft Werte wie Solidarität, Hilfsbereitschaft, Demut, Respekt spürbar in den Hintergrund drängt – zugunsten von Werten wie absolute Freiheit des Einzelnen, persönlicher Wohlstand, Hochmut (»Ich kenne die absolute Wahrheit!«) und Hetze. Der ressourcenverschwenderische Umgang mit unserer Umwelt ohne Rücksicht auf die Auswirkungen; die Hasstiraden vieler gegen viele in den sogenannten sozialen Netzwerken, in Talkshows oder auf der Straße; das Prügeln wehrloser Obdachloser; das bedauernde Kopfschütteln darüber, an unseren Grenzen bald leider notfalls Gewalt gegen Geflüchtete walten lassen zu müssen, um sich vor der »Flut« zu schützen – all das hat auf jeden Fall nichts (mehr) mit dem Gebot der Nächstenliebe zu tun.

Ich gebe zu, dass mich das zunehmend verwirrt. Die Christen erzählen sich seit über 2000 Jahren die unglaublich großartige und faszinierende Story dieses Jesus von Nazaret, der den Pharisäern – das waren damals die mit den einfachen Antworten: *Bete laut und in der ersten Reihe, dann kommst du in den Himmel* – einfach und deutlich gezeigt hat, wo Gott den Hammer aufgehängt hat. Der Jesus, der es einfach vorgemacht hat, wie das geht: *verzeihen (sich selbst und den anderen), dann können alle gut schlafen. Alles zusammen auf einen Haufen werfen, dann gibt es genug für alle.* Und so weiter.

Diese Geschichte hat alles, was wir brauchen: Sie erklärt uns genau, wie es möglich ist, den »Betriebsfrieden« herzustellen und zu erhalten: verantwortungsvoll mit der Welt umgehen, sich um die Schwächeren kümmern, Gott – also die Liebe – anbeten und nicht das Geld. Das war der Auftrag, den Gott, der Schöpfer, uns erteilt hat. In Form der Zehn Gebote hat er uns die Werte mitgegeben, mit denen wir den Auftrag bestmöglich erfüllen können. Als wir den Kompass verloren und uns anderen Werten zuwandten, hat er uns seinen Sohn geschickt, um uns noch mal auf die Spur zu bringen. So ähnlich wie ein:e Unternehmer:in, der oder die mit dem eigenen Team einen Workshop unternimmt, um die Mitarbeiter:innen durch eine neue Vision und Mission wieder auf das Wichtige einzuschwören. Wieder miteinander zu verbinden – im Sinne eines größeren Ganzen.

Klar, je charismatischer der Workshopleiter oder die Workshopleiterin, desto besser klappt's. Jesus war so ein charismatischer Typ. Auch er hat das Verbindende immer in den Vordergrund gestellt. Als er das irdische Leben hinter sich ließ, hat er uns den Heiligen Geist dagelassen, woran wir uns wenigstens einmal im Jahr an Pfingsten erinnern dürfen. So wie ein:e gute:r Workshopleiter:in dem Unternehmen Analysen und Methoden hinterlässt, damit sie sich aus dem nächsten Loch selbst heraushelfen können. Pfingsten ist so was wie das ultimative Tool, ist es doch das Wunder des Grenzen überschreitenden Verstehens schlechthin: In der Apostelgeschichte können wir lesen, wie sich der Heilige Geist in Form von einer Art Feuerzungen auf je einen der Jünger niederließ und sie befähigte, zu jeder und jedem der neugierig Zusammengekommenen in deren eigener Muttersprache zu sprechen. Alle konnten verstehen, was da gesprochen wurde – und alle fühlten sich verstanden.

Der Wunsch nach Vorbildern, die uns Antworten geben, die uns Richtung weisen, die uns einen Sinn vermitteln, wird überall laut. In einer Zeit, in der die Menschen die Orientierung offensichtlich verloren und immer mehr Angst vor immer mehr Zukunft haben, könnte die Kirche neue Orte schaffen, um wieder aufeinander zuzugehen, gemeinsam nach Antworten auf drängende Fragen zu suchen, wenigstens sich gegenseitig, also dialogisch zuzuhören. Momentan sieht es allerdings so aus, als sei die Kirche zunächst mit sich selbst beschäftigt. Sie gilt als verlogen, altmodisch, sogar menschenverachtend und uninspirierend und hat bei sehr vielen Menschen bis auf Weiteres ihre Glaubwürdigkeit verloren (siehe die zahlreichen Kirchenaustritte etc.). Das ist schade, denn sie hat meiner Meinung nach eine der inspirierendsten Leitfiguren aller Zeiten, und es würde sich lohnen, deren Vorbild zu folgen (nicht dem der Kirche, aber das hat diese unter Druck geratene Institution, glaube ich, jetzt verstanden). Würde die Kirche zu ihrer ureigenen Aufgabe zurückfinden, hätte sie vielleicht auch wieder die Kraft, die Menschen auf das Gemeinsame einzuschwören. Ich wünsche es ihr und uns – aus den oben genannten Gründen.

Wie gesagt, das alles verwirrt mich, so wie immer, wenn wir eigentlich wissen, dass alles da ist, das Wissen, die Methoden – und wir trotzdem in die verkehrte Richtung rennen. Mein Vater hat von all diesem Chaos nichts mehr mitbekommen, er ist 1989 gestorben. Ich bin allerdings davon überzeugt, dass er mir wieder denselben Rat geben würde, denn mit all dem, was wir uns gegenseitig und der Schöpfung antun, hat ja Gott nichts zu tun. Tatsächlich habe ich auch ganz persönlich von seinem Rat profitiert. Denn die Liebe fällt bekanntlich hin, wo sie will, und meine ist nun mal auf eine Katholikin gefallen. Hätte mein Vater darauf bestanden, dass ich nur in einer Moschee den »richtigen« Gott finden kann, hätte ich wohl nie meine christliche Frau heiraten können, wäre nie mit offenen Armen von ihrer christlichen Familie aufgenommen worden. So wie ich nicht diese fantastischen Freundschaften mit meinen christlichen, jüdischen und muslimischen Freund:innen gleichzeitig führen könnte, die mein Leben bunt, reich und offen machen.

Wenn ich so in einem Gotteshaus sitze und allein ein Zwiegespräch mit Gott führe, komme ich immer wieder darauf zurück, dass die Werte, die Jesus uns Menschen als Handlungsmaximen mit auf den Weg gab, nach einer echt guten Idee klingen. Dass es uns so schwerfällt, tatsächlich danach zu leben, ändert nichts daran.

Pfingsten – die Standleitung zwischen Himmel und Erde

Christian Nürnberger

Als ich ein Kind war, hat mir meine Mutter, eine einfache Bäuerin, drei Sorten von Geschichten erzählt: unwahre, halb wahre und wahre. Die unwahren, das waren die Märchen. Sagen und Legenden zählten zu den halb wahren, und die biblischen Geschichten, die konnte man glauben, denn das in ihnen Berichtete ist wirklich passiert.

Daher habe ich wirklich geglaubt, dass Jesus übers Wasser laufen und Wasser in Wein verwandeln konnte. Ich habe geglaubt, dass er den Sturm gestillt, Kranke geheilt, und Tote auferweckt hat. Und natürlich auch, dass er drei Tage nach seinem Kreuzestod auferstanden und 40 Tage danach gen Himmel aufgefahren ist. Und nach 50 Tagen wurde der Heilige Geist über seine Jünger ausgegossen und damit eine Art Standleitung zwischen Himmel und Erde gelegt.

Einmal hatte mir meine Mutter die Bibelstelle gezeigt, in der steht, die Haare auf meinem Kopf seien gezählt. Und sie bekräftigte, der liebe Gott weiß wirklich, wie viele Haare du auf deinem Kopf hast – heute täte er sich leichter mit dem Zählen, aber auch damals schon hatte er es geschafft –, und, so sagte meine Mutter, diese Geschichte beweist, dass er persönlich höchst interessiert ist an dir. Er wollte von Anfang an, dass es dich gibt, er hat einen Plan mit dir, und deine Aufgabe besteht darin, herauszufinden, worin der Plan besteht.

Natürlich ist auch mir erzählt worden: Der liebe Gott sieht alles. Aber im Gegensatz zu vielen anderen Müttern, die ihren Kindern damit ein Straf- und Aufpasser-Gottesbild einpflanzten, hat meine Mutter gesagt: Er muss alles sehen, damit er dich beschützen kann.

Er sieht dann zwar auch, was du alles anstellst, aber erstens vergibt er dir, wenn du es hinterher bereust, und zweitens kann er bei kleinen Jungens auch mal fünf gerade sein lassen. Kinder müssen lernen, und zum Lernen gehört, dass man Fehler macht, aus ihnen lernt man am meisten, und darum sollen Kinder sogar Fehler machen. Darum sind sie aber auch immer gefährdet, und deshalb muss der liebe Gott auf Kinder besonders gut aufpassen.

Der liebe Gott war mir daher tatsächlich ein lieber Gott, kein Kontrolleur, kein Angstmacher, sondern ein Beschützer, mit dem ich ständig in Kontakt stand und wortlos betend alles besprach, was es zu besprechen gab. Ich betete nicht nur für mich, sondern für alles, für Hungernde und für Erdbebenopfer, für meinen Freund, der sich in der Schule schwertat, für meine Dorf-Fußballmannschaft, und einmal betete ich, zum Glück erfolglos, der liebe Gott möge den Dorfmetzger vom Blitz erschlagen lassen, weil dieser immer unsere Schweine und Kälber abholte, um sie zu schlachten.

Erfolg wiederum hatte ich mit dem Gebet für den Vater eines Freundes, der wegen eines Herzinfarktes mit dem Leben rang. Der Mann blieb noch viele Jahre fröhlich am Leben, und immer, wenn ich ihm begegnete, dachte ich bei mir: Wenn du wüsstest, wem du das zu verdanken hast.

Da das so gut funktionierte zwischen mir und dem lieben Gott, hatte ich auch keine Mühe, die eigentlich schwierige Pfingstgeschichte zu verstehen – eine Geschichte, die ich als Kind besonders liebte, weil sie so schön Harry-Potter-mäßig erzählt wird:

Die Jünger saßen zusammen in Jerusalem. Man feierte gerade Schawuot, ein jüdisches Pilgerfest. Die Stadt war voll von Menschen aus aller Herren Länder. Und da »geschah plötzlich ein Brausen vom Himmel wie von einem gewaltigen Wind und erfüllte das ganze Haus, in dem sie saßen. Und es erschienen ihnen Zungen, zerteilt wie von Feuer; und er setzte sich auf einen jeden von ihnen, und sie wurden alle erfüllt von dem Heiligen Geist und fingen an zu predigen in andern Sprachen, wie der Geist ihnen gab auszusprechen.«

Das Brausen blieb nicht unbemerkt. Viele strömten an den Ort des Geschehens und staunten, denn jeder hörte die Jünger in seiner eigenen Sprache reden. Verwundert fragten sie: Das sind doch Galiläer, wie kommt es, dass sie so viele Sprachen beherrschen? Die babylonische Sprachverwirrung, sie war nun aufgehoben.

Noch heute habe ich das Bild aus meinem Gottbüchlein im Gedächtnis, das zeigt, wie über den Köpfen der Jünger kleine Flammen züngeln.

Ich verstand, dass an jenem Tag eine Standleitung zwischen Himmel und Erde gelegt wurde, über die jeder und jede mit Gott kommunizieren konnte, und dieses Medium ist der Heilige Geist, der Gott, Jesus und die Menschen miteinander verbindet und dafür sorgt, dass alle einander verstehen.

Schon bald erfuhr ich allerdings auch: Diese Leitung ist häufig tot. Wenn ich in der Schule schwierige Rechenaufgaben zu lösen hatte, betete ich, der liebe Gott möge es züngeln lassen über meinem Kopf, aber da züngelte nichts. Im Ausland wünschte ich regelmäßig, ich könnte fließend die Sprache des jeweiligen Landes sprechen, aber von selbst, wie bei den Jüngern, tat sich da nichts.

Er war ein Paradies, mein Kindheitsglaube. Ein Hort der Geborgenheit. Und dann wurde ich daraus vertrieben, zuerst durch die ganz natürliche Entwicklung. Es kam die Pubertät, und es kamen die Fragen, es nagten die Zweifel.

Ich wollte mich nicht aus diesem Paradies vertreiben lassen, aber je hartnäckiger ich klammerte, desto bohrender wurden die Fragen, desto stärker wuchsen die Zweifel.

Heute scheint es, als gebe es diese Standleitung nicht mehr, ja, als habe sie nie existiert, denn die babylonische Sprachverwirrung ist größer als jemals zuvor. Heute verstehen sich nicht einmal mehr die Menschen, die die gleiche Sprache sprechen. Ein Brausen vom Himmel, das die Verwirrung heilen könnte, ist nicht zu erwarten.

Meine eigenen Zweifel mündeten ins Studium der Theologie. Der Zweck war nicht das Pfarramt, sondern die Klärung aller offenen Fragen, vor allem der Frage, ob es einen Erwachsenenglauben gibt, der genauso trägt wie der Kinderglaube. Die Hoffnung, es könne diesen Erwachsenenglauben geben, erledigte sich bereits im ersten Semester, und der Erlediger hatte einen Namen: Rudolf Bultmann. Was er erledigte, war die Drei-Sorten-Lehre meiner Mutter. Ihre dritte Sorte, die »wahren Geschichten« der Bibel, schlug Bultmann kurzerhand der zweiten Sorte zu: halb wahre Geschichten, Mythen, Sagen und Legenden.

Ein christlicher Mythos sei die Einteilung der Welt in drei Stockwerke: oben der Himmel, unten die Hölle und dazwischen die Erde als Kampfplatz zwischen Gott und dem Teufel. Mythisch sei die Schilderung von Christus als einem präexistenten Gotteswesen, das sich auf Erden als Mensch inkarniert, Wunder vollbringt, Dämonen austreibt, Kranke heilt, die Sünden der Menschen auf sich nimmt, dafür am Kreuz stirbt, am dritten Tage aufersteht, in den Himmel fährt, von dort wieder zurückkommt, und zwar schon bald, und nach einem Ablauf verschiedenster kosmischer Katastrophen die Toten aufweckt, vor Gericht stellt und die gesamte Menschheit in Selige und Verdammte scheidet. Und mythisch sei schließlich die Vorstellung, am Ende aller Zeiten werde Christus einen neuen Himmel und eine neue Erde schaffen.

Dies alles seien Geschichten, die aus antiken Mythen, spätjüdischer Apokalyptik und gnostischen Erlösungsfantasien komponiert wurden, und diese seien durch das moderne Weltbild erledigt. Damit, sagt Bultmann, sei auch die Höllen- und Himmelfahrt Christi erledigt, erledigt sei die Vorstellung von einer unter kosmischen Katastrophen hereinbrechenden Endzeit, erledigt die Erwartung des auf den Wolken des Himmels kommenden Menschensohnes, erledigt die Wunder als bloße Wunder, erledigt der Geister- und Dämonenglaube.[1] Was dem antiken Menschen zu glauben möglich war, ist dem aufgeklärten Menschen, wenn er denn intellektuell redlich ist, verwehrt.

Als ruchbar wurde, was er da alles »erledigt« hatte, war die evangelische Kirche nahe daran, Bultmann zu erledigen. Nachdem etliche Bischöfe, Theologen, Laien, Pietisten, Evangelikale und Konservative Bultmann als Zerstörer des Glaubens und der Kirche angegriffen und ihm »Demontage der Christusbotschaft« und »Brunnenvergiftung« vorgeworfen hatten, sollte die Generalsynode der Vereinigten Evangelisch-Lutherischen Kirche Deutschlands 1957 Bultmanns Theologie öffentlich verurteilen. Er entging dieser Verurteilung nur knapp, wurde weltberühmt, und in der wissenschaftlichen Theologie haben er und seine Schüler sich durchgesetzt. Seine zentrale These, dass die biblischen Geschichten keine historischen Berichte, sondern Glaubensaussagen sind, die in das Kleid des Mythos gehüllt wurden, ist heute eine theologische Selbstverständlichkeit. Eine Theologie, die sich als Wissenschaft versteht, kann nicht mehr hinter Bultmann zurück.

Wenn das so ist, was machen wir dann mit den Mythen »Pfingsten«, »Himmelfahrt« und »Auferstehung«? Bultmann predigte ja immer, das wesentlich Christliche seien nicht die Mythen, sondern die unmythische in den Mythen verborgene Botschaft. Aber was soll das sein? Was bleibt noch, wenn man die Pfingstgeschichte als Mythos versteht?

Ich selbst habe lange gebraucht, um Bultmann zu verstehen. Irgendwann im Lauf vieler Jahre ging mir zunehmend auf: Das eigentlich Wundersame am Christentum sind nicht die Mythen, sondern tatsächlich die Fakten. Zum Beispiel das Faktum des Osterglaubens. Denn eigentlich musste Jesus, als er tot am Kreuz hing, als Gescheiterter betrachtet werden.

Sollte bis dato noch irgendjemand Messiashoffnungen an ihn geknüpft haben, so hätten diese Hoffnungen spätestens nach seinem Tod erlöschen müssen. So schändlich kann man nicht sterben, wenn man der Erlöser ist. Wenn Jesus der vom Alten Testament prophezeite Messias gewesen wäre, dann hätte er im letzten Moment vor seinem Tod vom Kreuz herabsteigen, himmlische Heerscharen zu sich rufen und mit diesen die Römer aus dem Land jagen müssen. Hat er nicht getan. Starb einen jämmerlichen Kreuzestod. Wurde hingerichtet wie ein ganz gewöhnlicher Verbrecher. Hat die Erwartungen an eine Messiasfigur nicht erfüllt.

Die Jünger ahnten es in dem Moment, in dem Jesus verhaftet

wurde. Da schlugen sie sich in die Büsche, hauten ab und wurden nicht mehr gesehen.

Nur einer schlich heimlich hinter dem Soldatentrupp her, der Jesus abführte und vor den Hohen Rat brachte: Petrus. Er folgte ihm bis in den Vorhof des Gebäudes, in dem Jesus vernommen und verurteilt wurde. Warum ging Petrus nicht hinein, um als Zeuge für Jesus auszusagen?

Weil er Angst hatte. In jenem Vorhof wird er von einer Magd erkannt als einer, der zu diesem Jesus gehört, gegen den gerade Anklage erhoben wird. Petrus aber streitet es ab. Die Magd beharrt darauf, ihn zu erkennen, macht die Umstehenden auf ihn aufmerksam, und auch sie sagen: Ja, den kennen wir, der gehört zu dieser Jesus-Truppe. Dreimal streitet Petrus ab, etwas mit dem Angeklagten zu tun zu haben. Da kräht der Hahn. Nun verschwindet auch Petrus, und wir hören nur noch von den Frauen.

Sie sind es, die ihre Angst vor der Verhaftung überwinden, bei Jesus bleiben, sich zu ihm bekennen, vor seinem Grab weinen, Kräuter und Öle kaufen, um ihn zu salben.

Frauen sind die Letzten, die Jesus sehen. Frauen balsamieren seinen Leichnam. Frauen sind die Ersten, die den Auferstandenen erblicken.

Von den Männern schweigen die Texte, so laut, dass einem die Ohren klingen. Das Schweigen sagt: Von den Männern, die in besseren Zeiten engstens mit Jesus zusammengearbeitet und sich wichtiggemacht haben, fehlt in der Stunde seines Todes jede Spur. Jesus stirbt, und seine Jünger sind weg.

Sie hatten wohl in typisch männlicher Manier gedacht: Wenn Jesus der Messias ist und sich demnächst in seiner ganzen Macht und Herrlichkeit allen offenbart, dann werden wir, seine engsten Mitarbeiter, die erste Geige spielen. Dass sie so dachten, beweisen die vielfältig bezeugten Rangstreitigkeiten, die es unter den Jüngern gegeben hat, und ihre sie brennend interessierende Frage, wann es denn nun anfinge mit der Gottesherrschaft, wie es dabei zugehe, und welche Rolle sie dabei spielen würden.

Und dann das Desaster. Jesus am Kreuz. Der, den sie für den Messias gehalten hatten, tot. Es muss ihnen nun verrückt erschienen sein, wegen dieses Rabbis ihre wirtschaftliche Existenz aufgegeben zu haben. Vielleicht haben sie sich sogar heimlich vor sich selbst geniert, dass sie mit ihm durch die Gegend gezogen sind und seinen Versprechungen von der Gottesherrschaft geglaubt haben. Jedenfalls schien nun die Devise zu gelten: Vergiss es. Vorbei. War alles nur ein Irrtum. Und daher geht es jetzt nur noch um eines: die eigene Haut retten. Rückzug aus der Öffentlichkeit. Gras wachsen lassen über die Sache.

Normalerweise hätte dieser Jesus jetzt, wie all die anderen im Lauf der Jahrzehnte von den Römern gekreuzigten Unruhestifter, dem Vergessen anheimfallen müssen. Die Römer hatten gedacht: Kreuzigen wir ihn, damit endlich wieder Ruhe herrscht. Und 50 Tage lang schien es so, als ob die Rechnung aufgegangen sei.

Aber dann geschieht das Unerwartete. Die geflohene, verängstigte, in alle Winde versprengte Losertruppe kommt nach Jerusalem zurück. Sie sind plötzlich wieder da, versammeln sich, kennen keine Angst mehr, fassen den Mut, sich öffentlich zu dem zu bekennen, der den schändlichsten Tod gestorben ist, der damals denkbar war. Sie machen einfach weiter, wo Jesus aufgehört hatte, verkünden furchtlos seine Botschaft.

Das mit den 50 Tagen ist vermutlich sogar eine realistische Angabe. So lange muss es gedauert haben, bis Jesu Anhänger verarbeiten konnten, was geschehen ist. Ein ungeheurer Sinneswandel musste sie erfasst haben während dieser Zeit.

Am Ende des vollzogenen Wandels hatten sie ein neues Bild von Gott, so neu, so revolutionär, so provokant, dass es bis heute allen Vernünftigen als verrückt erscheinen muss: ein Verlierer als Sieger. Ein Hingerichteter als Herr über die Welt, geboren als Kind einfacher Leute in einem Kaff am Rande des Römischen Reichs. Ein Gott, der sich menschlichen Wunschvorstellungen verweigert und darum gerade nicht in Begleitung himmlischer Heerscharen vom Himmel herabsteigt, um ein gewaltiges Spektakel zu inszenieren, sondern sich stattdessen zu einem sterblichen Menschen entäußert.

Ein Mensch, der liebt, leidet, sich nicht wehrt, gott- und menschen-
verlassen stirbt, und auf das Unzuverlässigste überhaupt baut: das
menschliche Herz, die menschliche Bußfertigkeit, die menschliche
Umkehrbereitschaft, die menschliche Schwäche.

Endlich hatten sie verstanden, was Jesus ihnen zeit seines Lebens
eigentlich hatte beibringen wollen. Aber sie waren taub für seine
Worte. Erst jetzt, nach seinem Tod und nach gemeinsam geleisteter
Trauerarbeit, gemeinschaftlichem Denken und mühevoller Reflexion des Geschehenen, war ihnen ein Licht aufgegangen, züngelte es
in und über ihren Köpfen.

Und dann haben sie einander gesagt: Ihre Feinde konnten zwar
Jesus aus der Welt schaffen, aber nicht seine Botschaft. Dafür werden wir jetzt sorgen. Wir werden jetzt weitersagen, was er uns bei-
gebracht hat – das Gleichnis vom barmherzigen Samariter, das Gebot der Feindesliebe und der Gewaltlosigkeit, die goldene Regel.
Und wie eine neue Gesellschaft entsteht, wenn wir aufhören, über-
einander herrschen zu wollen, und anfangen, einander zu dienen.

Die Verblüffung darüber, erst jetzt verstanden zu haben, was Jesus
eigentlich gemeint hatte, und wie weltumstürzend das ist, dazu das
Glück, dass es anscheinend alle zur gleichen Zeit begriffen und tatsächlich alle dasselbe verstanden hatten, waren dann, als ob ihr Herr
und Meister wieder mitten unter ihnen sei und nie wirklich weg
gewesen war. Die damit verbundene Begeisterung und die Gewissheit, dass es nicht vorbei ist, sondern jetzt erst richtig losgeht, das
muss dann für seine Anhänger so etwas gewesen sein wie Auferstehung, Himmelfahrt und Pfingsten in einem.

Die Juden wollten ihnen nicht glauben und die Heiden erst recht
nicht. Und eigentlich kann man es ihnen nicht verdenken. Ist es
nicht eine Zumutung, an einen solchen Gott glauben zu sollen?

Ja, genau das ist es, eine Zumutung. Aber: Wo immer und wann
immer das verstanden und dann auch gelebt wird, ereignet sich
Pfingsten.

Mein eigenes, ganz persönliches Pfingsterlebnis hatte ich, als ich
eines Tages etwas entdeckte. Als Kind kannte ich keine Angst, weil

ich in Gefahrensituationen immer dachte: Du musst dich jetzt gar nicht besonders fürchten, denn entweder haut dich der liebe Gott hier raus, oder aber er braucht dich im Himmel, dann musst du halt jetzt sterben, das wird schon so schlimm nicht werden. Dieser Kinderglaube ist heute natürlich weg. Die Angstfreiheit aber ist mir ein Leben lang geblieben. Und noch etwas Zweites: Die »wahren Geschichten« meiner Mutter vermittelten mir ein strotzendes Selbstbewusstsein und Selbstvertrauen. Ich war zwar nur das Kind armer Bauern, aber hatte persönlichen Zugang zum Allerhöchsten. Er kennt die Zahl meiner Haare. Warum sollte ich an mir zweifeln? Noch heute neige ich – zum Leidwesen meiner Frau – in allen Dingen zur Selbstüberschätzung. Aber eine Nebenwirkung davon ist Resilienz.

Daher denke ich heute: Diese »wahren Geschichten« meiner Mutter sind so etwas wie eine General-Impfung gegen Angst und alles Mögliche gewesen. Ich kann natürlich nichts beweisen, aber von der Pädagogik und Psychologie schon vielfältig bestätigt und von der neuen Hirnforschung bekräftigt wird die These, dass man seine Kinder durch gute Geschichten und natürlich durch ein Familienleben und ein soziales Umfeld, die diesen Geschichten entsprechen, tatsächlich stark machen kann.

Geschichten sind Lebensmittel, geistig-seelische Nahrung, die wir so dringend benötigen wie gesunde körperliche Nahrung. Gute Geschichten stärken das geistig-seelische Immunsystem. Eine dieser guten Geschichten ist die Pfingstgeschichte.

Heilig ist jeder Geist,
der Frieden stiftet

Warum man dafür beten muss,
dass immer wieder Pfingsten wird

Heribert Prantl

S ie erinnern sich an diesen Tisch, an diesen entsetzlich leeren und lächerlich langen Tisch: An der einen Schmalseite sitzt Putin. An die andere Schmalseite hat der russische Staatschef erst den französischen Präsidenten Emanuel Macron und dann den deutschen Kanzler Olaf Scholz gesetzt, um denen dann über die sechs Meter Entfernung vorzulügen, dass es keinen Krieg gegen die Ukraine geben wird. Es war eine absurde Szenerie, es war die Inszenierung von Zukunftslosigkeit, weil an so einem Tisch die Zukunft nicht Platz nimmt. Das Bild war dann der Anlass für allerlei Analysen und Kommentare über die Isolation Putins, über seinen Größenwahn und über sein Scheitern über kurz oder lang. Diese Analysen und Kommentare waren gewiss richtig. Kurz darauf begann er den Krieg. Mit dem Bild vom Kreml-Tisch hat dieser Krieg begonnen. Der Tisch war das Symbol, er war ein Zerrbild. Das Bild zeigte eine ungeheuerlich gestörte Kommunikation. Das Bild war ein Anti-Pfingstbild.

Die Pfingstgeschichte ist nämlich eine Kommunikationsgeschichte. Sie handelt davon, wie man aus einer ausweglos bedrängten Situation herauskommt und die richtige Sprache findet, um erfolgreich für seine Sache zu werben. Sie geht im biblischen Original so: Die Jünger des hingerichteten Jesus haben sich verkrochen. Denn nach der Euphorie, die der Glaube an seine Auferstehung ausgelöst hatte, entdecken sie ernüchtert und auch ängstlich: Wir haben jetzt keinen mehr, der uns vorausgeht und sagt, wo es langgeht. Christus ist im Himmel und wir sind auf der Erde, auf dem harten

Boden der Tatsachen. Das verunsichert. Das verwirrt. Das lähmt. In ihrer Lethargie werden sie wie aus dem Nichts von einer Inspiration, von einer Geistkraft ergriffen, die sie wie ein Sturm überkommt. Die Jesus-Leute sind keine Politiker, keine Diplomaten, sie sind auch nicht sprachenkundig. Aber nun sprechen sie zu einer Menschenmenge aus aller Herren Länder, und es geschieht etwas, was diese Geschichte so wundervoll macht: Jeder hört sie in seiner Sprache reden. Es ist nicht so, dass der Geist ihnen schnell Fremdsprachen eingetrichtert hätte; hier geht es nicht um eine spektakelhafte Sensation. Sie haben vielmehr die Gabe, über alle Sprachbarrieren hinweg die anderen zu erreichen. Sie verstehen und sie werden verstanden. Sie finden, inspiriert vom Heiligen Geist, die richtigen Worte.

Von dieser Kraft der guten Kommunikation handelt die Pfingsterzählung: Es ist eine Kraft, die aus der Erstarrung, der Isolation und der Verzweiflung herausführt; es ist eine Kraft, die das Credo der Feindbilder zerbricht. Das hebräische Wort für diese Kraft heißt *Ruach*. Die Metaphorik, die die Bibel für die Wirkungen dieser Geistkraft im Repertoire hat, ist fantastisch und vielfältig. Gottes *Ruach* hat bereits im zweiten Satz der Bibel, im Schöpfungsmythos, ihren ersten Auftritt: Die Erde ist Tohuwabohu, aber Gottes Geistkraft schwebt über der finsteren Tiefe und wirkt mit, dass aus dem düsteren Chaos ein lichter Lebensraum wird. Besonders eindrücklich ist eine Vision im Prophetenbuch Ezechiel. Da kommt Gottes *Ruach* über ein Leichenfeld, fährt in die toten Gebeine und gibt ihnen ihre Lebenskraft wieder. Dies sind auch in den Tagen des Ukrainekrieges trotzige, pfingstliche Einsprüche, es sind verwegene Visionen. *Ruach* – es ist dies aber keine Kraft, die einmal vom Himmel fällt und dann für immer dableibt. Es ist eine Kraft, die Umkehr erfordert.

Beim Wort Umkehr dachte ich seit Beginn des Ukrainekrieges zuallererst und ganz wörtlich an Putins Armee, an den verzweifelten Wunsch, dass sie vom Überfall auf die Ukraine ablassen und umkehren möge. Beim Wort Umkehr denke ich auch an die vielen friedensbewegten Menschen unter uns, die sich heute fragen, ob sie sich womöglich in die falsche Richtung bewegt haben, als sie einst, in den frühen 80er-Jahren, in den Zeiten des NATO-Doppelbeschlusses dagegen demonstriert, Menschenketten gebildet und Friedensgebete veranstaltet haben. Nicht wenige fragen sich jetzt, ob das nicht zu blauäugig war, weil Putin heute auf die Friedensordnung einschlägt wie verrückt. Gewiss: Der Frieden in Europa, den wir heute gefährdet und gebrochen sehen, ist kein Frieden, der ohne Waffen geschaffen wurde. Er wurde mit Waffen geschaffen. Aber es ist ein Frieden, der ohne die Pazifisten und Kriegsdienstverweigerer, der ohne die Frieden-schaffen-ohne-Waffen- und die Schwerter-zu-Pflugscharen-Rufer nicht gewachsen wäre. Sie haben dem aufgeblasenen Geist des Militarismus die Luft abgelassen. Die Befriedung unseres Kontinents ist ohne seine Friedensbewegungen nicht denkbar.

Der leere Tisch im Kreml war und ist eine Allegorie der aggressiven Entzweiung. Als ich das Bild von diesem monströsen Tisch sah, war ich gerade dabei, mir Gedanken zu einer Fastenpredigt zu machen – in der es um eine Umkehr der Kirche gehen sollte. Und ich bin vor mir selber erschrocken, als ich bei diesem Bild der Leere nicht nur an den Kreml, sondern an die Kirche dachte, an meine katholische Kirche, der ich trotz meines Zorns über sie angehöre. Ich dachte an die Distanz zwischen den Gläubigen und der kirchlichen Hierarchie, die viel größer ist als nur sechs Meter; ich dachte an die wachsende religiöse Entfremdung; ich dachte an die Flucht von Hunderttausenden von Kirchenmitgliedern aus dieser Kirche; ich dachte an die immer höheren Zahlen der Kirchenaustritte; ich dachte an die leeren Kirchen, in denen das ewige Licht wie ein Warnsignal brennt; und ich dachte an den Synodalen Weg, der den leeren Tisch zu einem gedeckten Tisch machen will, an dem man gern Platz nimmt; zu einem Tisch, an dem man zusammenrückt, an dem man Gemeinschaft spürt, an dem man trotz alledem, trotz aller Nöte und Gefahren auf Kräftigung hofft und darauf, dass es ein Morgen gibt. Es ist aber ein Tisch, von dem der Vatikan immer wieder das Tischtuch reißt.

Nein, ich vergleiche nicht die Kreml-Autokratie mit der katholischen Kirche; aber mich fassen die Tristesse und die Trostlosigkeit an, die dieser leere Tisch verbreitet. Es ist ein Gefühl, das mich auch überfällt, wenn ich über die Kirche nachdenke. Ich bin sehr katholisch aufgewachsen, war Ministrant in einer Zeit, in der man den Pfarrer noch mit »Hochwürden« anredete, und in meinen ersten Zeitungsartikeln, die ich mit 14 Jahren in der Lokalzeitung schrieb, berichtete ich davon, was bei der örtlichen Kolping-Generalversammlung der »H. H. Kaplan«, also der hochwürdige Herr Kaplan gesagt hatte. Der Titel »Hochwürden« stammt aus einer Epoche, in die ich nicht zurückwill; es war aber eine Epoche, in der die Würde des geistlichen Amtes den Herrn, der dieses Amt bekleidete, emporhob, heiligte und schier unantastbar machte – und zwar auch dann, wenn dieser Herr ein unangenehmer Mensch, ein grässlicher Sünder oder ein unwürdiger Widerling war; er galt trotzdem als Hochwürden. Ich erinnere mich an meine Großmutter, die, wenn sie über einen Geistlichen schimpfte, den Satz hinterherschob: »Die heilige Weihe ausgenommen.«

Dieser Respekt ist vorbei. Seit den Missbrauchsskandalen ist es sogar umgekehrt: Die Unwürdigkeit der Person erfasst das Amt, die Gemeinheit des Amtsträgers entehrt die katholische Kirche: erstens, weil es so viele Amtsträger sind, die als unwürdig entlarvt wurden und werden; zweitens, weil die Amtskirche so lange weggeschaut hat; und drittens, weil gewisse kirchliche Hierarchen das Wort Hierarchie zu einem Synonym für Heuchelei und Machtmissbrauch gemacht haben. Und so sind zahlreiche untadelige, hochengagierte Seelsorger und Jugenderzieher unter Generalverdacht geraten; dieser Generalverdacht infiziert alles Kirchliche. Die Missbrauchsskandale sind der schier nicht mehr endende Karfreitag der katholischen Kirche. Sie sind die Dornen in der Dornenkrone des Gekreuzigten.

Mir fällt eine Strophe aus dem berühmtesten Passionslied ein. Das Lied »O Haupt voll Blut und Wunden« beschreibt nicht nur das Leid, das sich in diesem Gesicht widerspiegelt; es stellt auch fassungslos die Frage, wer dieses Leid angerichtet hat. Sie wird in der vierten Strophe beantwortet. Sie lässt keine Ausreden zu, sie spricht nicht nur von der Vergangenheit, sondern von der Gegenwart. Nicht die Umstände, nicht die Zeitläufte – der Fragende, der Betrachter des Gekreuzigten, der Betende muss sich schuldig bekennen:»Schaut her, hier steh ich Armer, der Zorn verdienet hat.« Es ist dies eine Zeile, die so manche beim Anstimmen des Liedes schier verstummen lassen muss. Ist es denn nicht die Kirche selbst,»die Zorn verdienet« hat? Weil sie den tausendfachen sexuellen Missbrauch Minderjähriger durch Priester so lange verheimlicht und verharmlost hat; weil sie geglaubt hat und manchmal immer noch glaubt, sie müsse sich nur ducken, bis der Sturm vorübergeht; weil sie zu einer radikalen Umkehr bisher nicht fähig ist. Nicht nur die Kirche in Deutschland, die Weltkirche ist in einer existenziellen Systemkrise – auch deswegen, weil sie sich den Fragen nach den Fehlern im System nicht oder viel zu wenig stellt. Sie braucht Umkehr zu sich selbst.

Die sexuelle Ausbeutung von Wehrlosen ist das Risiko einer zwangszölibatären, autoritären Kirche, die in 2000 Jahren zwar die Frauen aus allen Machtpositionen vertrieben hat, aber den Menschen nicht die Sexualität austreiben konnte. Der sogenannte Missbrauchsskandal ist ein Jahrtausendskandal. Es braucht daher eine Jahrtausendreform. Zu den Reformen gehören eine Verbrüderlichung und Verschwesterlichung, also Gleichberechtigung und Enthierarchisierung, zu den Reformen gehört die Ordination von Frauen – zu den Reformen gehört eine neue Sexualmoral. Die Taufe ist die Eingliederung in eine Gemeinschaft, in der Nächstenliebe, Vergebung und Barmherzigkeit, in der Gleichberechtigung, Brüderlichkeit und Schwesterlichkeit praktiziert werden, praktiziert werden sollen. Das muss man spüren, das muss man sehen. Das muss in der Kirche gelebt werden. Es braucht die Geistkraft in der Kirche.

Es gibt ein subversives Gegenbild zum monströs leeren Kreml-Tisch, es ist eine Fotomontage: Sie platzierte Jesus und seine Jünger beim letzten Abendmahl zwischen Putin und Macron bzw. Scholz: Leonardo da Vincis berühmtes Wandgemälde aus dem Speisesaal des Mailänder Dominikanerklosters Santa Maria delle Grazie wurde in die gespenstische Szene im Moskauer Kreml hineinmontiert. Aus einem Bild der Leere wurde so ein Bild des Zusammenrückens in der Nacht des Verrats. Dieses Bild des Abendmahls erinnert an Menschen, die sich verbünden, es erinnert an das Überwinden von Ängsten und Todesangst, es erinnert an das Einander-beistehen, es erinnert an Menschen, die das Brot teilen und die gemeinsam fest daran glauben, dass der Tag kommt, an dem sie es in Frieden essen werden.

Wenn man an die Ukraine, wenn man an den Nahen Osten denkt, dann wird einem bewusst, dass der Satz »Der Friede sei mit euch« sehr viel mehr ist als ein ausgeleiertes frommes Sprüchlein, das zu den religiösen Floskeln gehört. »Der Friede sei mit euch«: Es ist dies, so die Bibel, das erste Wort des auferstandenen Jesus an seine Jünger. Es ist dies ein pfingstlicher Satz. Im Anfang war das Wort, nicht die Panzerhaubitze. Und so sehr wir das Recht, sich gegen Angriffe zu verteidigen, anerkennen, so sehr müssen wir doch auch sagen: Unsere Aufgabe ist es, an die friedensstiftende Kraft des Wortes zu erinnern. Friede kann letztlich nur durch das Wort, durch Verhandlungen entstehen, gerade wenn er ein gerechter Friede sein soll. Was also wäre ein gerechter Friede? Ein gerechter Friede ist ein Friede, in dem die Menschen in Zukunft in Gerechtigkeit leben können. Die Alternative zum gerechten Frieden darf doch nicht ewiger Krieg sein. Niemals darf Krieg die Politik ersetzen. Darum lautet der Appell: Lasst nicht allein die Waffen sprechen! Verachtet Verhandlungen nicht! Glaubt an die Kraft des geistesgegenwärtigen Wortes! Gerechtigkeit ist mehr, sie ist anders als jene Gerechtigkeit, die die Bösen bestraft und die Guten belohnt. Sie besteht darin, Leben und Zukunft möglich zu machen. Betet um Frieden!

Das Beten ist die Urform der Kommunikation. Kommunikation beginnt für Christinnen und Christen mit dem Gebet. Es gibt die Kraft, vom Frieden zu reden auch dann, wenn sonst überall vom Sieg die Rede ist. In schwierigen, in gefährlichen, in tödlichen Zeiten wird gern der Spruch aufgerufen: »Da hilft nur beten.« Dieser Spruch kann eine kleine, gar spöttische Ermunterung sein, die ein ironisch trainiertes Bewusstsein kitzelt – oder aber ein schicksalsschwerer und verzweiflungsnaher Satz, der ein Wunder beschwört. »Not lehrt beten« – das ist ein Spruch, in dem sich Geschichte und Welterfahrung spiegeln. Das Beten gibt der Not eine Sprache, es vermeidet die Sprachlosigkeit in existenzieller Lage. Beten heißt: eine Sprache und eine Geste finden für Glück, Unglück und Wünsche. Da gibt es nichts, was man nicht sagen dürfte – bis dahin, dass der Beter seinen Gott schüttelt und anklagt: »Warum hast du mich verlassen?« – »Warum?«, klagt der Beter. »Wie lange?«, fragt er. Man erlegt sich keine Zensur auf im Gebet. Ist das Glaube? Das ist nicht wichtig. Man kann auch ungläubig beten. Wichtig ist: Wer Fragen stellt, resigniert nicht. Wer fragt, klagt, bittet, wer aufbegehrt – der hat schon angefangen, etwas zu unternehmen gegen das, was ihm und den anderen angetan wird. Wer es nicht mit dem religiösen Wort »Gebet« benennen will, nenne es therapeutisches Selbstgespräch. Es hilft beim Wieder-Aufstehen.

Was kann ein Gebet denn schon ändern, fragt man sich. Christen glauben an die Macht des Gebets, daran, dass es sehr viel ändern kann. Sie bestürmen ihren Gott daher mit kleinen und großen Bitten. Es gibt »Weltgebetstage« für bestimmte Anliegen. Und die Wallfahrtsorte hängen voll mit Danksagungen für erfahrene Hilfe. Das alles muss man nicht glauben; und als Nichtchrist mag man das belächeln. Gott, wenn es ihn gibt, ist kein Icon, das man anklickt, um das Programm zu öffnen, das man haben will. Aber: Beten kann tatsächlich etwas verändern. Es verändert den, der betet. Meine Großmutter hatte in ihrem Gebetbuch einen Zettel, auf dem handgeschrieben ein Gedicht des heute zu Unrecht vergessenen Schriftstellers Reinhold Schneider stand, sein berühmtes Sonett wider die Nazis von 1936: »Allein den Betern kann es noch gelingen / Das Schwert ob unseren Häuptern aufzuhalten.« Und dann weiter: »Denn Täter werden nie den Himmel zwingen: Was sie vereinen, wird sich wieder spalten, Was sie erneuern, über Nacht veralten, Und was sie stiften, Not und Elend bringen.«

Als ich dieses bewegende Gedicht, das der damals 33-jährige Dichter im Jahr der Olympiade in Berlin geschrieben hat, Jahrzehnte später wieder gelesen habe, habe ich mir zunächst gedacht, dass ein klarer Widerstand der Kirchen gegen die Nazis erfolgreicher gewesen wäre als die Beterei. Dem evangelischen Pfarrer Dietrich Bonhoeffer, der kurz vor Kriegsende 1945 hingerichtet wurde, war klar, dass man Hitler nicht einfach wegbeten kann. Aber aus dem Gebet schöpfte er Kraft zum Widerstand. Es ist die Macht des Gebets, dass es etwas mit dem Menschen macht, der betet. Deshalb ist auch in den zunehmend bitteren Zeiten, in denen wir leben, in denen wir das Gefühl haben, dass die alten Sicherheiten zerbrochen sind, der Satz »Lasset uns beten« keine Frömmelei. Beten kann heilen und wieder mit dem Lebenswillen verbinden. Teresa von Ávila, die vor 500 Jahren geborene Mystikerin, vergleicht die Wirkung des Gebets für die Seele mit dem Regen, der einen Garten bewässert. Das Klage- und Bittgespräch macht ruhiger, geordneter, gewisser. Es macht auch mutiger. Diesen Mut brauchen wir. Wir brauchen den Mut, vom Frieden zu reden, auch wenn dieses Reden kaum jemand hören will. Pfingsten ist es, wenn Gegner, wenn Feinde miteinander reden können.

Die Voraussetzung für das Miteinander-reden-Können ist, dass man bereit ist, dem Gegner und Feind zuzuhören – auch wenn man das, was der tut, zu Recht für unsäglich hält. Das erfordert Kraft, viel Kraft. Deswegen ist Pfingsten auch ein ziemlich schwieriges Fest. Es wurde in jüngerer Zeit hierzulande immer wieder überlegt, ob man den zweiten Pfingstfeiertag nicht einfach streichen sollte. Wenn man den Sinn von Pfingsten verstanden hat, wünscht man sich eher noch einen dritten Pfingstfeiertag. Die Kraft des Geistes braucht Präsenz, Platz und Raum.

Wie wird es Pfingsten? Was muss man dafür tun, welche Hindernisse sind zu überwinden und wie gelingt das? Allein Waffen, Geschütze, Geschosse und Kampfflugzeuge überwinden die Hindernisse nicht. Sie führen nicht dazu, dass aus einem zerstörten Land wieder ein Raum wird, in dem sich leben lässt. Man braucht dazu einen Geist, der Kraft und Willen zur Verständigung schafft. Heilig ist jeder Geist, der Frieden stiftet.

Für den Zusammenhalt braucht es Kölner Geisteskraft

Henriette Reker

Verortung

Dass die Oberbürgermeisterin der viertgrößten Stadt Deutschlands über Pfingsten nachdenkt, liegt nicht unbedingt auf der Hand. Ebenso wenig befähigen mich meine formalen Qualifikationen zu einer theologischen Erörterung – ich bin Juristin, habe als Anwältin und den größten Teil meines Berufslebens in der öffentlichen Verwaltung gearbeitet. Ich bin evangelisch, durch emanzipierte Ordensschwestern der Kölner Liebfrauenschule katholisch geprägt, hatte als Kind des pluralistischen Köln schon immer Kontakt zu Menschen unterschiedlicher Kulturen oder Religionen und pflege heute als Vorsitzende des Kölner Rates der Religionen einen intensiven Dialog mit allen Glaubensgemeinschaften.

Entsprechend frei, weit und letztlich laienhaft ist mein Blick auf Pfingsten.

Die gedankliche Grenze meines Beitrags ist das selbst Erlebte, die räumliche Grenze das Kölner Stadtgebiet. Aus dieser Perspektive heraus habe ich in meiner Biografie und an meinem Herzensort nach »Pfingstlichem« gesucht – und mehr gefunden, als ich glaubte: von einer Eingebung über das Formen einer Haltung für Vielfalt und Mitmenschlichkeit bis hin zur Hoffnung, die die Kölner Geisteskraft in unserer Zeit des Krisenmodus vermittelt.

Wenn der Pfingstwind auf Erneuerung steht

Und es geschah plötzlich ein Brausen vom Himmel wie von einem gewaltigen Sturm und erfüllte das ganze Haus, in dem sie saßen. (Apg 2, 2)

Manchmal bestimmen wenige Sekunden über die Richtung des eigenen Lebens. Sie ereigneten sich in meinem Fall am 3. März 2009 um 13:58 Uhr am Kölner Waidmarkt: Sieben Stockwerke des Kölner Stadtarchivs bebten kurz und sackten in die havarierte Baugrube einer U-Bahn-Linie, rissen angrenzende Häuser mit und zwei Menschen unmittelbar in den Tod. Fast 30 Regalkilometer Urkunden, Dokumente, Nachlässe und andere Zeugnisse aus 2000 Jahren Stadtgeschichte versanken im Schlamm.

Als mich die Nachricht erreichte, war ich zutiefst bestürzt, wütend, traurig – und zugleich formte sich blitzschnell ein Gedanke: Meine berufliche Zukunft liegt in Köln. Denn ich wollte meine Fähigkeiten meiner Heimatstadt zur Verfügung stellen.

Ich arbeitete und lebte damals als Sozialdezernentin in Gelsenkirchen und war über die Skandale und Krisen informiert, die sich in meiner Heimatstadt Köln ereigneten. Der Einsturz des Stadtarchivs markierte den Tiefpunkt. »Köln kann's nicht«, hieß es damals vielfach. Und auch ich war der Meinung, die Kölner:innen hätten etwas Besseres verdient als eine Stadtverwaltung, für deren Entscheidungen Partei- und Partikularinteressen oft wichtiger waren als fachliche Expertise.

Mein Anspruch an eine öffentliche Verwaltung war schon damals der einer professionellen Dienstleisterin, die transparent, nachvollziehbar, gleichbehandelnd eine Gesellschaft nach vorn entwickelt – und die die Kölner:innen ermuntert, am Gelingen ihres pluralistischen Gemeinwesens mitzuwirken. Mit dieser Idee – für deren Umsetzung ich bis heute eintrete – wurde ich 2010 Beigeordnete für Soziales, Integration und Umwelt der Stadt Köln.

Die Apostelgeschichte beschreibt, wie nach einem Brausen die Jünger vom Heiligen Geist erfüllt wurden. Ich erkenne durchaus eine gewisse Parallele zu meiner damaligen Empfindung, dass sich im Unglück des Stadtarchiveinsturzes von einem Moment auf den anderen eine innere Kraft und Gewissheit einstellten, deren Herkunft und Klarheit ich mir bis heute kaum erklären kann – die aber stark genug waren, um meinem Leben eine Wendung zu verleihen.

In Köln ist der Heilige Geist ein Halsbandsittich

»Der Heilige Geist ist da / wo die Welt bunt ist«, hat der Priester Wilhelm Willms in seinem Gedicht »Der Heilige Geist ist ein bunter Vogel« geschrieben, und diese Zuschreibung ist mir besonders sympathisch: Denn Diversität ist eins meiner Herzensthemen – und das ist möglicherweise typisch für eine gebürtige Kölnerin. Über 40 Prozent der Kölner:innen verfügen über eine internationale Herkunftsgeschichte. In der Stadt leben Menschen aus über 180 Nationen, die über 130 Religions- und Glaubensgemeinschaften angehören – und Vielfalt ist so etwas wie das Leitmotiv, das in der langen Stadtgeschichte immer wieder anklingt, auch wenn zur Vollständigkeit die Misstöne der Verfolgung von Minderheiten dazugehören. Denn auch sie hat es in Köln immer wieder gegeben.

Vor 2000 Jahren von den Römern auf ubischem Gebiet gegründet, entstanden in Köln schon in der Spätantike christliche Kirchen auf den Trümmern römischer Tempel und Ruinen. Das Jahr 313 gilt als Gründungsjahr des Kölner Bistums. Eine jüdische Gemeinde ist für das Jahr 321 nachweisbar. Spätestens seit Erzbischof Rainald von Dassel 1164 die Gebeine der Heiligen Drei Könige von Mailand in die Stadt brachte, wurde Köln zur europaweit bekannten und beliebten Pilger- und Handelsstadt. Der Bund der Hanse weitete den Kölner Horizont genauso wie die 1388 gegründete Universität. Menschen aus ganz Europa kamen mit Ideen, Träumen oder Produkten in die Stadt. Und ich bin überzeugt, dass die Kölner Mentalität der Aufgeschlossenheit ihre tieferen Ursachen in dieser geschichtlichen Entwicklung hat.

Über Jahrhunderte hinweg gab es Zeiten von mehr oder weniger Vielfalt in der Stadt. Doch nach dem Zweiten Weltkrieg ging es mit der Diversität stetig bergauf, beginnend mit den Vertriebenen aus den ehemals deutschen Ostgebieten und später den sogenannten Gastarbeitern, die auch nach Köln gerufen wurden. Wie schon Max Frisch beobachtete, kamen jedoch – anders als vorgestellt – nicht einfach Arbeitskräfte als Gäste auf Zeit, sondern Menschen mit eigenen Bedürfnissen, Sprachen, Glaubensrichtungen und kultureller Prägung aus Italien, Spanien, Griechenland, der Türkei, aus Marokko und Südkorea. Ich erinnere mich auch, wie in den 1970er-Jahren zunehmend alternative Lebensmodelle in Köln sichtbar wurden, darunter eine homosexuelle Subkultur. 2019 identifizierte sich jeder zehnte Mensch in Köln als lesbisch, schwul, bisexuell, trans- beziehungsweise intergeschlechtlich oder queer.

Eine so diverse Stadtgesellschaft wie die Kölner braucht Gemeinsamkeiten, die über das Teilen einer Postleitzahl hinausreichen. Sie braucht eine innere Stärke, die zusammenhält. Diese Stärke können geteilte Werte sein oder – um im pfingstlichen Vokabular zu bleiben – eine Geistkraft, die stärker ist als formale Unterschiede wie Religion, Kultur, Ethnie, Herkunft oder sexuelle Orientierung.

Im Fall Kölns ist diese Kraft der Glaube an den zwischenmenschlichen Respekt und Offenheit gegenüber unterschiedlichen Lebensentwürfen. Es herrscht Begeisterung für diese Haltung, die auch Zugezogene schnell ansteckt. Um es in Anlehnung an Wilhelm Willms zu sagen: In Köln ist der Geist, der uns verbindet, ein bunter Vogel, so bunt wie der eingewanderte Halsbandsittich in den Parks der Stadt.

Doch auch unter diesen günstigen Bedingungen muss um den Glauben an die Vielfalt immer wieder geworben werden, wie ich bald nach meinem Amtsantritt als Beigeordnete der Stadt Köln feststellte.

Der Geist der Mitmenschlichkeit

Und es erschienen ihnen Zungen wie von Feuer, die sich verteilten; auf jeden von ihnen ließ sich eine nieder. (Apg 2, 3)

Zu meinen wichtigsten Aufgaben als Kölner Sozialdezernentin gehörte die Unterbringung einer rasant steigenden Zahl an Geflüchteten. Im Jahr 2013 versorgte die Stadt Köln 3000 Menschen mit einem Dach über dem Kopf, was wir bereits als Herausforderung empfanden, 2015 waren es über 10 000 – was einem Prozent der Kölner Bevölkerung entsprach. Ich leitete eine ämterübergreifende Taskforce, um schnell, flexibel und kreativ Unterkünfte ausfindig zu machen. Geflüchtete sollten keinesfalls in Zelten untergebracht werden – diesen Standard hatte der Rat der Stadt Köln beschlossen. Daran auch angesichts steigender Zugangszahlen festzuhalten, war meiner Auffassung nach unsere moralische Pflicht.

In diesen Monaten spürten alle Verantwortlichen bei der Stadt eines ganz deutlich: Die Verwaltung konnte die Aufgabe der Unterbringung auch angesichts unzuverlässiger Prognosen zur Entwicklung der Geflüchtetenzahlen nicht allein stemmen. Ab spätestens 2014 verstärkte ich den unmittelbaren Kontakt zu den Kölner:innen in dieser Frage. Ich warb auf ungezählten Veranstaltungen um die Akzeptanz für Geflüchtetenunterkünfte, erinnerte daran, dass Migration und Vielfalt zur Identität der Stadt seit ihrer Gründung gehören, und appellierte an die Mitmenschlichkeit – an die christliche *Caritas*.

Nicht bei allen, aber bei vielen gelang es, »Zungen wie von Feuer« zu entfachen – oder anders gesagt: Energie freizusetzen, sich selbst für eine humane Gesellschaft zu engagieren. Der Geist der Humanität wuchs mit den Zahlen der Geflüchteten mit und gab Kraft zum Handeln. Erfahrene Vereine und Initiativen erhielten Zulauf, neue Gruppen entstanden, und die Gemeinschaft der Engagierten wurde größer und stärker.

Bis heute bin ich den vielen Kölner:innen unendlich dankbar dafür, dass sie gemeinsam Verantwortung für unsere Mitmenschen übernahmen.

Zusammenhalt gegen Exklusion

So groß die Kölner Hilfsbereitschaft war, so einfach war es, das großartige Engagement in der Geflüchtetenhilfe und einen breiten gesellschaftlichen Konsens zu erschüttern. Vorbehalte gegen meine Haltung, dass Köln in der moralischen Verantwortung stand, die Menschenwürde auch für Asylsuchende zu verteidigen, hatte es immer gegeben. Mit dem Entschluss von Bundeskanzlerin Angela Merkel, die Grenzen offen zu halten und damit über die Balkanroute Geflohenen Schutz zu bieten, bekam der öffentliche Diskurs jedoch eine gefährliche Schieflage – mit schweren Konsequenzen auch für mich, wie sich am 17. Oktober 2015 zeigte.

Ich hatte mich um das Amt der Oberbürgermeisterin in Köln beworben und absolvierte einen der letzten Wahlkampftermine auf einem Wochenmarkt, als ich von einem Rechtsextremisten mit einem Messer angegriffen und schwer verletzt wurde. Während ich im künstlichen Koma lag, wählten mich die Kölner:innen einen Tag später mit absoluter Mehrheit zur Oberbürgermeisterin – ein Mehrheitsvotum für die Politik, für die Angela Merkel stand und inzwischen offensichtlich auch ich selbst. Trotz dieser Mehrheit war spätestens mit diesem Attentat klar: In Teilen der Gesellschaft gab es nicht nur Zweifel an einer Politik der Offenheit und Humanität, sondern auch den Wunsch nach Ausgrenzung, der nicht selten durch Hass und Gewaltbereitschaft seinen Ausdruck fand. Ich beobachtete eine Verschiebung des Sagbaren und eine Verrohung, die mir zutiefst fremd war und ist.

Noch stärker wurde diese Tendenz nach den Ereignissen der sogenannten Kölner Silvesternacht Ende 2015. Die nachfolgende, in Teilen rassistische Debatte untergrub die Aufnahmebereitschaft – zum Teil mit Desinformation, Demagogie und Stimmungsmache selbst aus sogenannten bürgerlichen Kreisen. Es wurden Obergrenzen gefordert, die es nach meinem christlichen und verfassungsrechtlichen Verständnis des grundgesetzlich garantierten Asylrechts nicht geben konnte.

Erst jetzt wird mir bewusst, dass mein inklusives Gesellschaftsbild durchaus Bezüge zum Leitthema dieses Buches hat: Nach dem Pfingstwunder tritt Paulus dafür ein, Gemeinden offen und gerecht zu organisieren, Grenzen von Herkunft, Klasse oder Geschlecht zu überwinden. So steht es in seinen Briefen an die ersten christlichen Gemeinschaften. Heribert Prantl, Kolumnist der *Süddeutschen Zeitung*, hat diesen Gedanken treffend formuliert: »In dieser christlichen Praxis waren die üblichen Exklusivitäten und Exklusionen, die Hierarchien und Grenzen aufgehoben. Das war, das ist der Geist von Pfingsten.« (Heribert Prantl, »Pfingsten ist ein Fest gegen die Ausgrenzung« in: *Süddeutsche Zeitung*, 10.6.2019)

Meinen inklusiven Kurs kraftvoll weiterzuverfolgen, war angesichts der allgemeinen Stimmung nicht vergnügungssteuerpflichtig. Und um ehrlich zu sein, bestärkte mich weniger die Lektüre der Paulusbriefe darin als vielmehr die Haltung so vieler Kölner:innen, die – bewusst oder unbewusst – den Geist von Pfingsten in Heribert Prantls Sinne lebten. Akteurinnen und Akteure des humanen Köln standen gegen die lauter werdenden Rufe nach Abgrenzung zusammen – in Wort und Tat. Der damalige Dompropst Norbert Feldhoff schaltete beispielsweise die Beleuchtung des Kölner Doms aus, als Pegida-Demonstranten 2015 für ihre nationalistischen und rassistischen Überzeugungen auf die Straße gingen. Damit verbaute er der Bewegung nicht nur den Zugriff auf das zentrale Symbol Kölns, sondern auch die Möglichkeit, sich durch die Macht von Bildern in Bezug zu christlichen Werten zu bringen.

Der verdunkelte Dom ist nur ein Beispiel dafür, dass die Kölner Werte von Vielfalt und Offenheit in der Stadt keinen größeren Schaden genommen hatten. Die Kölner Geisteskraft war lebendig und hat mich durch die Zeit getragen, als Walter Lübcke ermordet wurde, als ein Rassist in Hanau zehn Menschen tötete oder im NSU-Prozess ernüchternd wenig aufgeklärt wurde.

Kölns Pfingstwunder

2022 wurde der Stadt Köln von der Europäischen Kommission der Titel »Hauptstadt der Integration und Vielfalt« verliehen. Dieser Titel ist ein Erfolg der Stadtgesellschaft und ein Erfolg des städtischen Engagements. Das Amt für Integration und Vielfalt ist in Köln direkt der Oberbürgermeisterin unterstellt. Von dort aus fördern wir ein respektvolles Miteinander, verhelfen der Vielfalt zur Sichtbarkeit, organisieren Teilhabe für alle und unterstützen die pluralistische Stadtgesellschaft. »Empowerment« ist das Stichwort, auch dies ein Pfingstbegriff, wenn ich daran denke, dass in der Apostelgeschichte durch Geisteskraft aus deprimierten Jüngern hochaktive Menschen wurden.

Die Arbeit trägt Früchte, was sich nicht nur in der Auszeichnung der Europäischen Kommission zeigt, sondern überall im Straßenbild sichtbar wird.

Wenn ich an die jüngere Geschichte in Köln denke, dann wird deutlich, warum ich meine Heimat heute als stadtgewordenes Pfingstwunder begreife: 2005 fand hier der umjubelte 20. Weltjugendtag der katholischen Kirche statt, 2007 der Deutsche Evangelische Kirchentag, 2014 feierte Köln das Kulturfest Birlikte (zu Deutsch: Zusammenstehen) gegen rechtsextreme Gewalt, 2017 wurde die Kölner Zentralmoschee eröffnet, 2021 beging die Stadt das Festjahr »321 – 1700 Jahre jüdisches Leben in Köln« und 2023 zog die längste CSD-Parade der Kölner Geschichte durch die Stadt. Das ist nur ein kleiner Ausschnitt dessen, wie hier Vielfalt regelrecht zelebriert wird.

In der Apostelgeschichte heißt es: »So wurden sie alle mit dem Heiligen Geist erfüllt und fingen an, in fremden Sprachen zu reden, jeder so, wie der Geist es ihm eingab.« (Apg 2, 4)

Als hätte das Neue Testament der alttestamentlichen Geschichte vom Turmbau zu Babel etwas entgegensetzen wollen, verstanden sich die Menschen dank des Heiligen Geistes plötzlich über Barrieren hinweg und lebten in der Folge Solidarität untereinander. Zweifellos beherrschen die Kölner:innen diese neutestamentlichen Qualitäten. Unser städtisches Pfingstwunder wurde über Jahrhunderte und über Rückschläge hinweg geformt und eingeübt. Anders als den Babylonier:innen ist es den Kölner:innen sogar gelungen, nicht nur einen, sondern beide Türme des Doms zu vollenden – auch wenn es Zeit kostete.

Dieses Kölner Pfingstwunder von Vielfalt und Mitmenschlichkeit zu verstetigen, zu verteidigen und anderen zur Nachahmung zu empfehlen – dafür brenne ich seit jenem Geistesblitz, der mir beim Einsturz des Kölner Stadtarchivs kam. Auch wenn das neue Historische Archiv der Stadt Köln längst steht, fühle ich mich diesem Auftrag weiterhin verpflichtet. Denn er ist so erschreckend aktuell wie 2015:

Im Sommer 2023 verzeichnete eine autoritäre und nationalradikale Partei mit einer in Teilen extremistischen Agenda kommunale Wahlerfolge in Ostdeutschland sowie bundesweite Umfragehochs. Ich bin bestürzt, dass eine Politik der Ausgrenzung, des Hasses, des nationalen Egoismus und der Ablehnung des europäischen Friedensprojekts solch hohe Zustimmungswerte erzielt. Politische Ansätze dieser Art kann kein Demokrat und keine Demokratin unterstützen. Vielmehr sollten wir sie entzaubern, ihnen Fakten entgegenhalten und, statt Energie an unterkomplexe Debatten um Gendersternchen zu verschwenden, Lösungen der Zukunftsfragen diskutieren – mit Sachorientierung statt Empörung. Aber es bedarf noch mehr: eine positive Erzählung des Fortschritts, hinter der sich die Menschen versammeln – statt einer Idee des Rückschritts, die sich aus Angst und Frust speist und die Gesellschaft lähmt.

Wir brauchen die Lust auf Dynamik und Transformation, den Mut zur Veränderung, so wie er die Jünger zu Pfingsten packte.

Ich wünsche uns allen daher nicht nur an Feiertagen, sondern an jedem einzelnen der 365 Tage im Jahr viel Geisteskraft. Wir brauchen den Pfingstwind der Erneuerung, wir brauchen diesen Schwung im ganzen Land. Die Idee der Vielfalt und des solidarischen Miteinanders ist attraktiv und demokratisch. Und es sind diese Werte, die im Zeitalter der zunehmenden Vernetzung Erfolg versprechen.

Das ist die optimistische Botschaft, die ich sende – ein Gegenentwurf zum Narrativ aus Angst, Pessimismus und Exklusion. Glauben wir an Kölns Pfingstwunder oder an die Sprachverwirrung als Konsequenz der menschlichen Hybris beim Turmbau zu Babel?

Wir haben es selbst in der Hand, wie die Geschichte unserer Gesellschaft weitergeht.

Mai-Altärchen und die Krisen der Spätmoderne

Volker Resing

Es war das Jahr 1938. Meine Großmutter war schon 34 Jahre alt, als sie ihren langjährigen Freund heiratete. Sie stammte aus dem katholischen Münster, ihr Traualtar aber stand in Leipzig. Ihr künftiger Mann war dort Chemiker – und Skeptiker. Meine Oma Klara aber hatte sich schlaugemacht. Sie wollte unbedingt in der Liebfrauenkirche im Ortsteil Lindenau getraut werden, von Kaplan Josef Gülden. Er war Mitglied im Oratorianer-Orden und befürwortete die Messe in deutscher Sprache.

Wenn ich in diesen Tagen von den Austrittszahlen lese oder von neuen Missbrauchsfällen; wenn von Kirchenkrise, Strukturkrise, Glaubenskrise die Rede ist, dann muss ich an Klara Jüttemann denken. Wie sie vor 85 Jahren nach Wegen für ihren Glauben gesucht hat. Wie sie schwere persönliche und politische Krisen gemeistert hat. Vertrauen in das Leben hatte. Wie sie mir viel später von ihrer inneren Kraft etwas mitgegeben hat. Ich denke daran, wie sie mit mir die Kirche St. Stephanus in Münster besucht hat. Wie sie im Pfarrbüro Messen für die Verstorbenen bestellt hat. Wie sie mit mir gebetet hat und wie sie das Brot gesegnet hat, bevor es angeschnitten wurde. Wie sie eine Begeisterung für das Neue und eine Liebe für das Alte verbunden hat.

Meine Großmutter hat später gesagt, das II. Vatikanische Konzil habe nur in Texte gegossen, was vor dem Krieg schon entstanden sei. Ich habe ihren leicht spöttischen Ton damals nicht ganz verstanden. Heute beginne ich zu begreifen, was sie eigentlich sagen wollte. Es braucht die langen Linien, die Gegenwart ist nicht alles. Und es braucht Vertrauen in den Heiligen Geist. Der von ihr in Leipzig verehrte Josef Gülden war später Berater eines Bischofs beim Konzil.

1938 war noch kein Krieg, aber die Nationalsozialisten beherrschten mehr und mehr das alltägliche Leben. In Perl an der Mosel hatte Klara zuvor ihre erste Lehrerinnenstelle angetreten. Sie baute dort im Klassenzimmer ein Mai-Altärchen auf und verbannte das Hitlerbild vor die Tür. Das war nicht Widerstand, aber ein Unbehagen mit den neuen Machthabern. Sie gab die Stelle auf und ging nach Leipzig. Noch in Münster hatte sie sich dem Quickborn angeschlossen. Katholische Jugendbewegung, katholischer Aufbruch. Die jungen Frauen und Männer in ihrer Gruppe unternahmen Ausflüge in die Natur, eine neue, freiere Zeit schien anzubrechen. Wenn doch die Nazis nicht gewesen wären. Ihr Vater hatte neun Kinder, und er hat auch seinen fünf Mädchen das Abitur ermöglicht. Klaras Schatz war das Schott-Messbuch, in dem die deutsche Übersetzung der lateinischen Messe nachzulesen war. Mit Goldschnitt.

Josef Gülden in Leipzig, später Gründer des St.-Benno-Verlags, war ein Verfechter der Messe in deutscher Sprache, das hatte meine Oma herausgefunden, deswegen pilgerte sie nach Lindenau. Die Gemeinde sollte den Gottesdienst mitfeiern können, genau das war es, wonach auch sie sich sehnte. Die liturgische Bewegung und Romano Guardini waren ihre Sterne. Die Familie war weit weg. In Leipzig kannte das Paar noch keinen. Gülden besorgte die Trauzeugen, einmal fürs Standesamt und einmal für die Kirche. »Ein Kommunist, ein Nazi, eine Jüdin und ein Priester«, erzählte sie später, das war das Aufgebot, die habe der Kaplan zusammengesucht. In Lindenau strandeten so manche. Ganz bunt, ganz katholisch eben.

Wäre nun meine Oma heute für die Priesterweihe für Frauen eingetreten, hätte sie die Segnung gleichgeschlechtlicher Paare befürwortet, wäre sie für weniger bischöfliche Macht und weniger Strenge in der Sexualmoral aufgestanden? Ich habe über all das mit ihr nicht gesprochen. Vielleicht wäre sie heute eine Reformerin, schon möglich, vielleicht auch in einigen Punkten gar nicht. Aber vor allem hätte sie von den äußeren Umständen nicht ihre innere Haltung abhängig gemacht. Glaube und Kirche, Freiheit und Bekenntnis gehörten für sie zusammen, aber Bischöfe, Päpste, Papiere und Posten waren weit weg. Sie war eine rationale Frau, verlor früh ihren Mann, zog zwei Töchter alleine groß. Sie, alleinstehend, baute ein Haus, ungewöhnlich damals. Und sie betete zum heiligen Antonius. Immer wieder.

Es ist eine Lebensdimension, die auf dem Rückzug ist; es ist die Alltäglichkeit von Religiosität, die Normalität von Kirchlichkeit und auch die Gegenwärtigkeit des großen christlichen Theaters mit seinen Gestalten und Geschichten, welche zu verdunsten scheinen. Doch was ich von meiner Großmutter zu lernen versuche, ist die revolutionäre Kraft des eigenen kleinen Lebens. Sollte meine Oma 1938 darauf vertrauen, dass das Hitlerregime irgendwann schon verschwinden und nach dem Krieg eine volkskirchliche Lebensrealität wieder erblühen würde? Sollte sie auf Bischöfe warten, die ihre Frömmigkeit erkannten und sich für diese starkmachen würden? Nein, das wäre ihr zu passiv gedacht. Stattdessen hat sie angefangen, ihr eigenes Leben zu leben. Trotz vieler Widrigkeiten hat sie eine Familie gegründet. Und trotz eines kräftigen Gegenstroms hat sie ihren Glauben bewahrt. Als Kraftquelle. Als andere Welt in der Welt.

Es geht nicht alles, aber ganz schön viel. Hartmut Rosa beschreibt in seinem Buch *Unverfügbarkeit* die Tragik des spätmodernen Menschen, und ich erkenne in Abgrenzung dazu meine vor-spätmoderne Großmutter als selbstbewusste und katholische Frau. Der Soziologe Rosa schreibt:»Indem wir Spätmodernen auf allen Ebenen – individuell, kulturell, institutionell und strukturell – auf die Verfügbarmachung von Welt zielen, begegnet uns die Welt stets als ›Aggressionspunkt‹ oder als Serie von Aggressionspunkten, die es zu wissen, zu erreichen, zu erobern, zu beherrschen oder zu nutzen gilt, und genau dadurch scheint sich uns das ›Leben‹, das, was die Erfahrung von Lebendigkeit und von Begegnung ausmacht – das, was Resonanz ermöglicht –, zu entziehen, was wiederum zu Angst, Frust, Wut, ja Verzweiflung führt, die sich dann unter anderem in ohnmächtigem politischem Aggressionsverhalten niederschlagen.«

Meine Großmutter achtete die»Unverfügbarkeiten« des Lebens, es war ein Gottglauben, der befreiend wirkte, weil er die eigene Begrenztheit annimmt, daraus Kraft gewinnt, im Vertrauen auch auf die liebende und lenkende höhere Macht. Die Spätmodernen hingegen ertragen die Unverfügbarkeit nicht, die Sphären, die da sind, aber nicht nach Belieben beherrschbar, sie kennen sie vielleicht gar nicht. Die Kontingenz wird dann unerträglich und sucht Gegner und Kampf. Gegen die Orthodoxie, gegen die Beliebigkeit, gegen die Machtförmigkeit, gegen, gegen, gegen, was auch immer. Es ist diese Schlachtfeldstimmung, die Hartmut Rosa beschreibt, die an die aktuellen innerkirchlichen Auseinandersetzungen erinnert. Nur Kombattanten und Feinde, sonst nichts.

Es sind die Kulturkämpfe des Verfügbarmachungsfurors, die ungewinnbar sind. Sie werden mit echten und hehren Zielen der Gleichberechtigung, der Gerechtigkeit oder auch der Durchsetzung der Glaubenswahrheit geführt – und stecken doch oft genug im Abnutzungskrieg der Selbstgerechtigkeit fest, es sind politische Streitereien, denen die verborgene existenzielle Dimension droht abhandenzukommen. Vor allem dann, wenn das Schwert vermeintlich für die große Sache geschwungen wird, ohne allzu engen Bezug zur eigenen Existenz. Kirchenpolitische Kämpfe mögen notwendig oder unvermeidbar sein, aber sie rühren eben doch kaum nur an dem christlich-religiösen Phantomschmerz des real existierenden spätmodernen Menschen.

Der Mittelpunkt Europas liegt für mich in Colmar. Dort hängt Jesus Christus jeden Tag und jede Stunde am Kreuz, und sein Leiden scheint seit 500 Jahren ungebrochen. Es ist heute schwer zu verstehen, geschweige denn wirklich nachzuempfinden, warum der Anblick des leidenden Gottes Trost gespendet hat, Erleichterung verheißen hat, denn der Isenheimer Altar ist ein Hoffnungsbild für die Kranken, Leidenden, Alten, Ausgegrenzten. Als ich vor dem Bild saß und darüber meditierte in diesem modernen Museumsbau, da wollte mir das zunächst nicht einleuchten. Ist das das Zentrum des Christentums, welches wir zu verlieren drohen? Die Hinwendung zum Leidenden?

In Colmar ist Gegenwärtigkeit spürbar in dem alten Bild. Es ist eben nicht der andere, der der Leidende ist, sondern jeder von uns.

Das ist Inkarnation: die Unverfügbarkeit des Lebens, seine Unbeherrschbarkeit und Verletzlichkeit, in der ist Gott da, bei uns, immer. Ein unerhörter Gedanke, der das Christentum attraktiv gemacht hat, der die Menschen ergriffen hat, bekehrt hat. Früher? Heute, immer wieder! Dieser Schatz ist größer als alle Krisen und Katastrophen.

Dem 90-jährigen Protagonisten in einer Erzählung von Brigitte Kronauer geht es wie mir, die Tafelbilder des Isenheimer Altars haben es ihm angetan, zunächst besonders das Auferstehungsbild. »Eigentlich sind es ja nur zwei schwarze Punkte, die der Maler unter die Stirn gesetzt hat«, überlegt der fiktive Betrachter in Kronauers *Das Schöne, Schäbige, Schwankende. Romangeschichten*. Doch diese Augen schauen ihn an (»die mich aber durchbohrten«), es ist eine echte Begegnung. Über Gotteserfahrungen spricht dieser Mann, ohne dass »das Wort« gedacht werden muss, wie es in dem Buch heißt.

Matthias Grünewalds Bilder haben eine unerklärliche Kraft. »Die Leute glaubten in Wirklichkeit nicht der Bibel, sondern den Gemälden«, räsoniert der Mann in dem Buch. Und er klagt die Theologen und Kunsthistoriker an. »Für sie ist es ein Triumph der zeitgenössischen Wahrheit, der Sieg des Säkularen, das Bild aus seiner, wie sie meinen, beschränkten Religiosität befreien zu können, wenn es die dumme Frömmigkeit und Transzendenz überdauert.« Sie würden gar nicht merken, »dass sie das Bild kastrieren«, so die Romanfigur.

Doch wie dieses Dilemma der Moderne aushalten, diesen auf der einen Seite segensreichen Siegeszug des Immanenten und den damit einhergehenden Verlust des anderen? Damals, als das Publikum den Bildern noch geglaubt habe, so sagt es der Alte im Buch, da hätten es die Leute leicht gehabt. »Jetzt ist ihnen allzu klar, dass es sich um Fiktionen der Künstler handelt, und nun ist ihnen alles nichts anderes als Fiktion.« Die Erkenntnis, dass es einen Zwischenraum gibt, eine unbeherrschbare Lücke, zwischen »Fiktion« und »nichts anderes als Fiktion«, dem spüren viele nicht mehr so gerne nach, aus Angst, den als sicher geschätzten Boden eben dieser rationalen Moderne zu verlassen, dem sie doch so viel verdanken.

Der Protagonist in Kronauers Werk *Das Schöne, Schäbige, Schwankende* sieht sich unverstanden und allein von seinem Umfeld zurückgelassen. »Niemand hat behauptet, Gottvater würde weißbärtig die Erde umkreisen, aber sie schütteln spöttisch die Köpfe.« Dass Gott eine solche Figur sein solle, wie vor Jahrhunderten gemalt, das sei in den Augen seiner Söhne, seiner Freunde, seiner Haushaltshilfe alles »Schamott und Tinnef«.

Am Schluss wendet er sich einer bislang von ihm übersehenen Tafel Grünewalds zu. Die Begegnung des heiligen Antonius mit dem Eremiten Paulus. Es ist ein Bild ohne »Gottvater in den Wolken«. Es ist das Bild der Moderne. »Der Himmel ist verschlossen, man muss ihn mit seiner Sehnsucht durchdringen«, schreibt Kronauer dem 90-Jährigen zu. »Die Sehnsucht wird für mich zum Lebenszeichen und zur Gewähr, dass es eine Energie gibt, die über das Irdische hinausgeht.«

Zwei Trauzeugen meiner Großmutter, die sich da am 9. März 1938 getroffen haben – von einem Fest wurde nichts berichtet –, spiegeln in verblüffender Weise sozusagen beispielgebend den verschlossenen Himmel, die Sehnsucht und die Energie. Die Jüdin, die mit am Altar stand, hieß Katharina Littauer und war Ärztin und Malerin. Sie wandte sich dem katholischen Glauben zu. Im Kloster Beuron ließ sie sich taufen und floh mit ihrem Mann Frederick Breydert vor den Nazis nach Amerika. Ihre Bilder zeigen den Krieg und in der Mitte: das Kreuz.

Ein anderer Trauzeuge war der später bekannte Soziologe Heinz Maus. Er gehörte einer kommunistischen Widerstandsgruppe an und wurde 1938 verhaftet. Danach konnte er nach Oslo fliehen. Nach dem Krieg war er Assistent bei Max Horkheimer, lehrte schließlich in Marburg Soziologie und war eine Geistesgröße der neuen Bundesrepublik. Er bildet also den anderen Pol. Warum er Trauzeuge war, ist unklar. Das Ende der Religion gehörte zum Repertoire der dominierenden vom Marxismus beeinflussten Soziologie der Nachkriegszeit.

Jürgen Habermas, der auch aus diesem Frankfurter und Marburger Dunstkreis entstammte, hat sich mit dem vermeintlichen Verschwinden der Religion in der Gegenwart immer wieder beschäftigt. Zuletzt gibt es in seinem Denken eine Art Wende oder zumindest einen neuen, die Religion mehr verstehenden Aspekt, den er 2001 in der Paulskirchen-Rede erstmals vor einem breiten Publikum kundtat und zuletzt in seinem Alterswerk *Auch eine Geschichte der Philosophie* ausgebreitet hat. Es gibt da ganz zum Schluss eine Passage, die mich beeindruckt hat. Dort schreibt Habermas:»Die säkulare Moderne hat sich aus guten Gründen vom Transzendenten abgewendet, aber die Vernunft würde mit dem Verschwinden jeden Gedankens, der das in der Welt Seiende im Ganzen transzendiert, verkümmern.« Wie lässt sich das anders lesen denn als Behauptung eben dieser Transzendenz?

Doch dann folgen Sätze, die mich noch mehr staunen lassen und mir nicht aus dem Kopf gehen. Habermas spricht, vereinfacht gesagt, von der Tatsache, dass sich Gläubige trotz aller Aufklärung und Wissenschaft weiterhin in Gemeinden zur liturgischen Praxis versammeln. Sie behaupten damit im Ritus »die gegenwärtige Gestalt des Geistes«. Das sei also irgendwie anzuerkennen, ob es ein Übergangsphänomen ist, man weiß es nicht. Ob er diese Menschen gering schätzt? Nichts davon wird gesagt. Vielmehr resümiert der Philosoph, nicht ohne Pathos, am Ende seiner langen Ausführungen: »Solange sich die religiöse Erfahrung noch auf die Praxis der Vergegenwärtigung einer starken Transzendenz stützen kann, bleibt sie ein Pfahl im Fleisch der Moderne.« Es bleibe also, so Habermas, die Frage offen, ob es noch »semantische Gehalte« gebe, die einer »Übersetzung ins Profane harren«.

Pfahl im Fleisch der Moderne? Ist das also die Aufgabenbeschreibung für die Kirche, die Schlussfolgerung, die sich die Gläubigen aneignen sollten? Die Religion, der Glaube, die Kirche, sollten sie sich doch nicht im viel beschriebenen Aggiornamento aus der Antihaltung des 19. Jahrhunderts befreien und eine Aussöhnung mit der Welt, der Gegenwart, kurz: der Moderne, anstreben? Meine Überzeugung ist das keineswegs. Die katholische Kirche geht seit 2000 Jahren mit der Zeit, durch schreckliche Irrtümer und durch erleuchtete Epochen und Phasen. Sie hat große Gestalten, Frauen und

Männer, hervorgebracht, sie hat die Botschaft Christi in Worten und Werken und in der religiösen Praxis immer wieder vergegenwärtigt. Und sie hat das Gegenteil auch getan und nicht immer vermeiden können.

Es gibt also die doppelte Versuchung im Extremen. Auf der einen Seite steht die Selbstprofanierung der Kirche und des Glaubenslebens, die Erleichterung schafft, weil sie in der Lage ist, den ursprünglich empfundenen Schmerz über Säkularisierungsphänomene, über den stetigen Verlust alter und einst geliebter Glaubensgewissheit und -praxis verschwinden zu lassen. Ganz einfach und konkret: Wenn die Kinder und Enkel nicht mehr sonntags mit in die Kirche gehen wollen, löst sich das Problem am leichtesten, wenn der Sonntagsgottesdienst einfach an sich für überbewertet und überflüssig erklärt wird. Wenn ich dann auch selbst nicht mehr hingehe, womöglich den Abschied von dieser Tradition als Befreiung frame, denn immer sei es nur Pflicht, nie Erbauung gewesen, dann wird aus einer Amputation eine Erleichterung. Missbrauchskrise, Reformstau und schlechte Angebote tun das Übrige.

Das andere Extrem ist die Flucht in die Elite, die Selbststilisierung als *fidei defensor*, der Bau der katholischen Trutzburg als Hort der frommen Gegenwelt. Plötzlich tauchen in den Gemeinden Leute auf, die von »gültigen Messen« faseln, die Säuberungen in der pastoralen Praxis für angebracht halten, denn die Unterscheidbarkeit zur bösen Außenwelt, zum Profanen verblasse zusehends. Die Exklusion ist schon immer ein Rettungsanker in Krisenzeiten gewesen, die Sekte verspricht Heilung und Hafen im Sturmmeer der Säkularisierung. Die Kirche wird dann vermeintlich zur Arche Noach – und endet doch wie die Titanic. Denn diese Abwendung von der Welt verträgt das Christentum nicht – und es bewahrt nicht, was es zu retten vorgibt. Denn so eine Oase der Frommen ist eben gar nicht mehr der »Stachel im Fleisch der Moderne«, den Habermas beschreibt, sondern bliebe nur ein bequemer Atavismus im selbstverliebten Fortschrittslauf der Moderne.

Die Kirche muss das Anderssein im Dabeisein erlernen. Dabei war sie darin eigentlich immer gut. Sie sollte jetzt nur nicht die Nerven verlieren. Die Europäer scheinen da etwas nervöser als der Rest der Welt. Auf die Frage, wie es nun weitergehen kann angesichts der Kirchen-Depression, sagt der Jesuit Klaus Mertes in der *Zeit*: Die Kirchenkrise sei heilsam und gefährlich zugleich. Sein Rat: »Dableiben. Den Rücken gerade machen. Den Sturm aushalten. Auseinandersetzungen nicht scheuen.« Und er sagt: Christsein ohne Kirche, das halte man nicht lange durch. Das hätte meiner Großmutter gefallen.

Heimat Kirche

Philipp Rösler

Mein persönliches Pfingsterlebnis hatte ich im Jahr 2022 in einer kleinen Kapelle eines Waisenhauses mitten im Mekongdelta in Vietnam.

Während des Vietnamkrieges haben lediglich zwei Schwestern des katholischen Ordens »Order of Providence« über 3000 Babys zur Adoption vermittelt. Als eines dieser 3000 Babys kam ich 1973 im Alter von neun Monaten nach Deutschland und wurde von einer deutschen Familie aufgenommen.

Als ich vier Jahre alt war, ließen sich meine Eltern scheiden, und mein Vater zog mich allein groß. Es hatte für meinen Vater pragmatische Gründe, dass ich in die Katholische Schule Hamburg-Harburg eingeschult wurde. Denn diese Schule hatte schon damals eine ganztägige Hortbetreuung. Er selbst war nicht sonderlich religiös und so war auch meine Erziehung trotz der Einschulung auf eine katholische Schule religions- und kirchenfern. Mein Vater wollte, dass ich selbst entscheide, ob ich eines Tages zu einer Kirche gehören wollte, und wenn ja, zu welcher.

So kam es, dass ich ohne Kirchenzugehörigkeit und mit Werte- und Normenunterricht anstatt mit Religionsunterricht erwachsen geworden bin. Erst am Ende meines Medizinstudiums als junger Student im Praktischen Jahr meiner Ausbildung in der Inneren Medizin im evangelischen Friederikenstift in Hannover habe ich mich näher mit den Themen Kirche und Religion beschäftigt. Als ich die dortigen Schwestern gefragt hatte, wie sie denn mit dem Leiden, Sterben und dem Tod zurechtkommen, war ihre Antwort, dass sie in einem christlichen Krankenhaus arbeiten und ihnen der Glaube Kraft gebe. Das hat mich sehr beeindruckt.

Nach vielen Gesprächen mit meiner damaligen Freundin, die katholisch getauft, aber ökumenisch erzogen wurde, habe ich mich dann im Alter von 27 Jahren zu einer Erwachsenentaufe entschieden. Aufgrund dessen, dass ich aus einem katholischen Waisenhaus adoptiert wurde, und aufgrund des katholischen Glaubens meiner damaligen Freundin und heutigen Ehefrau habe ich mich katholisch taufen lassen.

Als junger Arzt habe ich dann in der ehrenamtlichen Obdachlosenbetreuung in der hannoverschen Straßenambulanz der Caritas Erfüllung gefunden, und mein Entschluss, in die katholische Kirche einzutreten, hat sich damals als richtig erwiesen.

War der Einsatz als Arzt bei der Caritas-Straßenambulanz privat und ohne jegliche Öffentlichkeit, so kam öffentliches Engagement für die Kirche schnell dazu: Aufgrund meines damaligen politischen Engagements wurde ich 2008 als junger Landtagsabgeordneter in das Zentralkomitee deutscher Katholiken gewählt.

Gleich meine erste Sitzung war ein Lehrstück über die katholische Kirche als Institution. Das Zentralkomitee hatte einen Kandidaten für das Präsidentenamt gewählt, den die Deutsche Bischofskonferenz aber ablehnte, zum Präsidenten des Zentralkomitees deutscher Katholiken zu ernennen. Es folgte eine heftige Diskussion, wie man sich nun verhalten solle. Am Ende der Sitzung verkündete der Nuntius der Bischofskonferenz, dass nun genug diskutiert sei. Die katholische Kirche sei keine demokratische Organisation, sondern von Gott für die Menschen geschaffen und die Entscheidung, den Kandidaten nicht zu ernennen, endgültig.

Nicht erst seitdem habe ich die Amtskirche kritisch betrachtet. Allerdings sind meine Zweifel an der Kirche als Institution nach diesem Ereignis stark gewachsen. Es waren die Menschen, die ich an der Kirchenbasis kennenlernen durfte, die mich trotz vielerlei Kritikpunkten und Zweifel an der Amtskirche am Ende immer wieder in der Kirche gehalten haben. Die engagierten Kirchenmitglieder vor Ort in den Gemeinden, in der katholischen Studentenbewegung, in der Caritas, in den Krankenhäusern und natürlich in der Laienorganisation, dem Zentralkomitee deutscher Katholiken.

Erst als zunehmend Missbrauchsfälle durch Kirchenfunktionäre bekannt wurden und die Aufarbeitung durch und in der Kirche eher einer Vertuschung gleichkam als einer wirklich ernst gemeinten Aufklärung, sind die Zweifel an der Institution Kirche stärker denn je wieder aufgelebt.

Als im Jahr 2021 die öffentlich geforderte Aufklärung dieser Missbrauchsfälle immer mehr zur Farce wurde und – für mich unfassbar – die Kirche sich nach einer internen und eigenen Untersuchung selbst freigesprochen hatte, war ich so weit, aus der Kirche auszutreten.

Selbst die über Jahre gepflegte Rechtfertigung, dass einige Funktionäre in der Spitze der Kirche zwar absolut untragbar für eine christliche Kirche sind, aber die Basis vielerorten großartige Arbeit an den Menschen und für die Gesellschaft leistet, hat mich nicht mehr in der katholischen Kirche halten können.

Dennoch, bevor ich endgültig aus der katholischen Kirche austreten sollte, wollte ich zumindest noch einmal das Waisenhaus besuchen, aus dem ich einst adoptiert worden war. Ich musste erst 49 Jahre alt werden, um mich auf den Weg zu machen und mich bei denjenigen zu bedanken, die mir einst das Leben ermöglicht haben.

Seit einiger Zeit bin ich im Aufsichtsrat eines vietnamesischen Reisproduzenten. Als Kooperative haben wir mehr als 20 000 Kleinbauern in unserer Genossenschaft und viele davon auch im Mekongdelta, der Region in Vietnam, aus der ich ursprünglich stamme.

Dieses Unternehmen hat mir geholfen, das Waisenhaus zu finden. Ich wusste in etwa, in welcher Region wir zu suchen hatten. Vor 20 Jahren war ich bei einer Veranstaltung von einem Zuhörer nach meiner genauen Herkunft gefragt worden. Im Verlaufe des Gesprächs hatte sich herausgestellt, dass seine Adoptivtochter vermutlich aus demselben Waisenhaus stammte wie ich. Dieses Waisenhaus war während des Vietnamkrieges zu einer tragischen Bekanntheit gekommen: Zum Ende des Krieges hat die amerikanische Luftwaffe noch versucht, viele der Waisenkinder auszufliegen. Eines der eingesetzten Transportflugzeuge stürzte ab, und die Hälfte der Kinder an Bord kam bei dem Unglück ums Leben. Mit einigen der

Überlebenden hat das Magazin *Der Spiegel* 20 Jahre nach dem Unglück eine Reise zu dem Waisenhaus gemacht, aus dem alle Kinder des damaligen Unglücksflugzeuges gekommen waren. Der Zuhörer hat mir damals eine Kopie des *Spiegel*-Artikels über diese Reise in die Hand gedrückt.

Darin kamen auch die beiden Schwestern, die so vielen Kindern das Leben gerettet hatten, zu Wort. Beide Nonnen sind zwischenzeitlich verstorben, allerdings hat zu meiner Ernennung als Bundesminister eine Boulevardzeitung das Waisenhaus besucht, mit den damals noch lebenden Schwestern gesprochen und Fotos von mir dagelassen. Dank dieser beiden Artikel war es der Reisgenossenschaft möglich, das Waisenhaus ausfindig zu machen.

Die engagierten Familien unserer Reisgenossenschaft rieten mir, am Vorabend der offiziellen Veranstaltung bereits das Waisenhaus und die dortigen Ordensschwestern zu besuchen, um in Ruhe und ohne Öffentlichkeit die Nonnen kennenzulernen.

Den Rat befolgend, wurde ich herzlich, geradezu rührend empfangen. Große Porträts der beiden verstorbenen Nonnen, die auf den Bildern auch Fotos von mir in den Händen halten, sowie Fotos von mir aus verschiedenen Lebensabschnitten hingen an der Wand, alle Schwestern des Ordens waren aus ganz Vietnam eingeladen, und in einer unglaublich warmen und familiären Atmosphäre wurden Geschichten erzählt, Umarmungen ausgetauscht und Fotoalben gezeigt.

Bewegend war die Vorstellung einer Dame, die im Waisenhaus den Nonnen bei einfachen Arbeiten zur Hand geht. Die Nonnen erklärten mir, dass diese Frau einst eine Lippen-Gaumen-Spalte hatte und deswegen nie adoptiert wurde. Selbst nach der erfolgreichen Operation ist sie bei den Schwestern geblieben. Die Dame ist wie ich im Jahr 1973 als Baby in das Waisenhaus gekommen. In solchen Momenten wird einem sehr klar, dass das Leben auch ganz anders hätte verlaufen können.

Am Ende des Abends haben mir die Ordensschwestern noch das Gebäude gezeigt, das nach dem Krieg jahrzehntelang eine Schule war, aber aufgrund der vielen Coronawaisenkinder gerade wieder zu einem Waisenhaus geworden war. Vielleicht war es ein wenig Gottes Hand, dass ich 49 Jahre keine Gelegenheit gefunden habe, das Waisenhaus zu besuchen, sondern erst, als die Not wieder besonders groß war, den Weg in das Mekongdelta gefunden habe. Dank der mit dem Besuch einhergehenden Öffentlichkeit konnte ich für eine Stiftung, für die ich seit Längerem tätig bin, ein Programm aufsetzen, um die dortigen Coronawaisen zu unterstützen.

Die Führung durch das Gebäude endete spät am Abend in der kleinen, schlichten Kapelle, die zum Waisenhaus gehört. Vor dem Altar hat mich die Mutter Oberin gefragt, ob wir gemeinsam beten wollen, und natürlich habe ich diese Frage gerne bejaht. Ich erwartete ein Gebet auf Französisch, aber die Schwestern fingen an, auf Vietnamesisch zu singen. Und obwohl das Gebet in einer Sprache gesungen wurde, die ich nicht beherrsche, so war es doch ein gemeinsames Gebet, das eine gemeinsame Sprache nicht braucht, um verstanden zu werden. Meine Mitarbeiterin sagte mir hinterher, dass die Schwestern das Vaterunser auf Vietnamesisch gesungen haben.

Das war für mich mein persönliches Pfingsterlebnis. Ein Ereignis, das mich mit der Kirche versöhnt hat, da ich einmal mehr bezeugen kann, dass es unsere engagierten Gläubigen an der Basis sind, die unsere katholische Kirche ausmachen, weil sie Gutes tun. Auch wenn die Kirche keine demokratische Institution ist, so ist sie doch die Heimat für Menschen, die denselben Glauben teilen, verstehen und leben. Es bleibt, dass sich die katholische Kirche ändern muss, wenn sie weiterhin diese Heimat der Gläubigen sein will, aber dass es eine solche Heimat geben muss, steht für mich außer Frage. Ein Haus, das die Gläubigen vereint und Gutes tun lässt. Es bleibt zu hoffen, dass die katholische Kirche und ihre Funktionäre auch ein Pfingsterlebnis haben werden, das ihnen den Weg weist.

Am Pfingstort zu Hause

Nikodemus C. Schnabel OSB

Seit 2003 darf ich Mönch der deutschsprachigen Benediktinerabtei »Dormitio Beatae Mariae Virginis« mitten im Herzen Jerusalems sein, genau zwischen der Altstadt und der Neustadt, zwischen dem hebräischsprachigen und dem arabischsprachigen Teil der Stadt, völkerrechtlich zwischen Israel und Palästina, auf dem Berg Zion. Seit Februar 2023 darf ich diese Abtei zusammen mit dem dazugehörigen Kloster Tabgha am See Gennesaret, welcher der Tradition nach der biblische Ort der wunderbaren Brotvermehrung und der der Speisung der 5000 durch Jesus ist, als Abt leiten.

Der Name »Dormitio«, »Entschlafung«, weist auf unser Kirchenpatrozinium hin, nämlich die »Entschlafung Mariens«, ein Fest, welches sowohl die Kirchen des Ostens wie des Westens am 15. August feiern und das im Westen besser als »Aufnahme Mariens in den Himmel mit Leib und Seele« bekannt ist, volkstümlich auch verkürzt als »Mariä Himmelfahrt«. Tatsächlich ist der 15. August für unsere Abtei bis heute ein großer Festtag, der sehr feierlich begangen wird und zu dem unzählige Pilgerinnen und Pilger aus aller Herren Länder kommen, um mit uns zu feiern – und auch um einen der gesegneten Kräuterbuschen aus unserem Klostergarten mitzunehmen, die wir an diesem Tag verteilen. Auch wenn dieses Fest am 15. August unserer Abtei ihren Namen gegeben hat, da wir der Tradition nach der Ort sind, an dem Maria die letzten Jahre ihres Lebens gelebt hat, so ist der 15. August keineswegs das wichtigste Fest unserer Abtei!

Hierzu muss man wissen, dass die heutige Dormitio-Basilika nur eine Miniatur ihrer beiden Vorgängerkirchen ist, nämlich der byzantinischen »Hagia Sion« und der kreuzfahrerzeitlichen »Santa

Maria in Monte Sion«. Beide Kirchen umfassten neben der heutigen Dormitio-Basilika zusätzlich noch das heutige *Coenaculum*, also den Ort des letzten Abendmahls Jesu mit seinen Jüngern – und eben des Pfingstereignisses. Heute ist dieser benachbarte Abendmahlssaal ein Ort, der vom israelischen Tourismusministerium verwaltet wird und an dem nur an sehr wenigen Tagen im Jahr Gottesdienst gefeiert werden darf. Aus diesem Grund ist heute die Pfingstkirche schlechthin unsere benachbarte Dormitio-Basilika. Hier bei uns feiert nicht nur jedes Jahr der Lateinische Patriarch von Jerusalem am westlichen Pfingstdatum den Pfingstgottesdienst, sondern auch der äthiopisch-orthodoxe Erzbischof von Jerusalem mit seinen Gläubigen am östlichen Pfingstdatum. Es geht sogar noch weiter: So wie die Pilgergruppen in Betlehem ganzjährig Weihnachten feiern und in der Grabes- und Auferstehungskirche in Jerusalem Ostern, so bei uns in der Dormitio ganzjährig Pfingsten.

Ganz persönlich muss ich bekennen, dass mir die Verortung des Pfingstereignisses bei uns sehr viel bedeutet: Sowohl meine feierliche Profess als auch meine Abtsbenediktion, für mich die zwei wichtigsten Ereignisse in meinem Leben als Mönch, waren an Pfingsten (2009 und 2023). Auch mein Abtsring, den ich seit meiner Benediktion an meiner rechten Hand trage, nimmt hierauf Bezug: Er zeigt die Heilig-Geist-Taube, wie sie sich auf unserem Pfingstaltar in der Krypta unserer Basilika findet, umgeben von zwölf Sternen, welche für die elf Apostel und Maria stehen, so wie sie ebenfalls auf unserem Pfingstaltar zu sehen sind. An der Seite findet sich ein weiterer kleiner Stern: Er steht für mein Vertrauen, dass der Heilige Geist meine Gemeinschaft und mich mit hineinnimmt in dieses Pfingstgeschehen und uns als so Gesegnete selbst zum Segen werden lässt.

Was folgt nun daraus? Wie begegnen wir als Benediktinermönche vom Zion diesem pfingstlichen Erbe und diesem pfingstlichen Auftrag? Drei Dinge sind mir hierbei besonders wichtig.

Erstens: Pfingsten als Ort der Sehnsucht

Ich selbst verstehe das biblische Pfingstereignis vor allem als ein Zusammenkommen von Sehnsüchtigen: Menschen voller Sehnsucht begegnen einem Grenzen niederreißenden Gott voller Sehnsucht. Daher sehe ich einen Hauptauftrag darin, dass die Dormitio ein Ort ist, in dem Sehnsucht Raum hat. Ein Ort des sehnenden Suchens nach Gott.

Das mehrfach täglich gesungene Gebet der Psalmen von uns Mönchen, das wir in der Kirche beten und zu dem jede und jeder zur Teilnahme eingeladen ist, bildet hierbei das unverzichtbare Rückgrat des Ortes. Hinzu kommen die tägliche Feier der Eucharistie von uns Mönchen, aber auch die gefeierten Liturgien der verschiedenen christlichen Pilgergruppen in ihren jeweiligen liturgischen Traditionen und Sprachen. Dazu gehört aber selbstverständlich auch, eine stille Seitenkapelle in unserer Krypta als Ort für das persönliche, private Gebet zu haben.

Teil dieses sehnsuchtsbereiten Ortes ist aber auch, einen Mönch für das geistliche Gespräch zu finden, sei es für ein Beichtgespräch, sei es für ein zuhörendes Ohr, sei es für einen geistlichen Rat. Gerne auch für eine Gruppenbegegnung.

Da die religiöse Musikalität der zu uns Kommenden verschieden stark ausgeprägt ist, nehmen wir auch gezielt darauf Rücksicht. Wir wollen kein Ort sein, der nur für die religiös Hochmusikalischen da ist, sondern wir wollen ein Ort für wirklich alle Menschen sein, die Mut haben, ihrer Sehnsucht Raum zu geben. Daher ist unsere Kirche auch Ort für viele Konzerte und für Kunstausstellungen, um über Religions-, Sprach- und Kulturgrenzen hinweg einen Raum des Fragens, Suchens und Nachdenkens anzubieten.

Letztlich bedeutet diese Dimension von Pfingsten für mich, dass die Menschen, die zu uns kommen, ihre eigene menschliche Würde neu entdecken, dass sie eben nicht nur höhere Säugetiere sind, die etwas zu essen und zu trinken brauchen, ein Dach über dem Kopf, etwas anzuziehen und die sich fortpflanzen, sondern das neu entdecken, was die Bibel ganz zu Beginn als »Abbild Gottes« umschreibt.

Ich wünsche mir von Herzen, dass wir als Dormitio immer mehr zu diesem Ort werden, wo Menschen diese Würde, aus der jede Sehnsucht entspringt, neu entdecken können.

Zweitens: Pfingsten als Ort der Freiheit

Unsere Abtei liegt inmitten einer Stadt, die von tiefster Skepsis und Misstrauen gegenüber dem anderen, dem Fremden, geprägt ist. Wenn der Nahostkonflikt wieder einmal brutal aufflammt, dann ist dieses kritische, misstrauische Beäugen des anderen omnipräsent, sobald man vor die Tür geht. Ich erwische mich manchmal selbst bei diesem Schubladendenken, wenn mir Menschen begegnen, die zu einer Gruppierung gehören, die mich als Mönch normalerweise anspuckt, und die mich dann überraschenderweise einfach nur freundlich anlächeln oder sogar grüßen: Das sind die Momente, wo ich mich schäme, dass ich innerlich bereits in Deckung gegangen bin. Es gilt eben nicht: Kennst du einen Juden, einen Christen oder einen Muslim, der zu dieser oder jener Gruppe gehört, kennst du alle. Die Realität ist Gott sei Dank komplexer als unser menschliches Schubladendenken!

Genau dieses Schubladendenken wollen wir in der Dormitio überwinden, indem wir mithelfen wollen, dass Jerusalem zu einer offenen Stadt wird, einer Stadt, in der jede und jeder frei atmen kann, in der man angstfrei jüdisch, christlich, muslimisch oder religiös unmusikalisch sein darf, einer Stadt, in der die Staatsangehörigkeit, der Aufenthaltsstatus oder die Hautfarbe nicht zu einschränkenden Kategorisierungen oder Diskriminierungen führen, einer Stadt, die bei den Menschen, die sie betreten, nicht zu einer verstärkten Ausschüttung von Stresshormonen führt, sondern in der man sich wohlfühlt und aufgehoben fühlt. Genau diesen Traum von Jerusalem als einer offenen Stadt versuchen wir modellhaft schon in der Dormitio zu verwirklichen, indem wir eine dezidierte Willkommenskultur leben, einmal im Jahr sogar so weit, dass wir am »Tag des offenen Klosters« auch unsere Klausur öffnen und den jüdischen, christlichen und muslimischen Einwohnern Jerusalems unseren Speisesaal, den Kapitelsaal und unsere Aufenthaltsräume zeigen und den ganz Tag immer wieder gern erklären, wie wir Mönche leben, warum wir hier sind und wie wir unsere Berufung verstehen. Angstfreie unkomplizierte Begegnungen auf Augenhöhe in einem wohltuenden und geschützten Raum, in dem ehrliches Fragen und Ringen höchst willkommen sind: Das ist in meinen Augen eine der wichtigsten Konsequenzen aus dem Grenzen und Schubladen sprengenden Pfingstereignis. Ich wünsche mir von Herzen, dass wir als Dormitio immer mehr zu diesem Ort werden, wo Menschen eine heilsame Atmosphäre der Geborgenheit, Sicherheit und Freiheit spüren können.

Drittens: Pfingsten als Ort der Inspiration

Für mich bedeutet, Kloster am Ort von Pfingsten zu sein, auch, geistige und geistliche Berufung miteinander zu verbinden, und zwar auf einem hohen Niveau.

Als Mönche bemühen wir uns in Treue um eine liebevoll gefeierte Liturgie, die bei uns einen sehr hohen Stellenwert einnimmt und in der wir uns als stark frequentierter internationaler Pilgerort auch der Verantwortung hierfür sehr wohl bewusst sind. Sogar nicht wenige Nichtchristen lassen sich bei uns auf das Mitfeiern einer Liturgie ein, besonders beliebt sind hierbei die kurzen Gebetszeiten der Mittagshore und die Komplet zur Nacht.

Wir sind aber eben nicht nur ein Ort der Spiritualität, sondern auch der Wissenschaft. Neben dem bei uns ansässigen Jerusalemer Institut der Görres-Gesellschaft ist wohl das Theologische Studienjahr Jerusalem der stärkste Ausdruck für diese Orts-Berufung. Im »Studienjahr« leben nun seit über 50 Jahren evangelische und katholische Studentinnen und Studenten der Theologie im Schatten unserer Abtei, im »Josefshaus«, unter einem Dach, und zwar für jeweils acht Monate. Dort setzen sie sich als ökumenische Lern- und Lebensgemeinschaft intensiv mit der Bibel, mit der Archäologie, mit der innerchristlichen Ökumene, mit den Ostkirchen, mit dem Judentum, mit dem Islam und nicht zuletzt mit dem Verhältnis von Religion und Politik auseinander. All das auf einem exzellenten Niveau.

Während ich voller Traurigkeit an vielen Orten eine Polarisierung zwischen theologischer Wissenschaft und gelebtem Glauben wahrnehme – ich spitze etwas zu: hier die einen, welche die wissenschaftliche Theologie kritisch und argwöhnisch beäugen und diese als Gefahr oder gar Angriff auf die eigene Frömmigkeit ansehen, dort die anderen, die sich als Theologinnen und Theologen sehr viel auf ihre akademischen Weihen einbilden, aber deren eigene gelebte Glaubenspraxis im Dunkeln bleibt: Im Theologischen Studienjahr wird konkret gelebt, dass beides nicht nur sehr gut zusammengeht, sondern sich gegenseitig befruchtet: das wissenschaftliche theologische Ringen um den Glauben und der gefeierte Glauben in der Liturgie, und beides wohlgemerkt in einem multireligiösen, multiethnischen und multikulturellen Umfeld, in dem die verschiedenen Narrative, die verschiedenen wissenschaftlichen Perspektiven und die verschiedenen Frömmigkeitsformen in ständiger Reibung miteinander sind und manchmal sogar ungebremst aufeinanderknallen. Das Theologische Studienjahr Jerusalem ist daher ein echtes Laboratorium des Dialogs und der Versöhnung: Hier bietet sich eine ungeahnte Chance, geistig und zugleich geistlich zu reifen.

Unser Theologisches Studienjahr ist aber nur eines von vielen Beispielen. Die Pilgergruppen, die Politikerdelegationen, die pastorale Sorge um die deutschsprachigen Katholiken in Israel und Palästina und um die katholischen Arbeitsmigrantinnen und -migranten und Asylsuchenden und so viele mehr. Bei all unseren zahlreichen Aktivitäten spüre ich bei uns Mönchen den starken Wunsch, für die Menschen zum Segen zu werden. Ich wünsche mir von Herzen, dass wir als Dormitio immer mehr zu diesem Ort werden, wo uns die Menschen hoffnungsvoller, getrösteter und beschenkter wieder verlassen, als sie zu uns gekommen sind.

Nachtrag: ... und dann wieder Krieg

Selten habe ich mich so schwer mit der Verschriftlichung unserer Berufung als deutschsprachige Benediktinermönche am Ort des Pfingstereignisses getan. Immer wieder habe ich mein Schreiben unterbrochen, verworfen und mühsam fortgesetzt. So kenne ich mich nicht. Der Grund hierfür ist mir sehr klar: Am 7. Oktober 2023 hat die Hamas bei ihrem Ausbruch aus dem Gazastreifen in einer bis dahin unvorstellbaren Brutalität über 1200 Menschen, darunter auch viele Kinder, misshandelt und ermordet und über 200 Menschen entführt. Bei der Selbstverteidigung Israels hierauf wurden bis heute, im November, über 10 000 Menschen in Gaza getötet, auch hier wieder viele Kinder. Während ich diese Zeilen schreibe, dauert der Krieg noch an. Ich hoffe und bete inständig dafür, dass dieser Krieg so schnell wie möglich beendet ist, dass das Töten aufhört und die Geiseln alle wieder lebend und gesund zurück zu ihren Liebsten kommen. Sie, die Sie diese Zeilen lesen, werden hoffentlich wissen, ob meine Hoffnung und meine Gebete erhört wurden.

Während ich um Worte für diesen Beitrag ringe, bin ich schockiert über den sich Bahn brechenden Hass: Menschen dehumanisieren andere Menschen, indem sie ihnen ihr Menschsein absprechen. Mitleid ist nur für eine der beiden Seiten erlaubt. Antisemitismus und Islamhass zeigen ihre übelste Fratze. Jede und jeder, die oder der sich um nachdenkliche und leise Töne bemüht, wird niedergeschrien. Jetzt gibt es nur noch schwarz oder weiß, richtig oder falsch, Israel- oder Palästinaflagge. Für Grautöne ist kein Platz. Es sind Tage, in denen wir uns als Mönche der Dormitio – zusammen mit vielen unserer jüdischen, christlichen und muslimischen Freundinnen und Freunde – sehr einsam fühlen. In den sozialen Medien werden wir attackiert, warum wir nicht eindeutiger Position beziehen. In der Aggressivität der Wortwahl schenken sich die dualistischen Polarisierer auf beiden Seiten nichts. Wer in diesen Tagen wagt, über Frieden oder Versöhnung nachzudenken, wird zum Feindbild erklärt. Sogar eine 24-stündige Gebetswache für den Frieden mit den Studierenden unseres Theologischen Studienjahrs taugt zur Skandalisierung, da man jetzt nicht für den Frieden beten dürfe, sondern für den Sieg …

Vielleicht entdecken wir gerade den eigentlichen Kern unserer pfingstlichen Berufung neu: einfach da zu sein und nicht wegzulaufen. Unsere Kirche konsequent den ganzen Tag offen zu halten, auch wenn jetzt statt 5000 Menschen nur 10 Menschen zu Besuch in unsere Kirche kommen. Auch unsere Kloster-Cafeteria geöffnet zu haben und ein offenes Ohr und ein hörendes Herz zu haben für jeden, der neben einer Tasse Kaffee auch einen Mitmenschen zum Reden braucht, auch wenn dies nur ein einziger Mensch am Tag ist. Unsere Gebetszeiten weiter in Treue zu halten und alle Bewohner Jerusalems, des Heiligen Landes und der ganzen Welt im Fürbittgebet vor Gott zu tragen, auch wenn wir dabei als Mönche mit einigen unserer Studierenden allein sind.

Vielleicht bedeutet, am Pfingstort als Mönche zu beten, zu arbeiten und zu studieren, genau dies in Treue zu tun. Vielleicht kann man Pfingsten nur leben, aber eben nicht machen.

Meine größten Lehrmeister waren und sind hierbei die Geschwister im Glauben, die als Arbeitsmigranten oder Asylsuchende nach Israel gekommen sind, vor allem von den Philippinen, aus Indien und aus Sri Lanka, aber auch aus Afrika, Lateinamerika und Osteuropa. Ich habe mit ihnen in den nur denkbar skurrilsten Provisorien Gottesdienste gefeiert: auf Schrottplätzen, in Zelten, in Karatestudios, in Basketballhallen und in Bauruinen. Während ich immer noch stammelnd um Worte ringe, was Pfingsten hier und heute bedeuten könnte, leben sie aus dieser Kraftquelle.

Am Anfang war alles ganz anders

Aurelia Spendel OP

Ansicht: ein Doppelporträt

»Wie irre ist das denn?« – Der junge Mann schüttelte den Kopf, als wir den Text zum Pfingstwunder lasen. Ihn und seine Freundin hatte es in mein Einführungsseminar verschlagen. »Religionslehrer/in werden« stand auf der Liste ihrer Studien- und Berufsvorstellungen, allerdings mit einem deutlichen Fragezeichen. Der Blick auf die Einstellungsmöglichkeiten für den Schuldienst hatte sie dazu animiert. Wir sahen uns nicht wieder.

Pfingsten ist für viele keine Größe mehr, vor allem für junge Menschen nicht. Das mag man beklagen, verwunderlich ist es nicht. Denn ein solch quer stehendes Ereignis traut wohl niemand einer Kirche zu, die zwischen bedrückenden Skandalen, ungelösten Problemen und in den Trümmern eines gewaltigen Traditionsabbruchs zu zerbröseln droht. Manchem und mancher Verantwortlichen auf den verschiedenen Ebenen und in den Gremien der Diözesen, Orden, der katholischen wie evangelischen Verbände und Organisationen in Deutschland kann man guten Willen, echtes Bedauern und aufrichtiges Bemühen nicht absprechen. Alles andere wäre ungerecht. Das aber reicht und rettet nicht. Und: Soll denn überhaupt noch etwas gerettet werden? Wäre es nicht besser, man ließe gehen, was keinen Stand und keine Substanz und, schlimmer noch, keine konsequente, hingebungsvolle und verzichtende Kraft zur Erneuerung von Glauben und Kirche mehr hat? Oder könnte es dank einer tiefgreifenden Wurzelbehandlung, einer Renaissance de profundis weitergehen mit dem, was als religiöse Heimat und Instanz einst als himmlisch, tröstlich und segensreich erschien?

Herbert

Zuerst: die Zeit davor

Herbert Z. war in meinen kirchlichen Jugendtagen eine wichtige Figur. Er war Küster, Sakristan, Mesner – wie auch immer sein Beruf genannt wird. Herbert versorgte die Sakristei, bereitete akribisch jeden Gottesdienst vor. Besonders die kirchlichen Hochzeiten und -feste, Weihnachten, Ostern, Fronleichnam oder das Pfarrpatrozinium, forderten ihn bis an den Rand der Erschöpfung. Herbert machte keine Fehler, wusste in jeder Situation einen Rat und für jedes Problem eine Lösung. Er war unentbehrlich, professionell, verlässlich, verschwiegen – ein Meister seines Fachs.

Bei zwei Anlässen sprang Herbert aus der Form. Er liebte es, im Pfarrgarten die Maulwürfe zu jagen und zu töten. Sein Ritual war streng genormt:»Kriege ich dich, Schwarzer«, zeigte an, dass er auf der Erfolgsspur war.»Jetzt hab ich dich!«, läutete das Finale ein, bevor er den Maulwurf mit dem Spaten enthauptete.

Der zweite Anlass nahte mit den schulischen Sommerferien. Herbert fuhr ein gigantisches Auto, hochgerüstet wie ein Schlachtschiff und bombastisch wie ein Panzer. Sein Urlaubsziel war immer dasselbe: die südlichste Spitze des italienischen Stiefels. Wenn es losging, stand das mobile Monstrum geputzt und voll beladen vor dem Garagentor. Anni, seine Frau, saß auf dem Beifahrerinnensitz, die Handtasche fest umklammert. Herbert stieg ein, hielt an genau zwei Raststätten zum Tanken und zu sonst nichts, und brauste weiter wie von Dämonen gejagt über deutsche, schweizerische, österreichische und italienische Autobahnen.»Zähne zusammenbeißen, Augen zu und durch«, sagte er, wenn man ihn auf seine unverantwortliche Raserei ansprach. Anni sagte nie etwas.

Irgendwann ließ es sich nicht mehr verheimlichen, dass Herbert trank, sehr viel, wahllos und irgendwie immer. Am Anfang war er geschickt im Vertuschen, das Schächtelchen mit den scharf riechenden Drops griffbereit in der Hosentasche neben dem Feuerzeug für die Kerzen.

Herberts Ehe war kinderlos. »Man weiß nie, ob jemand Kindern etwas antut«, sagte er. Das musste als Erklärung für seine Kinderlosigkeit reichen. Mit den Ministranten und Ministrantinnen ging er respektvoll um, nur selten gab es unter ihnen jemanden, den er nicht mochte und den er entweder ständig piesackte oder aber geflissentlich übersah.

Als Herbert sich zu Tode getrunken hatte, seufzte Anni an seinem Grab einmal tief auf, drehte sich um, nachdem sie das Kondolenztribunal überstanden hatte, und ging wortlos nach Hause. Sie schraubte das Ehebett auseinander und hörte mit ihrer Arbeit nicht auf, bis sie das gepflegte Holz zu handlichen Scheiten zerschlagen hatte.

Als Witwe war Anni unauffällig, hilfsbereit, klaglos. In ihrem Testament verfügte sie, auf keinen Fall im Grab ihres Mannes beerdigt zu werden. Zudem verbat sie sich jegliche kirchliche Beteiligung an ihrer Bestattung. Die bescheidene Summe, die sie während der Jahre ohne Herberts Automonstrum zurücklegen konnte, ging zu gleichen Teilen an das örtliche Tierheim und an Pro Familia.

Und dann: die Zeit danach

Damit hätte das Kapitel »Herbert« beendet sein können. Tot, vorbei. Niemand konnte sich vorstellen, dass nach seinem und Annis Ableben noch etwas kommen würde. Aber es kam. Denn Herbert hatte eine Vergangenheit. In ihr brodelten Gewalt, Schmerzen und ein Kindsein, von dem niemand wusste, wer es wann und warum so schrecklich zerstört hatte.

Ahnungen hatte es schon vor seinem Tod gegeben. Danach wussten es alle: Herbert war eines der Kinder gewesen, die gläubig und voller Vertrauen dem Vater im Himmel und seinem irdischen Stellvertreter zu Diensten waren, die das Confiteor mit Letzterem gebetet und ihm vor der Opferung demütig Wasser zur Reinigung gereicht hatten. Beides hatte ein sehr kurzes Verfallsdatum und wurde spätestens dann bedeutungslos, wenn der schwarz gewandete Herr Pfarrer seine geweihte Hand nach Herbert ausstreckte und ihn zu sich zog.

Jahre nach Herberts Tod kam endlich die Zeit, in der Menschen wie Herbert über die furchtbaren Zersplitterungen ihres Leibes und ihrer Seele reden konnten und ihrer Qual Gerechtigkeit widerfuhr.

Zugleich schlich sich die Ahnung eines Wunders in das Staunen, als Herbert – und auch Anni – in der Erinnerung von Menschen verwandelt auferstand. Denn obwohl die Schatten seiner Verzweiflung und seiner seelischen Schmerzen ständig gegenwärtig waren, konnte in Herberts Mimik, in seinen Gesten, seinem haltlosen Dasein etwas aufblitzen, das so ganz anders war, als was man von ihm kannte. Manchmal riss etwas auf in ihm und dann war Herbert bezaubernd. Ein Strahlen, ein Lächeln, eine Handbewegung wie aus einer anderen Welt als der, in der er seine Tage zerlebte. Es hatte anscheinend etwas in Herbert gegeben, das heil geblieben war, frei, aus tiefster Seele einverstanden mit der Hoffnung auf ein Leben, nach dem er sich wohl unverwandt gesehnt hatte. So konnte es also auch gehen, auch als es immer seltener so mit Herbert ging.

Das Wunder dieser kostbaren Bruchstelle, dieser Schatz von Liebe und Leichtigkeit ist mir unvergesslich. Als Memento meldet es sich ausgerechnet in den trostlosesten Erinnerungen an Herberts Leid. Der himmlisch schöne Einfall göttlicher Fülle ist wie ein Platzhalter, ein Versprechen von Gnade und Geliebtwerden und von übermütiger Gegenwart. Durch Herbert habe ich gelernt, was Pfingsten ist, wie Neuwerden bis ins Mark erschüttert und wohin man trotz allem schauen kann, wenn nichts mehr geht.

Deshalb ist dieser Text Herbert gewidmet. Und auch Anni, die mit ihm lebte und litt.

Pfingsten reloaded

Verstörende Oszillation

Die Lage der Jüngerinnen und Jünger Jesu nach dem Tod ihres Freundes und Meisters war bedauerlich und bedrückend, aber nicht ungewöhnlich. Der römischen Besatzungsmacht lag jede Zimperlichkeit fern im Umgang mit denen, die es wagten, die mühsam aufrecht zu haltende öffentliche Ordnung zu stören.

Die vier kanonischen Evangelien berichten in unterschiedlicher Weise von dieser unmittelbar nachösterlichen Zeit. Im Matthäusevangelium geht der Rest der Jünger nach Galiläa, zurück in die Nostalgie des »galiläischen Frühlings«, in dem alles so hoffnungsvoll begonnen hatte. Dort werden sie beauftragt mit der Völkermission, deren Siegel die Taufe ist. Die jesuanische Zusage: »Seid gewiss, ich bin bei euch alle Tage bis zum Ende der Welt« (Mt 28, 20), beschließt diese Episode und zugleich das gesamte Evangelium; ein ausdrückliches Pfingstereignis kennt es nicht, genauso wenig wie das Markusevangelium. Hier glauben die Jünger trotz zweier Erscheinungen Jesu zunächst nicht, dass er lebt, weder dem Zeugnis der Apostolin der Apostel, Maria von Magdala, noch dem des:der namenlosen Emmausjünger:in. Erst als der um Judas dezimierte Rest der Zwölfergruppe um Jesus mit dem Auferstandenen persönlich in Kontakt kommt, er sie tadelt wegen ihrer Verstocktheit und ihnen die Verkündigung des Evangeliums für alle Geschöpfe (!) aufträgt, kommen die Männer nach seiner Himmelfahrt in Bewegung und beginnen zu predigen. Nach langwieriger Überzeugungsarbeit und einem mühsamen ersten Anlauf trauen sie der Erfahrung einer neuen Gegenwart des Auferstandenen: »Der Herr stand ihnen bei und bekräftigte die Verkündigung durch die Zeichen, die er geschehen ließ.« (Mk 16, 20)

Offener als in den ersten beiden Evangelien stellt sich das Verhalten der Jünger im Evangelium des lukanischen Doppelwerks dar. Nach der Erteilung des Missionsauftrages und der Zusage Jesu, es komme eine »Kraft aus der Höhe«, werden die Jünger von ihm in der Nähe von Betanien gesegnet, während er sie verlässt. Sie kehren »in großer Freude« nach Jerusalem zurück, sind ständig im Tempel, preisen Gott (Lk 24, 50-53) und – tun sonst erst einmal nichts.

Bislang also nach der ersten Verliebtheit nostalgische Sehnsucht, vorsichtiges Trippeln ohne nennenswerten Elan; Verkündigung im Stand-by – daraus wäre keine Kirche geworden. Erst im vierten Evangelium, dem jüngsten, nach Johannes, geschrieben mehrere

Generationen nach dem Tod Jesu, gerät der Geist kraftvoll als Trieb-feder und Richtungsgeber des Aus- und Aufbruchs der Jüngerinnen und Jünger in den Blick. Nur dieses der vier Evangelien kommt der Erzählung der Apostelgeschichte nahe. Historische Parallelberichte fehlen.

Die Geistsendung macht deutlich: Es musste etwas Einschnei-dendes geschehen, etwas musste einbrechen, aufbrechen, aufreißen und anders werden, um das Unternehmen »Kirche« werden zu las-sen.

Geistlose Kontinuität ist für die Nachfolgegemeinschaft Jesu an-scheinend der falsche Weg. Diese Gemeinschaft stirbt, wenn sie bleiben will, wie sie ist. Bliebe alles beim Alten, wäre die biblische Pfingsterzählung nur das versteinerte Projekt eines vermuteten Al-koholabusus. Im Vertrauen auf solche Frucht ekklesialer Weisheit und Einsicht haben die Väter des II. Vatikanischen Konzils (1962 bis 1965) 2000 Jahre nach dem ersten Geist-Einbruch in die werdende Kirche die Zeichen der Zeit beschworen als *loci theologiae*, durch die in die alt gewordene Kirche das andere, Neue einbrechen kann und wird.

Kein Finale

Und nun, heute, in unseren Tagen? Niemand kann das Rad der Ge-schichte zurückdrehen, um die »gute, alte Zeit« der biblisch erzähl-ten pfingstlichen Erstbegeisterung oder die der Aufbruchstimmung des II. Vatikanums zu reanimieren. Beide entziehen sich verklären-der Rückschau. War es das dann für die Kirche(n), für alle Zeit und Ewigkeit? Ist die Rede von einem – neuen – Pfingsten gegenstands-los? Ja und nein. Ja, denn Pfingsten, das »alte«, war einmal und es war einmalig, unwiederholbar, wenn auch bis heute mit einer unab-geschlossenen Wirkungsgeschichte. Nein, denn was bis ans Ende der Zeiten gilt: Pfingsten, das erste, ist die juvenile Quelle, die unbe-irrt durch zwei Jahrtausende aus Gottes Lebenszugewandtheit strömt. Sie ist der Grund des fantastischen Lebensraumes Kirche mit seiner unglaublichen Möglichkeit, in der Freiheit und Diversität der Kinder Gottes für etwas zu leben, für das es sich zu leben und zu sterben lohnt, wie es die Biografien unzähliger heiliger Frauen und Männer, bekannter und unbekannter, belegen.

Papst Franziskus zeigt seit seiner Wahl am 13. März 2013, wo die Lebensadern der Kirche heute verlaufen. Er wendet sich den »Aschenputteln« an den Rändern der Menschheit zu, den Marginalisierten, die nicht nur als Opfer vielfältiger Missstände nach den Werken der Barmherzigkeit schreien, sondern vor allem als Subjekte ihres Lebens wahrgenommen und gewürdigt werden müssen. Sie stehen für die Notwendigkeit und für die Dringlichkeit, das Evangelium jenen Menschen neu durch die Tat zu verkünden, die reinen Herzens zwischen allen Stühlen sitzen.

Die ehemaligen Großfürstinnen des Katholizismus, der europäischen Theologie und der politischen Allianz zwischen Kirche und Staat beachtet Franziskus weniger. Sie sind ihm nicht wichtig; in seinen Augen sind sie unfruchtbar geworden für die Weiterentwicklung einer Kirche, die dient.

Die Reform der Kirche nach innen geht schleppend voran, auch wenn das eine oder andere wie die päpstliche Kurienreform neue Perspektiven aufzeigt. Pfingstlich wäre es, die Risse wahrzunehmen, durch die der Geist mit seinem Feuer unabweisbar zündelt. Wie wäre eine Kirche, die die Koppelung von Sakramentenempfang und -spendung an ein biologisches Geschlecht oder an eine sexuelle Orientierung aufgibt, wenn es nicht auf der Schöpfungsordnung, sondern auf der Gnadenordnung ruht? Eine Kirche, die kein Berufs- und Karriereklerikertum kennt und keine Privilegien für »Geweihte« will, gleich welcher Couleur, sowohl im wörtlichen wie im übertragenen Sinn? Keine patriarchale, offen oder untergründig legitimierte Dominanz gleich von welchem oder welcher »Würdenträger oder -trägerin« über Würde und Kompetenz der Laien? Penibelste Sorge um und fraglosen Respekt für Menschen, die schutzlos sind, aus welchem Grund auch immer? Eine Kirche, die den Frieden in den eigenen Reihen nicht vernachlässigt?

Aussicht: Am Anfang ist immer alles ganz anders

Welchen Grund sollte Gott haben, die pfingstliche Quelle gerade in unseren Tagen versiegen zu lassen? Keine Bosheit, keine Hybris, keine Dummheit haben bislang vermocht – so die Bibel –, Gott je von seiner Schöpfung und, darin eingelassen, von den Menschen zu trennen. Skandale, Verbrechen, unglaublich niederträchtige »Todsünden«, Herberts und Annis Leid werden von ihm gesehen und zwischen die elliptischen Brennpunkte von Gerechtigkeit und Gnade gestellt, deren Bezugspunkt pure Liebe ist.

Verschiedene Gestalten von Kirche haben durch die Jahrtausende ihres Bestehens und an ehemals außerordentlich fruchtbaren Orten von Verkündigung, Gebet und Diakonie ein Ende gefunden. Auch die jetzige Gestalt scheint zumindest in Europa am Ende zu sein. Der weltweit übergreifende Missbrauchsskandal deutet als das grellste Fanal ihren Untergang an. Aber: Herberts Durchbrochensein von der lichtvollen Seite seiner gequälten Existenz her und die Erzählung von der Ausgießung des Geistes über die in sich verfangenen Jüngerinnen und Jünger hinter der verschlossenen Tür zeigen, dass für diese Kirche am Scheideweg so profan wie hoffnungsvoll gilt: »Wer am Ende ist, kann von vorne anfangen, denn das Ende ist der Anfang von der anderen Seite.« (Karl Valentin)

Sky und Heaven

Satzweise Fragmente zu Pfingsten

Arnold Stadler

> *Aber nun schämten sich schon seit Jahren die Funktionäre für die Un-*
> *gereimtheiten der Bibel, schon seit Luther, nein, seit Adam und Eva.*
> *Sie schämten sich für die Ungereimtheiten eines Buches. Was war das*
> *schon, gemessen an den Ungereimtheiten der Welt.*
> A. St., Sehnsucht. Versuch über das erste Mal

Wir leben in der Zeit nach Pfingsten

Wir leben in der Zeit nach Pfingsten. Und ich, nicht als Schriftsteller, möchte im Folgenden keine Pfingst- oder Himmels-Belletristik
oder ein paar Sätze schreiben, die, wenn es hochkommt, da und
dort als aphoristische Übungen durchgehen könnten, die auf *Das
Ganze im Fragment* (so einer der Buchtitel des Schriftstellers und
Theologen Hans Urs von Balthasar) verweisen. Ich möchte vielmehr
versuchen zu vergegenwärtigen, dass Pfingsten etwas Schönes ist,
heaven und *sky*. Ein Fest. Fest des Heiligen Geistes und der Kirchen-
gründung. Doch daran zu erinnern in eher freudlosen Zeiten – und
darüber auch noch zu schreiben – fällt schwer. Deren Horizonte
eingetrübt sind durch Kriege und Bedrohungen des Lebens aller
Art. Wie es uns scheint: wie nie zuvor.

In einer »neuen Kultur der Barmherzigkeit« – im Blick hatte er
auch das verbürgerlichte Christsein hierzulande – ortete jüngst Kardinal Walter Kasper die Zukunft der Kirche. Im Zukunftsprogramm
eines christlichen Humanismus. Das war in eine aus den Fugen geratene Welt hineingesprochen.

Ja, das scheint mir auch so: Der Himmel darf keine Absage an die

Erde sein: im Gegenteil. Wir müssen uns gerade als Christen, denen die Welt nicht egal ist, mit aller Kraft für sie einsetzen. Gerade von Pfingsten her, der Quelle des Engagements in der Welt.

Heaven: Das ist gerade keine Weltflucht, sondern eine Hinwendung zum Ganzen. Und das schließt die Verantwortung für die Erde, das Engagement für diese Welt mit ein.

Der Himmel, kein Hirngespinst, keine Fata Morgana und keine optische Täuschung: Das Wort »Himmel« offenbart etwas, das mit unserer lebenslänglichen Sehnsucht zu tun hat, die eine große Tatsache ist; unabhängig davon, wie der Mensch sie mit seinem Leben und Treiben füllt.

John Lennon hat mit seinem berühmten »Imagine there's no heaven ... above us only sky« auf eine verführerische Art, wie es nur Musik sein kann, dem Nein ein Tor geöffnet, und ein anderes verschlossen. Als wäre er ein neuer Petrus an der Himmelstür. (Etwas Größenwahn war auch dabei, schon damals, als er, in Amerika angekommen, von der Flugzeugtreppe herunter verkündete: *Wir sind berühmter als Jesus Christus.* Und das in den USA.)

Imagine! Das können wir nun auf dieser reduzierten und ihrem Schicksal überlassenen Welt sehen: wie trostlos. Gerade heute, da die Welt brennt.

Also schicke ich ein paar Seiten lang ein paar Sätze und Gedanken eines studierten Theologen voraus, der nun als Grabredner sein tägliches Leben bestreitet. Dies aus meiner Erzählung *Die schönste Richtung aber war die Himmelsrichtung*: Roland ist auf der Autobahn unterwegs und hat noch zwei Stunden Zeit, sich etwas auszudenken. Dabei versucht er, die sogenannten richtigen Worte am Grab zu finden. Seine Rede ist auch als Aufbauspritze für eine Urnen-Trauergemeinde gedacht, in einer Zeit, der der Himmel und sein Glänzen im Vollsinn des schillernden deutschen Wortes »Himmel« abhandengekommen scheinen, das heißt: meist verneint werden. (Wie die Auferstehung von den meisten Gläubigen, die immer noch das Credo mitbeten können.)

Dieser Grabredner versucht *Worte für etwas* zu finden, *das keinen Atheisten in seinem Glauben verletzen würde: Der Mainstreamglaube* war ja ein Mainstream-Unglaube geworden, und beim Wort »Himmel« schrillten bei manchem die sogenannten Alarmglocken.

Die schönste Richtung aber
war die Himmelsrichtung

Roland wollte diese armen Menschen, deren Musikwunsch »Imagine there's no heaven« war, nicht verletzen … Er würde nicht von Gott und vom Jenseits, nur ganz allgemein von Himmel und Heimkehr, Ruhe und Frieden sprechen, sodass er auch Atheisten eine Fluchtmöglichkeit zu ihrem Unglauben an Gott offenlassen wollte: Er wollte sie in ihrem Glauben, in ihrem Unglauben, nicht verletzen. Er wusste es ja aus Erfahrung. Sie sagten sich nun »Es ist alles gut!« an der Stelle, wo gerade sie sich hätten »Es ist alles aus!« sagen müssen.

Und wollten wohl auch von ihrem Grabredner so etwas hören.

Einer wie Roland fand aber den Glauben immer noch schöner als den Unglauben, der auch nur ein Glaube war. Er fand, dass »ja« ein schöneres Wort war als »nein«. Also sollte der Schluss seiner Grabrede so lauten: »Und doch: Gäbe es jene Hoffnung nicht, die im Wort ADIEU aufgehoben ist! Adieu, lieber Helmar!«

So hatte er wieder einmal einen Schlusssatz gefunden, und dazu doch noch einmal Gott hineingemogelt.

Wir glaubten nicht mehr an Gott. Wir hatten uns unseren Glauben, unseren Unglauben, zurechtgedacht und mussten nun damit leben: Roland hatte es aufgegeben, in Gesellschaft über Gott reden zu wollen, ja, gar nicht erst begonnen damit.

Das wäre nun zu anstößig gewesen, ein solches Gespräch hätte ihn als »nicht gesellschaftsfähig« hinauskatapultiert aus der Welt, in der ich lebte, aus der herrschenden Mainstreamgesellschaft, deren Glaube ein Mainstream-Unglaube war. Und bei Wörtern wie »Gott«, »Vater« und »Himmel« schrillten sämtliche ihrer Alarmglocken. Selbst als Grabredner, an manchem Grab stehend seither, hatte er es vermieden, von Gott zu sprechen. Eher selten durfte es noch ein Psalm sein, wenn das, zwar immer weniger, noch gewünscht wurde.

Das Wort »Himmel« war auf dem Weg zum Unwort. Das wusste er aus den »Vorgesprächen«. Ja, vielleicht gab es den Himmel nur noch für solche, die an ihn glaubten? Die anderen sangen »Imagine there's no heaven« und *sollten* nun von so etwas träumen. Jene Hoffnung, die im Wort Adieu aufgehoben schien, hatten sie längst aufgegeben. Da war es ganz schön ausgeträumt. Und die meisten Gräber waren abgeräumt, das reimte sich; und *die Urnenflucht,* die Flucht in den Friedwald war längst angetreten, im Glauben, vielleicht Irrglauben, in dieser umweltfreundlichen Aschenurne wäre noch etwas übrig. Als könnte der Mensch mit seiner Asche per Du sein? Und schon gar keinen Gedanken verschwendete er daran, dass die Krematorien allein mit ihrem Energieverbrauch zu den größten Umweltverschmutzern zählten und außerdem so vielen Lebewesen die Lebensgrundlage entzogen. Andererseits für die Kommunen längst zu einem florierenden Geschäft geworden waren. Für die Betreiber der Friedwälder sowieso. Und der Mensch war zu einem solchen Utilitaristen geworden, dass er selbst von seiner Beerdigung noch etwas haben wollte.

Der Tote, ein mehrfacher Vater, der aus seinen Kindern Überlebende machte, war eigentlich an einer Leber- bzw. Lebenszirrhose gestorben. Der Schmerz war zum roten Faden seines Lebens geworden. »Da kam einiges zusammen!«, sagte die jüngste Tochter mit Namen Gesine (der in Rolands Ohren immer schon ein Migränepotenzial bot). Die sogenannten Angehörigen, die ihn als Freund und Grabredner gewählt hatten, erlaubten es Roland ausdrücklich, dass auch die Wörter Gott und Wein vorkommen durften. Gegen Gott habe ihr Vater Helmar ja nichts gehabt. Der sei ihm eher gleichgültig gewesen.

Das Wort konnte ja nicht schaden, so weit waren die Überlebenden dann doch noch nicht von Gott abgerückt.

Helmar hatte zwar auch nicht mehr an Gott, diesen Gott geglaubt. Auch beim Wort Gott hatte er sich wohl immer ein Anführungszeichen hinzugedacht.

Der Verstorbene hatte in seinen besten Zeiten als ziemlich gescheit gegolten, hatte seine Menschen mit manchem Bonmot erheitert. So sagte er auch, er sei mit der Gnade des Unglaubens versehen.

Trotzdem hatte er sich seinen Glauben zurechtgedacht und es auf diesem Weg recht weit gebracht.

Auch Roland glaubte nicht mehr so recht an Gott wie in alten Zeiten, diesen Gott, wie er auch ihm im Credo begegnet war. Doch beim Wort Gott dachte er sich noch kein Anführungszeichen hinzu.

Doch nichts konnte einen wie ihn mehr hinabziehen als das, was die *neuesten Ergebnisse* der Hirnforscher, Biowissenschaftler und der Neurologen, die er keineswegs bestritt oder als dummer Mensch, der er war, gar bestreiten konnte, zutage förderten. Und das, was die Medientechniker, die Zukunftsforscher und die Astronomen und Psychotechniker in Umlauf brachten. Und damit sollte der Mensch nun leben. Roland wusste es auch nicht. Er wusste aber, dass er von Gott wusste. Ob der von ihm wusste, wusste er nicht. Glaubte es aber. Von »zurechtgedacht« bis »weit gebracht«.

»Ihr selber tut euch allzu weh«: Das war der Tenor in der Bachkantate BWV 103, die *Ihr werdet weinen und heulen* hieß.

Und dann summten sie noch »Imagine« bei der Verabschiedung. Sie sagten »Verabschiedung« und zogen es vor, dieses Wort einfach so stehen zu lassen. Wie einen alten leeren Koffer. Und nur nicht weiter darüber nachdenken! Statt »Es ist alles aus!« hörten sie lieber: »Es ist alles gut.« So kam eine Lüge zur anderen.

Es sprach ja kein Mensch mehr von Tod und Beerdigung. Der alte Glaube war aber schöner: *In paradisum angelos te custodiant*, zum Paradiese mögen Engel dich geleiten … Glaubte Roland, weil es wahr war? Oder weil es schön war? Ach, der alte Himmel, der noch *sky* und *heaven* sein konnte zuzeiten. Wie die irdisch-himmlische Liebe. So kam eines zum anderen.

Das Leben von Gesines Vater war etwas anders verlaufen, zuletzt in einem Pflegeheim auf der sogenannten Demenzabteilung. Da hatte Helmar auch vergessen, dass er ein Alkoholiker war. Der zu trinken aufgehört hatte, als es schon zu spät war. Und auf das Wort

»definitiv« wollte Roland erst recht verzichten. Auch das Elend von Helmar ganz unten ähnelte schon dem Psalm 22: »Mein Gott, mein Gott, warum hast Du mich verlassen!?« Also auch ein Psalm? Ja, meinte Gesine, auch ein Psalm, es musste ja nicht gleich der Psalm 23 sein. Obschon gerade der ein Potenzial bot, sagte Roland: »Wenn ich nur an den Vers ›Auch wenn ich durch eine Nacht muss, meine Nacht‹ denke …« Die Psalmen kamen noch in manchem Konzertprogramm vor. Die Kirchen waren zu Konzertsälen geworden. Singen war einfacher als Beten oder Denken. Und oftmals auch schöner. Nicht nur für diejenigen, die dachten oder sangen, sondern vor allem für jene, die es hörten. Die Psalmen waren ja keine Gedanken, sondern Lieder, die auch gebetet werden konnten.

Auch der 8. Psalm bietet sich an, meinte Roland: Gerade heute! Sagte er.

»Was ist der Mensch?« Manchmal war er ein Säufer, und von Cioran, dem Sohn eines orthodoxen Priesters, wusste er, dass der Wein den Menschen Gott näher gebracht hatte als jede Theologie. Was aber war der Mensch? Der Mensch? WAS IST DER MENSCH? Das war die Frage von Psalm 8: der Mensch, als Frage und Anwort zugleich. Und als Kinder, einst, als sie so groß wie Schwertlilien waren, beim Spielen ihres Spieles, das Ewigkeit hieß, wussten sie es noch. Und damals, als das Heu noch nach der Liebe des Himmels zur Erde roch, hörte Roland wohl zum ersten Mal den 130. Psalm: »Aus der Tiefe«, das De Profundis.

Sein Priester von einst, der Pater Tutilo, war noch der Einzige, der in Rolands Augen zu Recht mit Gott »per Du« sein konnte: »Lieber Gott, ich kann nicht mehr, ich schaffe es nicht mehr. Jetzt bist Du an der Reihe!«, und jeder, der es hörte, glaubte ihm.

Nie wieder hatte er einen solchen Priester gehört … so einfältig, so klein, so groß …: »Auch wenn ich durch eine Nacht muss, meine Nacht, gerade dann habe ich keine Angst. Vor nichts. Denn es ist einer bei mir. Und das bist Du. Du gehst mir voraus, das ist meine Hoffnung.«

Folgende bedenklich stimmende Sätze, auch wenn sie stimmten, wollte Roland unbedingt auch noch unterbringen:

»Früher hat sich der Mensch in unseren Breiten die Seele gewaschen, sooft es ging … Heute duscht er sich … Das Leben hat sich von der Reinheit ins Hygienische verlagert …«

»Der Mensch ist nun ein artiger Verbraucher bis zuletzt. Und bis dahin sagt er Ja zu seinen Implantaten …«

»Und von seiner Zeit war nicht viel mehr geblieben als eine Patek Philippe oder eine große Rolex. Mancher Mensch verwechselte seine Zeit mit seiner Uhr.«

Es gab Menschen, die die ganze Zeit auf die Uhr schauten und zu wissen glaubten, wie spät es war.

So hatte er sich das auf seiner langen Fahrt ausgedacht. Aber er wollte unbedingt noch den Himmel, die Allmende der Augen, und den Himmel jenseits dieser Allmende in seiner Rede und in den Herzen jener Menschen, die ihn aufgegeben hatten, unterbringen, ja, und wenn es ein Hineinmogeln gewesen wäre. Mit dem ebenerdig trostlosen »Imagine there's no heaven« sollten sie nicht nach Hause gehen.

Und schon war Roland in seinem schmerzstillenden alten Mercedes an seiner Tagesdestination angekommen.

»Sie haben Ihr Ziel erreicht!«, hörte er es, auf dem Friedhofsparkplatz, aus seinem Navi.

Wir wissen ja nicht, was gilt. Sagt das eine Ich zum anderen in Celans Gedicht »Zürich, zum Storchen«: »Von Deinem Gott war die Rede … am Tag einer Himmelfahrt …«

Auf dem Weg zu seinem jüngsten Grabtermin war ihm noch mancher Satz gekommen, der gepasst hätte oder nicht.

Und Roland leuchtete der Glaube, wie er in Sätzen wie »Ich bin bei euch alle Tage bis zum Ende der Welt« zum Vorschein kam, als etwas so Schönes und Tröstliches ein, dass er, empfänglich für schöne Sätze fürs Leben, keiner weiterer schöner Sätze bedurfte.

Die Vorstellung, dass ein Mensch in den Himmel aufgenommen wurde, war gerade für einen Grabredner, der seine Menschen nicht verschrecken wollte, schöner und einleuchtender als alles andere, gerade beim Leben Helmars.

Die neue Erzählung der Schöpfung vom Urknall bis zum schwarzen Loch, die er keineswegs bestritt, hatte für einen Menschen, der ganz unten angekommen war, kein Trostpotenzial. Und für die anderen Menschen, die hier und heute leben mussten und lebten, wohl auch nicht. Auch Roland lebte mitten in der Zeit, der Zeit des sogenannten Paradigmenwechsels vom analogen zum digitalen Weltverständnis.

Das Lied »Imagine there's no heaven ... above us only sky ...« fand er nun derart grauenhaft, dass er es zum Abschluss ruhig noch einmal vor sich hersagen konnte. Als wäre auch er ein Stellvertreter des Nichts.

Ihm taten die armen, obdachlos gewordenen Menschen leid, die sich dieses Lied aus der Friedhofskonserve als Letztes für die von ihnen nun sogenannte Verabschiedung gewünscht hatten.

Es durfte ja nicht mehr Requiem heißen, und der Tod sollte in den Sätzen der Spaß- und Wellnessgesellschaft nicht mehr vorkommen.

Lebten sie denn nicht auf dieser Welt? Waren sie schizophren? Sahen sie nicht, wie die Welt brannte?

Und doch:

INTROIBO, sagte er sich nun wieder, ich werde hineingehen ... wie damals auf der untersten Stufe des Altars: und wie er dem Priester auswendig antwortete, Psalmvers für Psalmvers, in einer Sprache, die er nicht verstand, und wie er jenseits jeglichen Inhalts und jeder Information vernahm, wie schön sie war, diese Sprache: AD DEUM QUI LAETIFICAT IUVENTUTEM MEAM: Jung war ich, das ist wahr, dachte er.

So stand er an diesem Friedhofstor.

Und nun?

Mein Introibo

»Erinnerung. Zweite Gegenwart«

Meine erste Begegnung mit Pfingsten und seinem entsprechenden Himmel aus der Pfingstperspektive war oder ereignete sich in der so kleinen wie uralten Kirche St. Michael zu Rast. Da sah ich jahrelang auf mein erstes Bild: Es zeigt den Erzengel Michael, wie er Satan aus dem Himmel vertreibt. Das Original von Guido Reni war da in einer meisterhaften Kopie in wehrhafter Variante gemalt, für den dörflichen Gebrauch, statt des blonden, wallenden Haares ein trutzig-goldener Helm. Dieser Engel war *definitiv* ein Mann, und keiner, der wie eine Frau aussah. Und am Himmel ein Bild desselben, *sky* und *heaven* zugleich, noch ein Bild, da hinaufgemalt von Pater Tutilo aus dem nahen Beuron, der in meiner Kindheit immer wieder an den Sonntagen als Zelebrant kam. Dieser sein Himmel wurde bei einer Verschönerungsmaßnahme der Erzdiözese Freiburg in den späten 60er-Jahren heruntergeschlagen, weil das Bild, das die Kinder des Dorfes zeigte, wie sie schon als Engel im Himmel sind, nicht mehr in die Zeit passte. Das war theologisch korrekt. (Pater Tutilo war – nach Jan Verkade – der allerletzte Nachfahre der Beuroner Kunst, die nach dem Krieg überhaupt nicht mehr geschätzt wurde.) Das alles war mit der Genehmigung des Kirchenbauamtes geschehen, das ja schon ganz utilitaristisch dachte. Also *noch* ein Bildersturm, in der zeitgemäßen Variante des Utilitarismus der Nachkriegszeit: die Kirche als Mehrzweckhalle, der Seelsorger oder Priester als Eventmanager – die Gemeinde als »Seelsorge-Einheit«, noch ein unschönes Wort von der Administrationstheologenseite. Sodass sich die Wunder in die Bücher gerettet haben, und nun von den Schriftstellern verteidigt werden müssen, die Wunder, wie es auch Martin Walser in seiner wunderbaren Novelle *Mein Jenseits* machte: Da wird die Heilig-Blut-Reliquie durch einen Psychiater, der daraufhin von seinen Kollegen für verrückt erklärt wird, vor dem Zugriff der utilitaristisch gewordenen Welt, der das Heilige abhandengekommen ist, gerettet.

INTROIBO

INTROIBO AD ALTARE DEI: So murmelte es der Priester an den Stufen des Altars zu Beginn der heiligen Messe. Und ich antwortete auswendig: AD DEUM QUI LAETIFICAT IUVENTUTEM MEAM. Jung war ich: Das ist wahr. Und das Wort Gottes habe ich zuerst als etwas Schönes erfahren. Es war in einer Sprache, die ich nicht verstand.

Zum ersten Mal verstand ich, dass das Schöne (wie etwa als Sprache) *zuerst* etwas ist, das ich nicht verstehe, gerade da, wo es am schönsten ist ... Nicht verstehen muss, sondern zuerst hören kann und wahrnehmen. Weitab von jeder Information und Verwertungsgesellschaft.

Es war das erste Mal, dass ich auf die Schönheit von Sprache stieß, und zwar wie auf ein Geheimnis, das sich vom Rätsel insofern unterscheidet, als es nicht gelöst werden kann.

Es gibt kein Geheimnis dort,
wo es nicht etwas zu wissen gibt,
das Geheimnis ist da,
wo es ein Mehr zu wissen gibt,
als es unserem Verstehen gegeben ist.

Jacques Maritain

Mir leuchtete für immer ein, dass das Schöne zuerst nicht verstanden, sondern vernommen, *gehört* sein muss und dass dies zunächst nichts mit Information und Wissen zu tun hat. Denn das Schöne kann nicht verstanden werden: Es wird geliebt. Und verstanden. So ist es auch mit dem Phänomen der Sprache.

Beim ersten Pfingsten war es auch so: Mit einem Mal war alles klar und einleuchtend.

Das war in meiner Introibo-Zeit. Es war jenes INTROIBO, das James Joyce und ich und alle Ministranten dieser Welt, ob Schriftsteller geworden oder nicht, bis gegen 1970 meist auswendig aufsagen konnten.

Aber bald wollen wir auch verstehen, möglichst alles. (Das ist auch der Beginn der Theologie.)

Ich hatte das Glück, fünf Jahre und mehr ungestört Theologie studieren zu dürfen.

Und zu lesen: Dafür bin ich dankbar, auch dem Reichtum von Weltentwürfen und Theologien begegnet zu sein.

Es war mit 19, als ich von da aufbrach, wo ich gut 18 Jahre gesehen, gehört und gelebt hatte. Und es war ein zuzeiten zweifelhaftes Glück, ein Leben an einem einzigen Ort zu führen, und festzusitzen, oftmals im Freien, von Welt und Meer zu wissen, als Fernseh-Bilder ins elterliche Haus transportiert.

Doch die Welt habe ich vielleicht noch näher erfahren: Ich hatte einen großen Himmel über mir, der mein Meer war. Da sah ich – oftmals nachmittags bei der Feldarbeit – tagsüber die Jets über mich hinwegfliegen, als wären sie meine Ozeandampfer, und nachts illuminierten die Sterne den einen, auch meinen Himmel. (Einer meiner Hauptsätze lautet: Provinz gibt es nicht. Es gibt nur Welt.)

Es war Leben, mein Leben, das von den Jahreszeiten und dem katholischen Kirchenjahr und seinen Festen und Zeiten bestimmt war, und da habe ich auch von da zu hören, zu sehen und zu vernehmen gelernt.

Es war ein Leben fern von jeder Theorie.

Das heißt: Ihrer Implikationen konnte sich das Kind nicht bewusst sein.

Da hat sich auch das entwickelt, in den Jahreszeiten unter freiem Himmel – die Erkenntnis, dass *heaven* mehr als *sky* ist.

Und – andererseits, dass der sichtbare Himmel *sky* auch schon ein Stück *heaven* ist, an der Nahtstelle von Sichtbar und Unsichtbar.

Mein Begriff von Schönheit, auch der Schönheit von Sprache und Leben, ist also von da geprägt:

Summa:»Der Himmel war eine große Gegenwart.«

Mir wäre es lieber, die Kirche hätte mehr Priester und Gläubige als Immobilien.

So hörte ich es von meiner Schwester: Wir alle sind vierfach gegen das schönnamige Corona geimpft, doch gerade da will mir scheinen, dass die Kirchen kleingläubig versagt haben, in der Coronazeit, und die Menschen in abgeschirmten Hochsicherheitstrakten sterben ließen. Auch da haben die sogenannten Kirchen viel Schuld, ein Wort, das sie noch verstehen müssten, auf sich geladen. Meine Schwester sagte, sie habe aufgehört, als Kommunionhelferin zu arbeiten, in einer von Amts wegen angeordneten fast leeren Kirche, wenn auf dem Wandlungsaltar ein Desinfektionsspray von Bayer stehe und sie den »Leib Christi« in Gummihandschuhen verteilen soll. Und das Singen und Rühmen Gottes selbst in der Kirche verboten sind. Das wäre auch ein Romanstoff.

* * *

Gerade sah ich in der Zeitung ein Bild, wie der Erzabt von Beuron mit einer aus dem frühen 18. Jahrhundert stammenden, aus dem Müll geretteten großen Bilderbibel zusammen mit ihrem Retter gezeigt wird. Ja, mit der Wertschätzung des Geschriebenen ist es nicht mehr weit her.

Armer Luther: sola scriptura. Entschuldigung: Das war mir damals schon viel zu wenig, und wird mir immer weniger: Gerade heute. »Allein: du mit den Worten / und das ist wirklich allein«, dichtete der Pfarrerssohn Gottfried Benn von diesem Prinzip her.

Das war mir dann auch als Theologiestudent viel zu wenig, vor allem mit meiner katholischen Lebens-Vorgeschichte. Ich musste den ganzen Himmel haben.

Denn es ist eine Tatsache, dass der Mensch eine ungeheure, gewaltige Sehnsucht hat. Gerade bei dieser Welt. Die hatte Luther ja auch. Und eine Hoffnung ohnegleichen, wenn ich an seinen Apfelbaum denke, den er dem Weltuntergang entgegensetzen wollte.

Er war ein großer Sprachmensch. Aber durch sein Sola-scriptura-Prinzip ebnete er den Weg des Lesens als ein intellektuelles Objekt. Zum Glück war er auch Sänger und Dichter. Zum Beispiel von »Vom Himmel hoch, da komm ich her«.

Der protestantische Glaube ist für mich vor allem auch im Gesang, und noch mehr in den Kantaten von Johann Sebastian Bach aufgehoben, die ich jeden Morgen als Erstes höre, bevor ich mich an den Schreibtisch setze.

* * *

Und doch. Bei allen schlimmen Verwerfungen, die um das Wort Missbrauch herum angesiedelt sind, konfrontiert mit den Sprache verschlagenden Tatsachen, möchte ich doch auch an etwas Schönes erinnern, an die Bereicherung der Welt durch das Lebensmodell der katholischen Kirche. Die *Internationale* der katholischen Kirche ist auch etwas Schönes für mich. Wie auch die Sinnenfülle und die Bejahung des Lebens aufgrund der »Naturlehre«. Wohingegen mir der einzelne Mensch ohne Kirche seinem Gott ausgeliefert scheint, ohne dass es eine mildernde Zwischen-Instanz gäbe, an die er, der Mensch, sich wenden könnte. Aber vielleicht verstehe ich Luthers »sola fide« und »sola scriptura« auch ganz falsch. Wie auch immer: Mir kommt der Weltentwurf des Katholischen mit seiner Sinnenfreude und seinem Schmerz mehr entgegen: Wobei *schön* hier keine primär ästhetische Kategorie ist, sondern eine Realität zum Vorschein bringt, mehr als jedes Landes- und Staatskirchentum. Wie es lange genug für das protestantische Kirchenmodell der Fall war: Nicht nur der englische König ist Kirchenoberhaupt. Auch Wilhelm II. war Bischof einer im 19. Jahrhundert vom König von Preußen (gegen den Willen vieler Gläubigen) aus Lutheranern und Reformierten zwangsfusionierten Kirche von Preußen. Das weiß ja heute kaum ein Gläubiger noch. Katholiken galten im kurzlebigen preußisch-deutschen Reich von 1871 als illoyal, weil sie außerhalb noch eine andere Instanz hatten. (Dieses Misstrauen hatten – und haben! – auch andere Minderheiten auszuhalten.)

Dagegen die katholische *Internationale*; es gibt keine ältere und größere Institution als eben die römisch-katholische in ihren weltweiten Varianten: von Anfang an transnational. Das war ja bei Luther anders: Er wollte für die »teutschen Zungen« übersetzen ... und das war auch eine Grundlegung in Richtung einer Nationalkirche.

Sein Erfolg war überwältigend, gerade in der Politik. Freilich hatte er einen entsprechenden ideologischen Antriebswillen, wollte seine Leseversion durchsetzen; und das schaffte er auch, wenn auch nicht ganz. Nicht zu unterschätzen auch die technischen Möglichkeiten, die das neue Medium bot: der Buchdruck in beweglichen Lettern. Bald nach *Von der Freiheit eines Christenmenschen* gab es den sogenannten Bauernkrieg, »heute« vor 500 Jahren; und auch den grauenhaften Dreißigjährigen Krieg, der eigentlich auch noch nicht verschmerzt ist. Auch Dissidenten wurden blutig verfolgt. Ganz zu schweigen vom späten Luther und seinen ekelhaften antijüdischen, folgenreichen Tiraden.

* * *

Und jetzt von der Schönheit des katholischen Modells und was mir besonders daran imponiert, schwärmen? Alle Menschen sind vertreten, alle Erdteile, arme und reiche, Mainstreammenschen und Randfiguren, Minderheiten ... Gesunde und Kranke, Alte und Junge. Das möchte ich die *Schönheit* des katholischen Entwurfs nennen, dass alle in ihrem jeweiligen Leben versammelt sind und dass er – anders als dies von außen so scheinen mag – seinen Gläubigen eine Fülle von Lebensmöglichkeiten offenhält, fern von einer Reduktion auf das Dogma.

Und noch etwas: Wer wollte, konnte ins Kloster gehen, vor allem Frauen und Männer, die dieses totalitäre Gesellschafts-Zweiermodell, präfiguriert im protestantischen Pfarrhaus, nicht nachleben mussten, ohne sich rechtfertigen zu müssen der normativen Mehrheitsgesellschaft gegenüber.

Jetzt reicht es aber! Sorry! (Dachte ich.)

Wir leben alle in der Zeit nach Pfingsten

Zu Pfingsten fällt mir sofort das Wort »Pfingstwunder« ein: Mit einem Mal verstehen sich alle. Und die vielen Sprachen erweisen sich als ein Reichtum.

Wie schön wäre es, wenn die kriegerische Welt von heute die Pfingstbotschaft vernähme.

Oder auch nur den Satz des großen, von Johannes Calvin blutig verfolgten Sebastian Castellio aus der Mitte des 16. Jahrhunderts, Erzvater der modernen Menschenrechte, realisierte: *Hominem occidere, non est doctrinam tueri, sed est hominem occidere*:

Einen Menschen töten heißt nicht, eine Doktrin verteidigen, sondern einen Menschen töten.

Das dürfte gerade heute an den verschiedenen Fronten, und auch in den kriegerischen Zurüstungen mitten unter uns … nicht vergessen werden. Und auch der schlichte Satz des William Booth nicht: Waffen gegen den Krieg sind wie Schnaps gegen den Alkoholismus.

Die Wörter »Waffen« und »Waffenlieferung« sollten jedenfalls nicht zu jenen gehören, die einen Menschen, zumal »Christenmenschen« glücklicher machen.

Von ihr, der Pfingstbotschaft, sind wir weiter entfernt als je zuvor seit Pfingsten.

Doch das nur, wenn wir es bei der ebenerdigen Perspektive … belassen.

Und auch rechts und links sind keine Himmelsrichtungen.

Die Tür geht gerade bei Pfingsten nach innen auf.

Himmel und Wetterbericht

Der Himmel war lange eine Sache der Theologen, nun scheint er von den Meteorologen und Astronomen, den Hirnforschern und den Psychotechnikern gekapert.

Auch die Zukunft ist an sich die Sache der Theologen und der Meteorologen, und der Zukunftsforscher.

Was den Menschen in eine permanente psychische Schieflage versetzt, allein schon durch das falsche Assoziationen auslösende, eigentlich schöne Wort »bewölkt«. Daher habe ich schon lange vorgeschlagen, den Wetterbericht erst im Nachhinein zu bringen, statt im Voraus rund um die Uhr.

Der Mensch will es schön haben, ist auch ein lichtabhängiges Wesen, das weiß ich wohl.

So banal, wie es in den TV-Wetterkanälen abgewickelt wird, ist das Wetter wiederum auch nicht. Es hat mit uns, mit unserer Zukunft und unserem Verlangen nach Licht zu tun. Und damit mit dem Grund des Lebens. Daher das fast gläubige Verfolgen und Hoffen, wenn der Wetterbericht verkündet wird. Als wäre er das Einzige, was vom Himmel im Zusammenhang mit Botschaften geblieben ist.

Unabhängig, ob etwas dahinter ist: Es ist eine Tatsache, dass der Mensch jenes Wesen ist, das Sehnsucht haben kann – die Theologen nach Karl Barth nannten es gerne: nach dem ganz Anderen. Das auch ein Wort für jenen Himmel ist, der an Pfingsten offenbar wurde.

Heaven and Sky

Das Wort Himmel taucht schon ganz zu Beginn der allerersten Übersetzung des Vaterunser ins Germanische auf: ATA UNSAR TU IN HIMINAM …

(Wulfila, 4. Jahrhundert, aus der Nähe von Konstantinopel)

Und nun: »Imagine there's no heaven«? Wir, die sprachlichen Nachfahren von Wulfila, können das auch ohne Übersetzung mit etwas Sprachgefühl bis zum heutigen Tag verstehen: »Vater unser, Du im Himmel.«

Himmel … Pfingsten ist hingegen aus dem Griechischen entstanden: Pentecostae, und ist zu einem eingeschliffenen deutschen Wort geworden.

Mit dem Himmel steht es, so wenig wie mit der Erde, nicht gerade zum Besten.

Schon lange quält mich das Lied »Imagine there's no heaven«, diese trostlose Pseudo-Alternative, die den Himmel verschwinden lässt und den Menschen noch verlassener macht, kann ich nicht gelten lassen.

Die deutsche Sprache hat dafür wunderbarerweise nur ein Wort, das zum Spielraum der Imagination wird: Himmel.

In der schönen englischen Sprache, der leider durch ihre weltweite Nutzung als Sprachverkehrsmittel von ihrer Schönheit vieles verloren ging, umfunktioniert wurde, wird das »I« großgeschrieben, und dann geht es klein mit »you« weiter. Da sind *sky* und *heaven* mittlerweile eine unmögliche Synthese, die im deutschen Wort Himmel aufgehoben ist.

Das ist aber keine Flucht aus der Realität und Verantwortung für die Erde, sondern ein Joint Venture!

Himmel und *sky* sind ein Joint Venture, wie auch Himmel und Erde.

Leider sieht die nicht danach aus.

»Die Aufklärung hat den Himmel verdunkelt« – der Satz eines Franzosen, der wusste, dass in seiner Sprache das Wort Aufklärung einen unauflösbaren Bezug zu Himmel und Licht hat: Illumination.

André Frossard glaubte, die Aufklärung habe den Himmel verdunkelt. So wenigstens die deutsche Übersetzung. Diese Auffassung teile ich nicht. Aber es hält doch etwas von ihren Abirrungen in einem anschaulichen Bild fest.

Das Lichthafte der Aufklärung hat auch mir manche Erkenntnis gebracht, für die ich dankbar bin. Aber bei der Unterscheidung von *sky* und *heaven*, die schließlich zu einer einseitigen Abschaffung oder Verfrachtung des »Heaven« auf ein Abstellgleis führte, hat sie mir nicht weitergeholfen.

Da war ich auf mich selbst verwiesen.

Die Welt sieht weniger als je danach aus. Also weder illuminiert noch aufgeklärt, sondern vielmehr ein trauriger Fortschritt: »Von der Steinschleuder zur Megabombe und Präzisionsdrohne«, wie ich es formulierte in Erinnerung an Th. W. Adorno, der ein Aufklärer war und *Die Dialektik der Aufklärung* geschrieben hat.

Früher hieß es Imperialismus, was heute »geopolitische Verantwortung« genannt wird. Und die sogenannte Wertegemeinschaft fährt über den einzelnen Menschen hinweg.

Tatsache Sehnsucht

Tatsache ist, dass der Mensch immer noch Sehnsucht hat. Die erste Anlaufstelle der Augen ist der schöne Himmel: Die Allmende der Augen. Der sichtbare Himmel, weder Fata Morgana, Hirngespinst noch optische Täuschung.

Zyniker könnten jetzt gleich wieder mit Kant kommen:

Hundert gedachte Taler sind noch keine hundert wirklichen Taler.

Dem wollte ich entgegnen, dass das Wort »gedacht« von einem Philosophen stammt. Wir sind schon mitten in einem alten Philosophenstreit. Aber damit habe ich nichts zu tun.

Nur *sky*: Das war mir aber immer schon zu wenig. Das genügte mir nicht, denn es ist eine Tatsache, dass der Mensch Sehnsucht hat, auch nach dem ganz anderen, eine Sehnsucht, die etwas Unsichtbares ist wie Glaube, Hoffnung, Liebe und doch etwas Großes, etwas, ohne das der Mensch ein anderer wäre, und unabhängig davon, ob diese Sehnsucht im Realitätskonzept überprüfbar ist.

Von einem, der es zu wissen glaubt, der glaubt, es wissen zu können, wie es ist.

Das Staunen

Am Beginn jeglicher ersten Wahrnehmung … steht das Staunen.

Das Staunen ist jene Tatsache, die dem Menschen eigen ist. Und führte auch Kant schließlich zu seinem: »Der bestirnte Himmel über mir, und das moralische Gesetz in mir.«

Der Blick zum Sternenhimmel ist schöner als die Berechnung der schwarzen Löcher und das Datum des Urknalls. Auch Kant fragte wie schon der staunende Mensch von Psalm 8, der die Sterne betrachtet: Was ist der Mensch? Freilich, um auf seine Weise zu antworten. Der Psalmist macht es so: *Wenn ich hinaufsehe, sehe ich die*

Sonne, Mond und Sterne, die du da hinaufgestellt/hingestellt hast: Was ist der Mensch, dass du an ihn gedacht hast, das Menschenkind, dass du es machen lässt? Das ist zugleich Frage und Antwort, die im Staunen immer schon enthalten ist.

Beim Glauben geht es um ein staunendes Fragen, das zur Voraussetzung eine Bewunderung des Gesehenen (und Gehörten) hat, das Staunen birgt unauflösbar die Momente des Fragens und Antwortens schon in sich. Das Staunen ist das, was ich kann und vermag. Das ist nicht viel, aber das ist auch schon etwas. Ich gehöre nicht zum staunenden Publikum. Ich staune selbst.

Das Große ist ja oftmals nicht messbar in seiner Sichtbarkeit.

Und doch ist es da, wie Glaube, Hoffnung und Liebe.

Denn zweifellos gibt es nun aber Dinge, die nicht sichtbar sind und doch zu den allergrößten Möglichkeiten und Gaben des Menschen gehören.

Das ist eine Tatsache. Imagine!

Der Himmel der Macher

Der Himmel der Meteorologen und der Astronomen, zum Beispiel: Sie glauben den Theologen den Himmel entrissen zu haben.

Imagine, als Sache der Visualisierbarkeit: Was auf dem Bildschirm nicht gezeigt werden kann, gibt es nicht.

Gerade der Himmel scheint dieser Vereinseitigung zum Opfer gefallen zu sein und der Wissenschaft übergeben.

Der Grad der Visualisierbarkeit entscheidet über den Grad der Akzeptanz.

Es kommt nicht mehr so sehr darauf an, etwas gesagt zu bekommen, sondern gezeigt zu bekommen.

Daher schon sprachlich das unsägliche »Wir haben gesehen«, als falsche, doch konsequente Wiedergabe des amerikanischen »We have seen«.

Auf dem Konzil der Großfürsten der sogenannten künstlichen

Intelligenz (KI) in London im Herbst 2023 kam Elon Musk mit seinem mir als Drohung scheinenden, von ihm als Verheißung verkündigten: »Humanity, schnall dich an!« … Elon Musk glaubt, beim Versuch, den Himmel in den Griff zu bekommen, schon ziemlich weit gekommen zu sein. Und mithilfe der »künstlichen Intelligenz« (KI) noch weiterzukommen. Da scheint der unausrottbare Fortschrittsglaube von Genesis, Kapitel 1, 26 an in seiner Version und Variante in Zeiten der mit ihr einhergehenden Globalisierung im digitalen Format, weg vom analogen Weltverständnis fortzuwirken.

Elon Musks Himmelfahrerei – er ist ja auch da ziemlich aktiv und hat investiert – oder Himmelsstürmerei, im Glauben, den alten Himmel überflüssig gemacht zu haben: Er mag sich als direkter Nachfahre anderer Welteroberer oder wenigstens Entdecker im Kolumbusformat vorkommen.

Elon Musk: Mit dessen Namen mögen einige eine *definitive* Version himmlischer Möglichkeiten und des Schaffens von paradiesischen Zuständen verbinden, andere hingegen grauenhaft apokalyptischen menschlichen Größenwahn, bis hin zur Abschaffung des Menschen, wie wir ihn kannten, auf dem Weg zum Übermenschen im Elon-Musk-Format. Denn die Menschen sind ja verschieden: Und darin gleichen sie sich vielleicht am meisten. Wer weiß: Vielleicht versteht er sein Treiben ja auch vom 1. Kapitel des Buches Genesis an – oder gar von einem pfingstartigen Impuls her.

Wenn ich meine erste Begegnung mit der neuen digitalen Zeit mit der Anschaffung meines ersten »Rechners« (PC) in Verbindung bringe, datiere und orte, dann fällt mir zuerst der Satz eines KI-Gläubigen ein, der mir meinen ersten Computer mit dem Satz aufschwatzte: »Was du alles damit machen kannst!« Ja, bald machte ich meine ersten Absturzerfahrungen.

Auch Gagarin hatte vom Himmel gehört und wollte es, in seinem Feld, etwas genauer wissen, was mit dem Himmel ist. Das möchte ich ihm abnehmen. Er war wohl eine sogenannte *ehrliche Haut*.

Gagarin und Illumination: Es ist eine Tatsache, dass der Mensch doch sehr weit gekommen ist mit seinen Hilfsmitteln. Aber nur bis zum Mond, sagen wir. Und dann höre ich schon, wie Gagarin von einer sogenannten Weltraumsonde aus (tatsächlich war es nur in einer kleinen, und keine Geringschätzung für den tatsächlichen Fortschritt in der Technik: bewundernswerten Umlaufbahn) meldete, dass er im Himmel gewesen sei und Gott nicht vorgefunden habe. Also eine Vorstellung, die dem materialistischen Konzept von *sky* und *heaven* entspricht.

Von Pfingsten wissen, vom Himmel träumen und vom Schmerz schreiben

Der Schriftsteller als Übersetzer

Ist der Schriftsteller nicht derjenige, der jene andere Geschichte schreiben muss, die als Glück gedacht war?

Eine Geschichte, die als Glück gedacht war und tatsächlich als Unglück beschrieben werden muss? Die geglücktesten Liebesgeschichten in der Literatur sind oftmals die traurigsten. Der Schriftsteller, den ich meine, ist jener, der den Schmerz in Sprache zu verwandeln vermag.

Abgesehen von dieser Grundtatsache des Schreibens dürfte das Glück literarisch auch deswegen nicht so ergiebig sein, weil es für die Lesenden langweiliger und für die Schreibenden viel schwieriger war – und ist. Die Frohe Botschaft ist eine Passionsgeschichte.

So viel lässt sich doch sagen: Der Schriftsteller, den ich meine, ist jener, der sein Leben und seine Welt in Sprache übersetzt hat, in seine Sprache.

Und er wird auf *einer* Schmerzfrequenz mit dem Leben stehen. Gerade heute, da sich der Schrecken auf alle Arten häuft, als wäre es die Apokalypse, in wütenden Kriegszeiten, in der Zeit weltweiter Fluchten und von Ertrinkenden im Mittelmeer, mannigfachen Asymmetrien von Arm und Reich, Ausbeutung und Herrschaft, ist Schreiben auch: »Ich hatte viel Bekümmernis« singen.

Die Schreibenden von heute sind wohl immer noch Kontingenzbewältigungspraktiker – und -praktikerinnen. Zuerst des eigenen Lebens, das ihnen als erstes Beispiel dienen mag. Vor allem haben sie es mit dem Schmerz zu tun, und dem Schmerz der anderen. Sie sollten auf einer Schmerzfrequenz mit dem Leben und den Menschen sein. Und sind es auch, wenn sie ihre Arbeit nicht als Unterhaltung und Geschäft verstehen.

Der Schmerz ist nach Büchner zwar der Fels des Atheismus (was ich nicht glaube) und ein Hauptproblem der Theologie (vielleicht auch zu jenen Problemen gehörend, die nur eine Geschichte, aber keine Lösung haben) – er ist aber gewiss die Muse jenes Schriftstellers, den ich meine.

* * *

Und ist er, der Schriftsteller, nicht auch schon von da der geborene Theologe, dessen Impuls doch der Mensch sein sollte, wie er in seinem Scheitern durch das Erbarmen immer wieder aufgefangen wird?

* * *

Manche sind geborene Theologen. Während andere geborene Träumer etc. sind. Der geborene Theologe wird aber niemals einen Roman schreiben, sondern wissen wollen, wie es mit Gott ist. Dagegen die Schriftsteller. Die wollen zuzeiten beides.

Als gehörten auch sie zu den Berufenen und hätten ein »Sprich auch du« vernommen.

* * *

Der Theologe will verstehen, und nicht irgendetwas. Sein Impuls ist das Wissenwollen, wie es sich mit den Dingen um Gott verhält. Und doch!

Das Leben selbst ist das schönste Geschenk und etwas Gnadenhaftes, nicht Auslotbares ...

* * *

»Wenn du es begriffen hast, ist es nicht Gott.«

Dieser Satz des Augustinus hielt auch weiterhin seine Nachgeborenen und auch mich nicht davon ab, weiter begreifen wollend nach Gott zu suchen und ein Leben lang darauf zurückzukommen, was mit ihm und dem Himmel ist. So bin ich unterwegs, auf Satzsuche, ich könnte auch auf »Schatzsuche« sagen.

* * *

Die Aufgabe eines Schriftstellers, den ich meine, war und ist es also nicht, die Welt ärmer zu machen, als sie ist, und den verbliebenen Menschen seiner Wunder zu berauben und ihn dem Spaß und dem Nichts zu überlassen.

* * *

Glaubte ich, weil es wahr war oder weil es schön war?

Vom Buch der Bücher an

Ein Buch ist eine Partitur, die des Lesers bedarf, damit seine Sätze zur Gegenwart werden. So ist es doch auch mit dem Buch der Bücher.

Auch hier sollte der Satz »Wenn du es begriffen hast, ist es nicht Gott« als musikalisches Lesevorzeichen stehen.

Schon der erste Satz des Buches der Bücher muss von einem Schriftsteller, der auch Komponist war, sein: »Im Anfang schuf Gott Himmel und Erde.« Schöner geht es nicht. Die Theologen kamen viel später. Und taten die Hölle hinzu, die indes mitten auf der Erde in den Erfahrungshorizont des Menschen gerückt ist.

Unter den größten Theologen sind auch die größten Schriftsteller. Manches Buch ist ein Fall für die Theologie und die Literaturwissenschaft, angefangen mit dem Buch der Bücher.

Auch damals, zuzeiten, als das »Buch der Bücher« geschrieben wurde, waren die Menschen und Propheten schon verschieden. Der große Sprachmensch Jeremia will von seiner Berufung zunächst gar nichts wissen. Er will sich mit seinem »Ich kann ja nicht reden« herausreden. (Das stimmte ja auch, denn immer wenn die Schriftsteller besser reden können als schreiben, ist es um die Literatur nicht so gut bestellt, sorry.) Ein anderer sagt gar nichts und will nach Tarschisch fliehen. Jesaja, konfrontiert mit der Frage: Wen soll ich senden?, weiß sogleich: »Sende mich!« Und Johannes ist einfach immer dabei, muss gar nichts machen. Der Lieblingsjünger. Andere folgen einfach. Matthäus will zuerst auch nicht so recht. Aber dann!

Die großen Theologen sind doch auch große Schriftsteller und haben sich niemals durch Verachtung der Literatur hervorgetan. Das waren nur jene Theologen, die lieber Juristen oder Verwaltungsbeamte geworden wären oder sonst etwas, wo man mit dem entsprechenden (Sprach-)Besteck vorgehen kann. Unter den Heiligen aller Religionen auf der Welt gibt es zahllose Schriftsteller: Ich nenne Thérèse von Lisieux, Teresa von Ávila, Johannes vom Kreuz, Rumi, Dietrich Bonhoeffer, Reinhold Schneider. Den Pfarrer von Ars, Bernanos. All diese wunderbaren Gestalten. Ob heiliggesprochen oder nicht. Es gibt wohl keinen großen Mystiker, der nicht ein großer Dichter wäre, und umgekehrt?

Ist nicht von Anfang an die Liebe als treibende Kraft dabei?

Heißt »meinen« nicht lieben?

Und als hätten wir, die heute immer noch schreiben, auch so etwas wie ein Memorial wie Pascal in unser Wams eingenäht, mit dem frei stehenden Wort »Feuer« in der Mitte.

Denn sonst bliebe nichts übrig als der in soundso viele Teile sezierte Mensch.

Leben und Schreiben sind doch noch mehr und anderes als Kontingenzbewältigungspraxis.

Auch als Schriftsteller verdanke ich der Theologie viel, das heißt: jenen Theologen, die Schriftsteller waren. Vor allem verdanke ich ihr die Kenntnis des jesuanischen Erbarmens, also die Art und Weise, wie ich mit ihnen umzugehen habe, den Menschen. Wie ich sie sein lassen muss – oder sollte.

Der Theologe will aber verstehen, und nicht irgendetwas. Der Schriftsteller weiß, dass es nichts zu wissen gibt. Und doch. Er will glauben können. Und glaubt. Und schreibt manchmal davon, Bücher. Doch der Schriftsteller ist mit Gott nicht per Du. Hat seine Tage. Manchmal glaubt er alles. Manchmal nichts.

So ein Theologe weiß viel. So ein Schriftsteller will glauben.

Der Theologe muss auch nicht glauben. Aber er lebt in jenem Dilemma, das besagt, dass der Unglaube auch ein Glaube ist. Den Schriftsteller, den ich meine, wird der Satz, dass Gott tot ist, ein Leben lang schmerzen und ihm niemals egal sein. Er wird den Satz »Gott ist tot« nicht gelten lassen, sondern vom Schmerz schreiben, dass er fehlt. Unter einem irdischen Himmel, dessen Grundriss der Schmerz ist.

Der Mensch, und zwar nicht irgendeiner, sondern Du, steht im Mittelpunkt jeglichen Schreibens und Theologisierens. Für einen Theologen mag es anders sein.

Warum all die schönen Sätze und Krummheiten wegerklären – zum Beispiel beim Lesen der Bibel? Dazu ist ein Schriftsteller nicht auf der Welt.

Wir sind nicht dazu da, die Welt ärmer zu machen, als sie ist.

Misereor

Die Kirche kommt zwar von Pfingsten und seiner Illumination her, doch der Schmerz ist der Grundriss des christlichen Glaubens.

Eine erste Schmerzlehre wurde mir wie jedem getauften oder nicht getauften Kind schon sehr früh erteilt. Meine erste Welt war voll von Kreuzen. Im Herrgottswinkel über dem großen Esstisch. Wo ich zwischen Vater und Großvater, dem Ersten und dem Zweiten Weltkrieg saß.

Und von jenem Kreuz in der Kirche, den Menschen gezeigt, habe auch ich etwas gezeigt bekommen. Aber alles jener geglaubten Wahrheit zuliebe, die ein himmlisches Fest der Versöhnung von allem mit allem imaginiert. Die das Leben zu etwas macht, zu einer

Lebens-Realität, die das Leben leichter und das Sterben sanfter macht, wie der Apologet Lactantius zu Zeiten des Konstantin meinte.

Die Todesanzeigen im Zeichen des Kreuzes sind durch freundlichere, weniger schockierende Zeichen ersetzt, etwa ein schönes Foto der Verstorbenen.

Die Friedhofskreuze sind fast komplett abgeräumt, als wäre auch so etwas aus der Welt geschafft. Die Feldkreuze stehen noch und sind den Bilderstürmen noch nicht zum Opfer gefallen.

Und jetzt ist Krieg. Täglich kommen neue Grabkreuze hinzu, mit einem Davidstern oder einem Halbmond drauf.

Grundkapital und Brücke von Schriftstellerei und Theologie ist die Empathie. Theologisch: das Erbarmen, was mehr und etwas anderes als Mitleid ist. Man sollte aber nicht nur darüber sprechen können, man sollte es sein können: empathisch. Das ist ein Modewort. Ich könnte auch sagen: sein lassen, das heißt: lieben. Ja sagen.

Der mit dem Schreiben infizierte Schriftsteller muss sich ein Leben lang sagen: »Ja – ich blute, ich erinnere mich, es tut weh, ich bin.«

Also: Am Anfang von Theologie und Schriftstellerei steht für so einen die Empathie, das Sich-hineinversetzen-Können in den Schmerz der anderen aufgrund eigener Schmerzerfahrung. Und das sollte auch quasi ein Hoffnungsschmerz sein: Dass am Ende das Böse nicht triumphiert. Und dass kein Mensch über die Erkenntnis jenes jungen Tierschützers vor der Fleischfabrik den Kopf schüttelt, den ich vor Kurzem in der Landesschau Baden-Württemberg sagen hörte: »Wenn die Tiere eine Religion hätten, dann wäre der Mensch ihr Teufel.« Und mir leuchtete dieser Satz ein, und er schmerzte mich. Der Himmel des Killerwals ist die Hölle der Ölsardinen: Diese Erkenntnis zog ich aus einem Film, der *Paradiese der Erde* hieß.

Auch mit dem Tierschützer weiß ich, dass es so nicht bleiben kann, wie es ist. Das ist doch auch der Impuls des Schriftstellers. Das ist sein Hoffnungsschmerz. Ja, die ganze Schöpfung »seufzt und stöhnt und ächzt«. Und verlangt nach Erlösung. Oder gilt das gerade heute nicht mehr? Ist, bei dieser Welt (!), die alte Sehnsucht aufgehoben? Der Schriftsteller, den ich meine, darf es nicht zulassen, dass über den Schmerz der Menschen und Tiere hinweggefahren wird.

Summa?

Keine Summa. Aber doch die begründete Hoffnung, die ich mit dem Wort »Himmel« verbinde. Das ist ja nur das schönste Bild für die Hoffnung des Menschen. Warum den Menschen das Wunder nehmen? Gibt es Schöneres als die Vorstellung, in den Himmel gekommen zu sein? Und dass von da der Heilige Geist über die Menschen kam, die sich mit *einem* Mal in allen Sprachen verstanden? Gott selbst ist doch das größte Wunder, das es zu glauben gibt. Da sind doch alle anderen Wunder nachgeordnet. Den Menschen den Himmel ausreden zu wollen und sich selbst an seine Stelle setzen, wie es John Lennon versuchte: Dazu ist der Mensch nicht auf der Welt. Und der Theologe auch nicht. Und nicht der Schriftsteller, der Ja sagen möchte.

… Das Wunder von Pfingsten hinüberretten – wie jener Priester, der durch die Flammen das Altarsakrament und die Dornenkrone aus der brennenden Notre-Dame herausrettete und sich in Lebensgefahr begab, und so in der herrschenden Welt des Faktischen in den Verdacht geriet, verrückt geworden zu sein. Aber so ging es immer schon den beherzten Menschen.

Die eigentliche Tür geht doch nach innen auf.

Und am Ende: Halleluja, das große Ja, ganz ohne Hintergedanken und Bettelei um einen Tagesvorteil im Leben.

Den Schmerz gibt es freilich auch. Er ist nach Versen gerechnet sogar in der Mehrzahl. In den Träumen der Menschen von einst kamen noch Milch und Honig vor, heute sind das, wenn es hoch kommt, mit dem Öko-Siegel versehene Produkte. Ich müsste über alles, auch dies noch einmal ein Buch schreiben.

Und bis dahin:

Ich will singen Ihm, mein Leben lang
Spielen, solange ich da bin.
Möge Ihm mein Lied gefallen.
Ich freue mich an meinem Gott.

Schließen möchte ich mein Pfingstfragment mit Juan de la Cruz:

Mit den pfingstlichen Liebesflammen in der Nacht der Seele des Johannes vom Kreuz: »Herz, worauf wartest du? Lieben kannst du sofort.«

Zwischen den Stühlen

Bernd Stegemann

Seit einigen Jahren schreibe ich an einem Buch über den Glauben. Wenn ich nach dem Thema des Buches gefragt wurde, habe ich oft geantwortet: Hier schreibt ein Ungläubiger über den Glauben, aber der Ungläubige ist natürlich katholisch. Aufgewachsen im Münsterland gab es in meiner Kindheit nur eine Konfession. Münster und die kleinen Städte in seiner Umgebung waren in den 1970er-Jahren die Verwirklichung des Katholischen: Es gibt nur einen Glauben, und der gilt für alle.

Trotz dieser Kindheit im Westfälischen hatte ich nur einmal eine Begegnung, die ein wenig vom Reichtum des Glaubens erfüllt war. Als Gymnasiast machte unser Philosophielehrer seiner Klasse das Geschenk, den betagten katholischen Philosophen Josef Pieper einzuladen. Die Begegnung hat dazu geführt, dass ich als Student und später als Dramaturg seine Bücher, die ich manchmal in einem Antiquariat fand, gekauft und dann gleich gelesen habe. Seine kleinen Traktate über den Glauben, die Liebe, die Hoffnung und die Sünde haben mich jedes Mal berührt. Sie waren wie Ausflüge in eine unbekannte Welt. Nicht nur hallte der gelehrte Geist der alten Bundesrepublik wie ein fernes Echo in den Zeiten der Postmoderne nach, sondern die innere Verbindung von Josef Pieper zum Katholischen war mir verständlich und zugleich fremd. Ich selbst gehörte zur großen Masse der religiös indifferenten Zeitgenossen. Ich wusste von dem Phänomen des Glaubens, doch spielte es in meinem Leben keine Rolle.

Überraschenderweise kam der schlummernde Katholik aber in manchen Momenten wieder zum Vorschein. So verwickelte ich mich selbst in ein jahrelanges Gespräch über die Frage der Kirchensteuer. Mit dem Eintritt ins Berufsleben und mit wachsenden Einkünften wuchs auch die Summe der Steuer, die ich an die römisch-katholische Kirche entrichten musste. Meine innere Diskussion darüber verlief zwischen der Stimme der Vernunft und einer rätselhaften Gegenstimme. Die Vernunft wies zu Recht darauf hin, dass ich für eine Kirche bezahlen würde, in die ich nicht gehe und an deren Gott ich nicht glaube. Doch zu meiner eigenen Verwunderung widersprach eine andere Stimme dieser schlichten Wahrheit. Diese Stimme meinte, dass es doch ein schlechter Charakterzug sei, wenn man in dem Moment aus der Kirche austritt, wo das Einkommen einen nennenswerten Betrag an Kirchensteuer erzwingt. Des Geldes wegen aus der katholischen Kirche auszutreten, erschien mir so schäbig, dass ich von Jahr zu Jahr den Austritt verschoben habe. Ich blieb ungläubig, doch die Kirche zu verlassen, weil mich die Steuer ärgert, kam mir erbärmlich vor.

Doch eines Tages änderte sich mein Sinn und ich stellte fest, dass sich die Schulden der Kirche bei mir und der Welt zu hoch aufgetürmt hatten. Ich nutzte diesen kurzen Moment der Entschlossenheit und ging zum Amtsgericht. In einem Verwaltungsakt, der nur wenige Minuten dauerte, wurde dort mein Kirchenaustritt vollzogen. Die einzelnen Punkte, in denen sich die Kirche damals versündigt hat, sind mir heute nicht mehr bewusst. Es hatte wahrscheinlich mit der Prunksucht eines Bischofs aus Limburg zu tun und der allgemein kirchenkritischen Stimmung in meinem Umfeld.

Der Austritt vollzog sich passend zu diesen unklaren Begründungen in einer Amtsstube, die als Kulisse für die Verfilmung einer Kafka-Erzählung hätte dienen können. Die Sachbearbeiterin saß alleine in einem Raum, dessen einziges Fenster unter der sehr hohen Decke klebte. Obschon das Büro im Erdgeschoss lag, fühlte man sich durch das Oberlicht gleich in einen Kellerraum gesetzt. Und nicht nur, dass sie nicht hinausschauen konnte, dieses Fenster ging zu den S-Bahngleisen, sodass jede Minute dröhnende Eisenräder über ihren Kopf rollten. Die einsame Staatsdienerin, die Tag für Tag Kirchenaustritte gegen einen Wertcoupon quittierte, saß in einer Berliner Vorhölle, halb Kerker, halb Lärmfolter. Nachdem ich das kafkaeske Kellerbüro wieder ins Sonnenlicht verlassen hatte, wuchsen die Zweifel über die Lauterkeit meiner Motive mit jedem Meter. War meine Empörung über einen hochmütigen Bischof wirklich der Grund? Und war es vor allem ein ausreichender Grund für einen solchen Schritt?

Damals war ich aber auch erleichtert, dass der Austritt aus der katholischen Kirche so einfach war. Zum ersten Mal hatte ich in Berlin einen Verwaltungsvorgang überstanden, der unkompliziert war. Doch zugleich erschreckte es mich, dass eine Frage, die über das Seelenheil entscheiden konnte, ein so einfacher Verwaltungsakt war. Kirchenaustritt, Eheschließung oder Führerscheintausch, man stand vor dem gleichen Schalter und kaufte einen Wertcoupon. Aber nun war es geschehen. Mein Geiz hatte gesiegt und mit dem psychologischen Trick der Rationalisierung irgendwann einen bischöflichen Grund gefunden, der mich selbst glauben machen sollte, dass die Kirche ein schändlicher Verein ist, der die Steuern seiner Schäfchen verschleudert. Sobald die dünnen Rauchwolken meiner Empörung über die böse Kirche verflogen waren, musste ich einsehen, dass es wirklich nur der Geiz war, der mich dazu gebracht hatte, die Kirchensteuer einzusparen. In diesem Zustand des schamhaften Geizes lebe ich seitdem. Jede Missetat der Kirche entlastet mich, da ich dann für einen kurzen Moment wieder denken kann, dass ich doch richtig gehandelt habe. Doch hinter dieser Fassade sehe ich deutlich meine Selbsttäuschung.

Ich befinde mich also in der seltsamen Position, dass ich als ungläubiger Katholik, der aus der Kirche ausgetreten ist, versuche, ein Buch über den Glauben zu schreiben. Damit stehe ich quer zur Tradition der Bücher über den Glauben. Denn diese werden entweder aus der Position des Gläubigen verfasst oder sie treten als kritische Abrechnung auf. Lange Zeit gab es vor allem Bücher, die den Glauben gepredigt haben. Erst seit der Aufklärung wächst die Zahl der Bücher, die den Glauben als Irrweg und Verbrechen an der Menschheit anprangern. Schaut man auf die Liste der aktuellen Bücher, so scheint sich das Verhältnis noch deutlicher auf die Seite der kirchenkritischen Veröffentlichungen zu neigen. Dabei sind zwei verschiedene Richtungen zu unterscheiden. Es gibt die Texte, die sich gegen die Institution der Kirche wenden und die lange Liste ihrer Verbrechen aufzählen.[1] Und es gibt die Bücher, die sich gegen die Religion im Allgemeinen wenden und die Position eines rationalen Atheismus stark machen.[2] So wichtig beide Ansätze für die Aufklärung der Gesellschaft sind, ich habe weder aus der Liste der Verbrechen noch aus den Argumenten der Atheisten etwas Wichtiges gelernt. Mir kommt es eher so vor, als würden sie bei ihrer Kritik das Objekt, das sie kritisieren wollen, nicht richtig begreifen. Außerdem erscheint es mir nach mehreren Jahrhunderten der Säkularisation weder besonders mutig oder besonders anspruchsvoll, noch einmal alle Argumente gegen Gott, Kirche und Religion aufzulisten.

Meine Position unterscheidet sich von den Apologeten wie von den Kritikern. Sie besteht darin, dass ich mich dem Phänomen des Glaubens mit Hoffnung nähere. Dabei stehe ich mitten in einer Arbeitswelt, in der die Kritik der Kirche und die Ablehnung von Religion zur allgemeinen Überzeugung gehören. Religion ist im Theater entweder kein Thema oder sogar Gegenstand des Spottes. Wer an Gott glaubt, kommt aus einer anderen Zeit oder zumindest aus einer anderen Welt. Die Aversion von Theaterleuten gegenüber der christlichen Religion ist leicht aus der Tradition zu erklären. Die Kirche ist hauptverantwortlich dafür, dass über Jahrhunderte Theater in Europa verboten waren und Schauspieler als rechtlose Menschen ausgegrenzt und verfolgt wurden. Tritt ein Pfarrer in einem Drama auf, so gibt er fast nie eine gute Figur ab. Die Verlogenheit des Tartuffe und die Grausamkeit des Großinquisitors in Schillers *Don Karlos* sind die schrecklichen Archetypen des Glaubens im Theater. Der eine missbraucht die Religion für seinen Egoismus, und der andere macht aus der Kirche ein Instrument zur Unterdrückung der Freiheit. Der eine ist zur Ikone der religiösen Heuchelei geworden, und der andere zum Symbol des Machtmissbrauchs. Und da die Tartuffes und Inquisitoren bis heute lebendig sind, ist ihre Darstellung im Theater noch immer ein sinnvolles Vergnügen.

So erlahmt auch die Ablehnung des Theaters gegenüber allem, was mit Religion zu tun hat, nicht. Doch zugleich haben gerade die Theaterleute ein feines Sensorium für Spiritualität. Die Aura des

Raumes ist nicht nur im Petersdom zu spüren, sondern auch im Dionysostheater am Fuße der Akropolis. Und der Zauber der Präsenz gehört zu den magischen Momenten des Theaters wie der Messe. Hier wird etwas real, das nicht anwesend ist. Immer wenn Schauspieler sich verwandeln, erscheint etwas von dem Numinosen, das zum Bereich des Heiligen gehört. Sie sind da, und doch sind sie zu etwas anderem geworden. Dass die Kirche die Theater so ausdauernd verboten hat, muss etwas mit ihrer Seelenverwandtschaft zu tun haben. Beide versuchen, den Alltag der Menschen durch ein rituelles oder mimetisches Handeln in einen außeralltäglichen Zustand zu verwandeln.

Der Unterschied besteht aber darin, dass die Religion diese Verwandlung als heiliges Geschehen betreibt, während das Theater die emotionale Berührung im Spiel sucht. Theaterleute sind empfänglich für die Verwandlung, aber skeptisch gegenüber den heiligen Absichten. Und ich vermute, dass es auf kirchlicher Seite genau umgekehrt ist. Die Sorge scheint nicht unberechtigt, wenn die emotionale Überwältigung, die eine Messe im Petersdom bewirkt, für nicht wenige Besucher wohl eher ein Schauspiel als ein Gottesdienst ist.

Und es gibt noch eine Gemeinsamkeit. Das Zeitalter der Säkularisation hat Kirche wie Theater besonders tief getroffen. Wie groß die Verunsicherung ist, zeigt sich daran, dass beide gegenüber dem Zauber der Verwandlung skeptisch geworden sind. Das Wunder, das in der Präsenz des Abwesenden geschieht, verliert seinen Wert für die Messe wie für die Theateraufführung. Die Ursachen dieser Entzauberung sind vielfältig. Doch eine Veränderung der Psyche sticht heute besonders hervor. Das säkulare Gemüt schaut auf seine Umwelt als wäre sie eine Inszenierung. Unter den Augen des verzweifelten Unernstes wird alles zum Theater. Der ungläubige Blick sieht die Kulissen in die Wirklichkeit hinein. Ist dieser Weg der Entzauberung einmal beschritten, dann fügt der skeptische Blick überall einen doppelten Boden hinzu. Der Aufgeklärte vermutet, dass hinter dem Wunder immer eine Absicht liegt. Die gesteigerte Präsenz, die Kirche wie Theater hervorbringen wollen, wird der Vernunft zum falschen Schein, den es zu entlarven gilt. Der Wein ist kein Blut, und es kommt auch nicht von Christus. Der Hamlet trägt nur eine Krone aus Messing, und wir sind nicht in Dänemark, sondern im Stadttheater in Münster. So zerfällt die verbindende Kraft der Sakramente und der schauspielerischen Mimesis zu Zeichen, die jeder versteht, wie es ihm gefällt.

Von Kierkegaard ist eine Anekdote überliefert, mit der er die fundamentale Krise des Glaubens zu seiner Zeit anschaulich gemacht hat: Im abgemähten Stroh entfacht sich ein Feuer. Da es stark weht, droht die Gefahr, dass sich der Brand über die Stoppelfelder bis zum nächsten Dorf ausbreitet. In der Nähe des Feuers hat ein Zirkus sein Zelt aufgeschlagen, und so beschließen die Artisten, einen von ihnen loszuschicken, der die Bewohner in der Umgebung warnen soll. Die Wahl fällt auf den Darsteller des Clowns, der am schnellsten laufen kann. Da es kurz vor Beginn der Vorstellung ist, ist er jedoch bereits vollständig als Clown geschminkt. Es ist aber keine Zeit zu verlieren, und darum rennt er in seinem Kostüm und seiner grellen Maske über die Felder. Angekommen im nächsten Dorf versammeln sich die Menschen um den auffälligen Fremden und er beginnt mit seiner Warnung vor dem Feuer. Doch die Menschen sehen und hören keine Warnung, sondern einen Clown. Die Gefahr wird zu einem lustigen Streich. Je verzweifelter der Clown versucht, die Menschen von der Dringlichkeit seiner Warnung zu überzeugen, desto lustiger wird sein Auftritt für sein Publikum. Die böse Pointe der Geschichte ist, dass die Warnung nicht verstanden wird und das Dorf den Flammen zum Opfer fällt. Die Menschen hatten ihn nicht verstanden und erlitten großen Schaden.

Joseph Ratzinger erzählt in seiner 1968 erschienenen *Einführung in das Christentum* diese Geschichte und seine Interpretation ist naheliegend. Der Clown ist die drastische Überzeichnung des Priesters in seiner Zeit. Er tritt in einem Gewand vor die Menge, das es unmöglich macht, die Wahrheit seiner Worte verstehen zu können. Der Glaube wird zu einer komischen Nummer. Er unterhält ein Publikum, das sich buchstäblich zu Tode amüsiert. Die Botschaft aus der Ferne verbindet sich nicht mit der Gegenwart.

Ich vermute, dass die Situation heute noch komplizierter ist.

Denn ob das Gewand aus der Zeit gefallen ist oder ob die Sinne der Gemeinde für die Botschaft nicht mehr empfänglich sind, ist in einer säkularisierten Gesellschaft nicht mehr zu entscheiden. Und ebenso ist es fraglich, warum die unverständliche christliche Botschaft von einem drohenden Weltenbrand handelt und ob nicht vielmehr das pfingstliche Wunder heute aus der Zeit gefallen ist. Mit der Apokalypse ist heute leicht Aufmerksamkeit zu erregen und selbst ein Clown, der vom Klimawandel berichtet, würde ernste Aufnahme finden.

Die Frage nach dem Pfingstwunder stellt sich also für jede Zeit neu. Ob es eine christliche Sprache gibt, die unsere säkularen Ohren, die von den alltäglichen Endzeitpredigten zu ertauben drohen, erreicht, ist ungewiss. Und ob sich noch von einer Wahrheit sprechen lässt, die jeder versteht und die darum alle miteinander verbindet, ist äußerst unwahrscheinlich. Insofern ist das Wunderbare an Pfingsten für uns Heutige deutlich spürbar, da uns die alles verbindende Sprache so sehr fehlt.

Kirchenschmelze?

Jan-Heiner Tück

I

Schlimmer kann es für die katholische Kirche in Deutschland kaum kommen. Mehr als eine halbe Millionen Katholiken sind im Jahr 2022 aus der Kirche ausgetreten, so dokumentieren es die statistischen Angaben. Die anhaltende Empörung über sexuellen Missbrauch Minderjähriger durch Kleriker und die systemische Vertuschung dieser Delikte durch die Kirchenleitung sind soziologisch der stärkste Austrittsfaktor. Die Kirche hat bei vielen ihren Kredit verspielt, sie wenden sich ab, obwohl das Thema des sexuellen Missbrauchs in anderen Institutionen nicht minder virulent ist. Hinzu kommen anhaltende Säkularisierungsschübe in der Gesellschaft und eine schon länger schwelende Glaubenskrise. Die kognitiven Dissonanzen zwischen kirchlicher Verkündigung und heutiger Wissensgesellschaft sind größer geworden. Begriffe wie Schöpfung, Sünde, Gnade, Erlösung, Gericht und Vollendung haben ihre Selbstverständlichkeit eingebüßt, obwohl, wie der Berliner Schriftsteller Thomas Hettche diagnostiziert, »unsere Herzen leer« sind und die Sehnsucht nach einer umfassenden Sinnperspektive bei vielen groß ist. Aber man hat sich in einem Rahmen der Immanenz eingerichtet und lebt sein Leben, als ob es Gott nicht gäbe. Viele vermissen nichts. Zumindest scheint es so. Als weiterer Faktor für die massenhafte Abkehr von der Kirche kommen finanzielle Gründe hinzu. Warum soll man bei ständig steigenden Lebenshaltungskosten weiter Kirchensteuer zahlen, wenn die religiöse Institution unglaubwürdig geworden ist und permanent negative Schlagzeilen produziert?

II

Wie lässt sich theologisch auf diese epochale Kirchenschmelze reagieren? Wie kann man das langsame Sterben der Kirchen aushalten, ohne zu resignieren? Gibt es begründete Hoffnung, dass sich die kleiner werdende Kirche zu einer qualifizierten Minderheit in der pluralistischen Gesellschaft mausert? Die Kirchen und Kathedralen in unseren Städten sind die Grabmäler Gottes, meinte schon Friedrich Nietzsche. Er hat in der zweiten Hälfte des 19. Jahrhunderts den Tod Gottes proklamiert, nicht ohne zugleich eine wache Witterung dafür zu haben, dass mit dieser Toterklärung Verluste verbunden sind, die den Menschen metaphysisch obdachlos und einsam zurücklassen. Ohne Gott gibt es keine Orientierung, an der man sich ausrichten könnte. Der Mensch bleibt ohne Oben und Unten in den Räumen des Universums haltlos und verwaist zurück. Tatsächlich könnte man die momentane Krise der Kirche mit der Gottes- und Christusdämmerung in Verbindung bringen. Hat Gott sich in ein tiefes Schweigen zurückgezogen? Hat Christus seine Kirche verlassen – und die Zusage zurückgenommen, dass sein Geist die Kirche durch die Geschichte begleiten werde?

III

Im Textkorpus des II. Vatikanischen Konzils gibt es eine Passage, die auf die Passion Jesu Christi eingeht und seinen Weg der Entäußerung mit der Kirche zusammenbringt. Sie ist lange wenig beachtet worden, weil im Abschnitt davor die ökumenische Öffnungsklausel – die Formel *subsistit in* – zu finden ist, die einen anhaltenden Streit der Interpretationen hervorgerufen hat (*Lumen gentium* 8, Abschnitt 3). Der Passus könnte in der epochalen Krise der Kirche etwas zu sagen haben. Dort ist von Armut, von Erniedrigung, ja von Verfolgung die Rede. Das Geschick der Kirche wird eng an das Geschick Christi gebunden, der den Weg der Armut und Niedrigkeit gewählt hat. Seine Proexistenz und Hingabebereitschaft für andere finden prägnante Verdichtung in dem griechischen Begriff *kenosis*: Entleerung, Entäußerung. Der souveräne Gott hat in seinem Sohn den Schmutz der Geschichte aufgesucht, die *conditio humana* geteilt und sich der blutigen Realität von Leid und Tod gestellt. Der Allmächtige klammert sich nicht an seine göttlichen Privilegien, sondern hat in Jesus Christus die Gestalt der Ohnmacht angenommen. Alle haben sich gegen den einen Gerechten zusammengerottet, der durch sein Leben und durch seine Verkündigung das herrschende Unrecht aufgedeckt und den Anbruch des Reichs Gottes verkündet hat. Wo das Geheimnis Gottes in der Welt erscheint und die Wahrheit aufrichtet, deckt es menschlich allzu menschliche Denk- und Handlungsweisen auf und erntet Widerspruch. Es wird deshalb aus der Welt hinausgetrieben. »Der, der in Gottesgestalt war, hat sich entäußert und Knechtsgestalt angenommen«, heißt es im Brief an die Philipper. Noch knapper: »Um unseretwillen ist er arm geworden, obwohl er doch reich war.« (2 Kor 8, 9) Das ist der Grund, warum er dann als Herr über alle erhöht wurde.

Die katholische Kirche kennt in ihren Reihen leuchtende Gestalten, die dieses Vorzeichen der Dienstbereitschaft und Kenosis vor ihre Existenz gesetzt haben, sie haben der Einladung zur Nachfolge durch ihren Lebensstil einen Kommentar gegeben, der bis heute beeindruckt. Der kirchliche Kalender lädt dazu ein, jeden Tag eine dieser Gestalten aus dem polyfonen Chor der Zeugen zu betrachten. Die bunte Vielfalt an Heiligen ist ein Anstoß, selbst darüber nachzudenken, wie man im Alltag, in den beschleunigten Lebenswelten heute, in Familie und Beruf, dem Evangelium ein ansprechendes Gesicht geben kann.

Zugleich hat die Kirche bis in die Gegenwart hinein immer wieder den Prunk der Paläste den staubigen Straßen vorgezogen, sie hat die Wahrheit über ihre zum Himmel schreienden Untaten verschleiert, um ihren Ruf zu schützen und sich gesellschaftlichen Einfluss zu sichern. In ihrem ekklesiologischen Narzissmus und ihrer Sorge um Machtsicherung hat sie die Armen und Opfer verraten und Christus, den Gekreuzigten, verdrängt, seinen heilig-heilenden Geist vergessen. Christus ist auch in vielen Krisenbewältigungs-

und Kompetenzverteilungsdiskursen der Gegenwart der große Abwesende. Der Apparat läuft, auch wenn er permanent verschlankt und nach Direktiven von externen Beratungsfirmen optimiert wird, aber die funktionale Optimierung erstickt nicht selten den Geist der Umkehr, des Aufbruchs und der Zuversicht. Dabei ist das Leben der Kirche mit dem Geschick des auferweckten Gekreuzigten eng verflochten. Sein Licht soll auf dem Antlitz der Kirche widerscheinen, was nur gelingen kann, wenn die Kirche sich nicht auf sich selbst verkrümmt, sondern sich ihm immer neu zuwendet. Jesus Christus ist das Alpha und das Omega, Ursprung und Sinnziel der generationenübergreifenden Erinnerungs-, Erzähl- und Bekenntnisgemeinschaft der Kirche.

IV

In den geschichtsphilosophischen Thesen Walter Benjamins figuriert die Theologie als buckliger Zwerg, der hinterrücks geschickt die Strippen zieht, sodass die Puppe vor dem Schachautomaten immer gewinnt. Auch die Kirche wird heute von vielen als klein und hässlich eingestuft, ihre Größe ist vergangen, ihr Glanz verblasst, kaum einer traut ihr noch zu, einen orientierenden Blick auf das Ganze zu bieten. Ihr Ruf auf dem Reputationsbarometer ist eingebrochen, »Insolvenzrhetorik« (Annette Schavan) und Katzenjammer dominieren die kirchliche Selbstverständigung auf den Portalen und in den Zeitschriften. Dabei ist diese Halbierung der Wahrnehmung Teil des Problems, das es zu bearbeiten gilt. Gewiss, die Schatten und ihre fällige Aufarbeitung müssen thematisiert werden, aber sie dürfen das große Erbe und die Strahlkraft der Kirche nicht vergessen lassen.

Denn auch die Gesellschaft verliert etwas, wenn die Kirche wegschmilzt und verdunstet. Nach wie vor bringt sie heilsame Impulse des Evangeliums in die Gegenwart ein. Sie bietet mit den Sakramenten Passage-Riten an, welche die wichtigen Stationen unseres Lebens mit der Wirklichkeit Gottes in Worten und Zeichen in Verbindung bringen. Ihr waches Sensorium für die Schwachen, Kranken und Alten hat in Spitälern, Behindertenheimen und Pflegeeinrichtungen der Caritas institutionellen Ausdruck gefunden. Sie ist im Bereich der Bildung durch Kindergärten und Schulen aktiv und leistet in den Akademien wichtige Kulturvermittlungsdienste. Sie tritt entschieden ein für die Unantastbarkeit der Würde des Menschen vom Lebensanfang bis zum Ende – ein Erbe, das in säkularen Gesellschaften medial, juristisch und politisch zunehmend aufgeweicht wird. Sie hält einen vertikalen Horizont wach, ohne den der Blick auf die Lebenswelten der Gegenwart flach zu werden droht.

Gewiss, die Bildwelten, die im Imaginationsraum des Christentums entstanden sind und in den Museen unserer Metropolen ausgestellt werden, die Kompositionen der abendländischen Musik, die in Kantaten, Messen und Passionen zentrale Gehalte des Glaubens präsent halten, konfrontieren auch religiös Unmusikalische und bekennende Atheisten mit dem christlichen Erbe. Kunst und Musik können die Kirche allerdings nicht ersetzen. Als Erinnerungs- und Erzählgemeinschaft wirbt sie täglich dafür, das eigene Leben in der Gegenwart Gottes zu führen. Sie stellt sich in Stundengebet und Liturgie unter das Wort Gottes und hält sich so selbst einen kritischen Spiegel vor, empfängt aber auch Ermutigung. Sie bietet seelsorgliche Begleitung in allen Phasen des Lebens an. Ob zivilgesellschaftliche Akteure auffangen können, was mit der aktuellen Kirchenschmelze an diakonischen, kulturellen und lebensorientierenden Impulsen verloren geht, ist fraglich.

V

Dabei wäre es falsch, die Kirche auf gesellschaftliche Funktionen zu reduzieren. Nicht nur tritt sie für die ein, die den Funktionsimperativen gerade nicht mehr entsprechen können. Auch hält sie den Raum des Unverfügbaren offen, indem sie sich auf das absolute Geheimnis rückbezieht, das wir Gott nennen und das im menschgewordenen Wort, Jesus Christus, Antlitz und Stimme erhalten hat.

Gerade durch die *memoria passionis et resurrectionis Christi* wird sie zu einem institutionellen Widerlager gegen das Diktat des Funktionalismus und unterbricht das oft gnadenlose Effizienz- und Leistungsdenken in Wirtschaft und Gesellschaft. »Die Kirche befriedigt keine Erwartungen, sie feiert Geheimnisse.« (Carlo Maria Martini) Zugleich setzt die biblische Erinnerungskultur einen eschatologischen Horizont der Erwartung auf, der quersteht zu Resignation und dystopischer Rhetorik. Die Geschichte läuft nicht auf eine finale Katastrophe zu, sie hat im Gericht einen Fluchtpunkt der Hoffnung. Heruntergebrochen auf die Perspektive des Einzelnen und seine oft fragilen Lebenswelten bedeutet das: Es ist nicht gleichgültig, wie wir leben. Wir versinken nicht im Ozean des Nichts. Wir werden erwartet, wir werden befragt. Keine anonyme Instanz, sondern die Person des auferweckten Gekreuzigten, der der Richter und Retter ist, Jesus Christus, wird uns befragen. Er wird anerkennen und würdigen, was gut und recht war, heilen, was krank und zerbrochen ist, und verurteilen, was schlecht und unrecht war, das ist zumindest die Botschaft, die die Kirche als Anwältin der Hoffnung in Erinnerung ruft. Durch das Gericht hindurch aber wird es eine Perspektive der Rettung und Vollendung geben. Alles, was gewesen ist, wird im ewigen Archiv, dem Gedächtnis Gottes, aufbewahrt. Das ist die Voraussetzung dafür, dass nichts verdrängt und vergessen wird, dass die Wahrheit der Geschichte im Geist Jesu Christi aufgerichtet werden kann. Das bedeutet, dass die Täter für ihre Taten zur Rechenschaft gezogen, die Mitläufer ihrer Feigheit überführt werden und die Opfer für ihre vergessenen Leiden Würdigung finden.

Das Gericht aber wird ein Gericht der Gnade sein, wenn es stimmt, dass die Wahrheit, die uns richtet, aufgebrochen ist, uns zu retten. Das ist die Hoffnung, für die die Kirche in eschatologischen Bildern einsteht, denen sie wirklichkeitsverändernde Kraft beimisst.

Die soziale Temperatur in der Gesellschaft wird ohne die Kirche sinken.

Der Geist macht alles möglich

Cesare Zucconi

Pfingsten ist für die Kirche ein froher Festtag, weil der Herr in seiner Güte die Verheißung erfüllt, die er seinen Jüngern beim letzten Abendmahl vor seinem Leiden gegeben hat: »Und ich werde den Vater bitten und er wird euch einen anderen Beistand geben, der für immer bei euch bleiben soll, den Geist der Wahrheit, den die Welt nicht empfangen kann, weil sie ihn nicht sieht und nicht kennt. Ihr aber kennt ihn, weil er bei euch bleibt und in euch sein wird. Ich werde euch nicht als Waisen zurücklassen, ich komme zu euch.« (Joh 14, 16-18)

An Pfingsten erfüllt sich die Verheißung Jesu: Er schenkt jedem den Heiligen Geist, den Geist der Wahrheit und des Trostes. Das Wort Paraklet bedeutet in etwa der Fürsprecher, der gegen die Fallen und Angriffe des Bösen schützt. Das Wort Paraklet ist ein juristischer Begriff und meint denjenigen, der im Prozess »an der Seite des Angeklagten steht«, um ihn zu verteidigen. So ist es auch mit dem Geist des Herrn, der den Männern und Frauen zur Seite steht. Daran muss man sich erinnern: Der Geist beschützt jeden Menschen und die Kirche vor dem Bösen, er ist der Anwalt der Männer und Frauen im Kampf gegen das Böse, das das Leben der Menschen und der Völker unterjochen will. Was für eine gute Nachricht ist das Wissen, dass über der Kirche, über jedem Menschen und über den Armen eine freundliche, schützende Gegenwart des Trostes und der Ermutigung wacht … Der Geist ist eine *freundliche Gegenwart*: Er zeigt, dass derjenige, der an Jesus glaubt, niemals allein ist. Diese freundliche Gegenwart wird angesichts der Gespenster der Feindschaft und der kalten Distanzen dringend benötigt, die in unserer Zeit so stark sind.

Die durch den Geist bewirkte Erneuerung

Der Geist und Paraklet kämpft gegen Pessimismus und Entmutigung, er erneuert das Angesicht der Erde, das von schlimmer Gewalt und der räuberischen Haltung ihrer Kinder gezeichnet ist. Er erneuert auch jeden einzelnen Menschen und die Kirche. Wie viele Christen empfinden in dieser Zeit ähnliche Gefühle wie damals die Fischer aus Galiläa, über die das Lukasevangelium zu Beginn des 5. Kapitels (Lk 5, 1-11) berichtet. Als Jesus Simon einlädt, aufs Meer hinauszufahren und seine Netze auszuwerfen, antwortet dieser: »Meister, wir haben die ganze Nacht gearbeitet und nichts gefangen.« Es wird von einer Krise der Kirche gesprochen, die Kirchen werden immer leerer, es mangelt an Berufungen, die Christen sind gespalten. Die Kirche muss sich der schwierigen Herausforderung der Gleichgültigkeit stellen, für die sie scheinbar nicht sehr gut gerüstet ist. Zudem ist sie in interne Probleme verwickelt, erschüttert durch Missbrauchsskandale, durch fragwürdige Leitung einiger Bischöfe und in einigen Fällen durch Misswirtschaft. Sie scheint zum Niedergang bestimmt zu sein. Wir haben uns so sehr eingesetzt, aber wir haben nichts erreicht. Das könnten diejenigen denken, die sich jetzt großzügig für die Kirche engagieren ... Früher war die Kirche im Leben der Menschen anwesend, aber jetzt? Werden wir jemals aus dieser Krise herauskommen? Es ist ein Gedanke, der sich in vielen Bereichen der Kirche, in den Herzen vieler Christen festgesetzt hat. Man blickt mit Nostalgie auf die Vergangenheit und mit Sorge oder eher mit Enttäuschung auf die Zukunft. Junge Menschen haben die Kirche verlassen ... Man könnte sogar die Unruhe und Verwirrung der Jünger nach dem Tod Jesu mit der Unruhe so vieler Gläubiger heute vergleichen, vor allem im Westen, die angesichts der Zeichen der Krise entwurzelt sind.[1] In diesem Sinn könnte man unsere Zeit als einen »Karsamstag der Geschichte« betrachten: ein Tag der Entmutigung, der Desillusionierung, eines Gefühls des Niedergangs.[2] Die Schwierigkeit, die Gegenwart zu gestalten und zu interpretieren, wird auf die Zukunft projiziert, die verblasst und ungewiss ist. Angesichts der Zukunft verspürt man mehr Angst als

Vorfreude. Man lebt, als ob es keinen Auferstehungssonntag am Horizont gäbe.

Wenn man den Blick auf die Welt weitet, erkennt man andere Krisen. Eine Welt im Niedergang mit einer kulturellen Erschöpfung, die sich in den Fängen eines Weltkrieges in Bruchstücken befindet. Es gibt so viele Gründe, sich in den kleinen Horizont des kleinen Sees zu verschließen, wie es der Horizont jener Jünger war. Ein vertrauter Horizont, wo man sich, wenn auch unter Einschränkungen, sicher fühlen kann. Genau in diese Situation der Krise, der Mutlosigkeit, der Verschlossenheit bricht das Pfingstereignis ein. Es ist eine Überraschung, die alles im Leben eines jeden Menschen und in der Kirche erneuern kann. Seit Pfingsten »fahren« die Jünger »hinaus«.

Auf das Böse reagieren, aber wie?

Die Heilige Schrift spricht vom Heiligen Geist und somit von einer Größe, die sich von einer menschlichen Logik vollkommen unterscheidet. Der Heilige schlechthin ist Gott. Gottes Heiligkeit zeigt sich in seiner grenzenlosen Liebesfähigkeit, wie es unter anderem beim Propheten Hosea zu lesen ist: »Denn ich bin Gott, nicht ein Mensch, der Heilige in deiner Mitte. Darum komme ich nicht in der Hitze des Zorns.« (11, 9) Der Geist schafft in jedem Menschen die Heiligkeit Gottes, seine Vielfalt und seine Neuheit. Die Neuheit eines Herrn, der alles ändert und die kalten und zerbrechlichen Menschen lehrt zu lieben. Das sind die Früchte des Geistes, auf die der Apostel Paulus hinweist: »Liebe, Freude, Friede, Langmut, Freundlichkeit, Güte, Treue, Sanftmut und Enthaltsamkeit.« (Gal 5, 22)

Wie sehr spürt man in dieser Zeit das Bedürfnis danach! Es ist eine finstere und schwierige Zeit für so viele arme Menschen. Kriege fordern weiterhin Opfer. Waffen als Werkzeuge des Todes rauben vielen Menschen das Leben, darunter tragischerweise auch Kinder wie im Krieg in der Ukraine, im Heiligen Land, in Syrien, im Jemen, im Sudan, im Kongo, in Burkina Faso, im Norden Mosambiks und anderswo. Waffen verursachen Tod. Der Krieg hinterlässt Verwüstungen, die in den Städten und auf dem Land täglich zunehmen. Die Zahl derer, die aus ihrer Heimat wegen des Krieges fliehen mussten, scheint endlos. In unserer Zeit mussten mehr als 100 Millionen Frauen, Männer und Kinder ihre Heimat wegen des Krieges verlassen.

Es ist eine Zeit, in der es nur wenige Visionen für die Zukunft gibt. Die Welt des Egos und der Egozentrik hat die Menschen in der Gegenwart gefangen genommen. Der Blick ist gesenkt und misstrauisch, der Gang ist unsicher geworden, es gibt wenig Neues. Pessimismus ist weitverbreitet, nichts kann sich ändern. Diejenigen, denen es gut geht, verschließen sich im Wohlstand und vergessen jene, denen es schlecht geht. Inmitten einer Wirtschaftskrise denken viele Menschen nur an sich selbst. Es gäbe Gründe, sich von Mutlosigkeit und Pessimismus ergreifen zu lassen. Was können die Christen tun? Wie können sie angesichts von so viel Bösem reagieren? Wie soll man sich verhalten, um nicht von ihm erdrückt, umgarnt oder verhöhnt zu werden? Man würde gerne auf das Böse Antwort geben, viele würden das gerne tun, aber sie geben auf. Wie soll man das umsetzen? Wie kann man anderen helfen, das Böse durch das Gute zu überwinden?

Hier setzt die Gabe des Geistes an. Wie ein unerwartetes und überraschendes Ereignis bricht der Geist in das Leben der Kirche ein, kommt auf jeden Einzelnen herab und reißt mit seiner Kraft und seinem Feuer Pessimismus und Entmutigung hinweg, er beseitigt die Selbstverschlossenheit. Pfingsten ist der Tag, an dem geschieht, was wir jeden Sonntag im Glaubensbekenntnis sagen: »Ich glaube an den Heiligen Geist, der Herr ist und lebendig macht.« In jenem Haus in Jerusalem geschah es: »Da kam plötzlich vom Himmel her ein Brausen, wie wenn ein heftiger Sturm daherfährt, und erfüllte das ganze Haus, in dem sie saßen. Und es erschienen ihnen Zungen wie von Feuer, die sich verteilten; auf jeden von ihnen ließ sich eine nieder. Und alle wurden vom Heiligen Geist erfüllt und begannen, in anderen Sprachen zu reden, wie es der Geist ihnen eingab.« (Apg 2, 2-4) Dem Geist muss im Leben eines jeden Menschen, im Leben einer jeden Gemeinschaft, im Leben der Kirche Raum gegeben werden.

Eine Sendung an Pfingsten: »Evangelophori«

Der Geist gibt Kraft, er schenkt Worte und Gesten, um Träger der Frohen Botschaft zu sein, er schafft *Evangelophori*, Träger des Evangeliums. In so vielen Situationen und Umständen unserer Welt fehlt es gerade am Wort des Evangeliums. Es fehlt ein gutes Wort voller Liebe, voller Sorge für die Kleinen und Armen, voller Aufrichtigkeit, Vergebung und Glück. An Pfingsten geschieht das Wunder, dass die verängstigten und eingeschüchterten Jünger, die dem auferstandenen Jesus begegnet sind, zu Trägern und Verkündern des Evangeliums für alle in Jerusalem versammelten Völker werden. Der Geist drängt sie hinaus, um wirklich und ganz die Kirche im Aufbruch zu sein, über die Papst Franziskus in *Evangelii gaudium* spricht. Der Geist gibt ihnen den Mut zum Sprechen und die Kraft, sich auszudrücken und sich somit verständlich zu machen. Ja, man muss sich verständlich machen! Das Evangelium muss weitergegeben, aber auch verstanden werden. Verstanden in den vielen Sprachen und Kulturen, in denen das Leben der Kirche stattfindet. Es muss von Kindern und alten Menschen, von Erwachsenen und Jugendlichen, von jeder Generation, an jedem Ort verstanden werden, angefangen bei den menschlichen und existenziellen Randgebieten, in die die Kirche nach dem Wunsch von Papst Bergoglio aufbrechen soll. Die Vollmacht, sich auszudrücken, könnte mit der Vollmacht, sich verständlich zu machen, übersetzt werden. Die Kirche spricht manchmal eine unverständliche Sprache, weil sie nicht das Evangelium und die Armen in den Mittelpunkt stellt.

Zu Pfingsten begann die neue Geschichte der *Evangelophori*, die das Herz von Tausenden und Abertausenden für das Evangelium geöffnet hat. An erster Stelle stehen die Apostel, vor allem Petrus, der zu seiner Überraschung bald feststellte, dass das Evangelium für alle da ist, auch für die sogenannten Heiden. Dann folgt Paulus, der

Heidenapostel, der viele Reisen unternahm, um das Evangelium zu verkünden, und zwar immer mit Beharrlichkeit, Hartnäckigkeit und Leidenschaft. Seit diesem ersten Pfingstfest ist das Evangelium bis zu uns gekommen, in alle Länder, in denen die Kirche lebt. Und wie viele Herzen muss es noch berühren! Pfingsten gibt den Jüngern diese gute Kraft, das Evangelium des auferstandenen Herrn zu verkünden. Es ist notwendig, sich für das Evangelium zu begeistern und es den Freunden, den Menschen, den Armen mitzuteilen. Die Begeisterung des Geistes, die Begeisterung der Apostel zu Pfingsten, wird uns den Weg weisen. Wir müssen zum Evangelium zurückkehren, wieder beim Evangelium anfangen!

Das Evangelium verändert die Herzen! Der Weg, um eine Veränderung zum Guten in dieser Welt herbeizuführen, besteht darin, die Herzen durch das Evangelium zu verändern. Es gibt keine einfachen oder erfolgreichen Rezepte. Es gibt die geduldige Aussaat des Wortes, die nie ohne Früchte zurückkehrt. Aber wir müssen jeden Tag aussäen! Und dann gießen. Und schließlich pflegen und ernten. Die Weitergabe des Evangeliums besteht nicht aus einem Schrei, sondern aus leidenschaftlicher und treuer Pflege. Spruch des Herrn: »Denn wie der Regen und der Schnee vom Himmel fällt und nicht dorthin zurückkehrt, ohne die Erde zu tränken und sie zum Keimen und Sprossen zu bringen, dass sie dem Sämann Samen gibt und Brot zum Essen, so ist es auch mit dem Wort, das meinen Mund verlässt: Es kehrt nicht leer zu mir zurück, ohne zu bewirken, was ich will, und das zu erreichen, wozu ich es ausgesandt habe.« (Jes 55, 10-11)

Der Herr verbindet zu Pfingsten die Seinen mit seiner »Sendung«, damit das Wort durch die Generationen hindurch weiterwirkt und im Herzen der Menschen Gutes bewirkt. Aber es muss ausgesät werden, und zwar großzügig. Das ist die wichtige Aufgabe der Kirche nach Pfingsten.

Frucht bringen: das Zeugnis der Märtyrer

Um Frucht zu bringen, um Träume und Visionen zu haben, muss das Wort in den Herzen der Jünger Wurzeln schlagen. Der Same des Wortes läuft jeden Tag Gefahr, verloren zu gehen, aufgefressen zu werden oder in den vielfältigen Lebensumständen zu ersticken. Im Gleichnis vom Sämann spricht Jesus auch vom guten Boden. Diesen Boden möchte der Geist stärken. Schauen wir auf die vielen Märtyrer, die – wie Johannes Paul II. in einer denkwürdigen Feier beim Kolosseum am 7. Mai 2000 in Erinnerung rief – nicht nur die Geschichte der ersten christlichen Gemeinden, sondern auch das 20. Jahrhundert bis in unsere Tage geprägt haben.[3] Die Märtyrer zeigen, dass der Same des Wortes Männer und Frauen hervorbringen kann, die dem Bösen nicht nachgeben und fähig sind, der Gewalt des Bösen mit bloßen Händen zu widerstehen. Sie zeigen die Macht der Liebe, die stärker ist als der Tod. Es ist diese Ökumene des Blutes (wie Papst Franziskus sie definiert), die so viele Christen verschiedener Konfessionen vereint hat und vereint, während sie heute leider oft gespalten sind, weil sie sich vom Bösen, vom nationalistischen Hass und vom Geist des Krieges verhöhnen lassen.

Im Leben der vielen Märtyrer, an die in Rom in der Basilika St. Bartholomäus auf der Tiberinsel erinnert wird, erkennen wir die Fülle, wenn der Same des Wortes aufgenommen wird. Sie haben wahrlich nichts für sich behalten, nicht nur ihren Besitz, sondern nicht einmal das eigene Leben. So sind sie Jesus ähnlicher geworden als alle anderen. Diejenigen, die sich für Jesus entschieden haben, die ihr Herz für den Geist geöffnet haben, haben jede Sorge um sich selbst, jede Verlockung des Erfolgs, jede Unbeständigkeit und jede Angst hinter sich gelassen.

Die Märtyrer rufen die Christen auf, den Glauben radikaler zu leben! Erzbischof Óscar Romero aus San Salvador, der am 24. März 1980 am Altar ermordet wurde und heute ein Heiliger der Kirche ist, sagte, dass »das II. Vatikanische Konzil alle Christen auffordert, Märtyrer zu sein, das heißt, ihr Leben hinzugeben, einige auch bis zum Blutvergießen, aber alle in der Bereitschaft, ihr Leben hinzugeben«.

Gott erneuert seine Väterlichkeit

Der Geist zeigt die Väterlichkeit Gottes: Wir sind keine Waisen. Der Herr unterstützt, ermutigt und tröstet seine Kinder durch den Geist. Der Geist erinnert jeden Einzelnen daran, dass er ein Kind ist, das den Wirren der Geschichte nicht hilflos ausgeliefert ist, sondern durch die barmherzige Umarmung des Vaters in seinem Haus aufgenommen wird. Der Geist ist der Spender von Gaben. An Pfingsten rufen wir ihn an: »Komm, Heiliger Geist, komm, du Spender der Gaben.« Es sind die Gaben des Heiligen Geistes für den Knecht, von denen der Prophet Jesaja schreibt: »Der Geist des HERRN ruht auf ihm: der Geist der Weisheit und der Einsicht, der Geist des Rates und der Stärke, der Geist der Erkenntnis und der Furcht des HERRN.« (Jes 11, 2) Hierin liegt der zweite Grund für Kraft und Zuversicht: Der Heilige Geist erfüllt uns mit Gaben. Und es sind so wichtige und entscheidende Gaben.

Dieses Fest befreit von der Einsamkeit und bringt uns in Verbindung mit der ganzen Welt. Wie in Jerusalem: »Sie waren alle zusammen am selben Ort.« Das ist das Modell für das Leben der Kirche, für jede Gemeinschaft. Was für ein großes Geschenk ist das in einer Welt, in der so viele Netzwerke und Beziehungen aussterben, in der so viele Menschen den Problemen des Lebens, der Zukunft oder der Krankheit allein gegenüberstehen. Ich denke an die alten Menschen, an die Obdachlosen auf der Straße, an die vielen jungen Menschen, an die Gefangenen … Wie viele Menschen können nicht frei leben, weil sie allein und isoliert sind. Stattdessen sah man am Pfingsttag in Jerusalem eine Gemeinschaft von Menschen, die frei waren und mutig, mit so vielen Menschen aus verschiedenen Völkern in Kontakt zu treten. Dieser Tag war ein glücklicher Tag, weil die Apostel von den Ängsten befreit wurden, die sie verschlossen hielten und sie nicht das Evangelium leben und weitergeben ließen, das sie empfangen hatten. Das Christentum ist einer der geistigen Faktoren für die Veränderung von Frauen und Männern, wenn sie sich nicht im Geist des Niedergangs gefangen nehmen lassen, der so viele Menschen und insbesondere Europäer erfasst. Das Christentum ist einer der Faktoren für den Zusammenhalt der Gesellschaft, aber auch für die Geschwisterlichkeit zwischen den Völkern. Es ist eine Garantie für die Menschlichkeit, wenn die Christen und die ganze Kirche auf den Geist hören und sich vom Geist und vom Wort leiten lassen.

Das Geschenk des Friedens erflehen

Die größte Gabe des Geistes ist die Liebe. »Denn die Liebe Gottes ist ausgegossen in unsere Herzen durch den Heiligen Geist, der uns gegeben ist« – schreibt Paulus (Röm 5, 5). Diese Liebe vertreibt den Hass und schafft Frieden. Und diese Liebe ist heute dringend nötig. Wir müssen vor allem die Armen, die vielen »Ausgestoßenen« unserer Gesellschaft lieben und sie in den Mittelpunkt des persönlichen und gemeinschaftlichen Lebens stellen. Wir müssen – mit den Worten von Johannes XXIII. – die Kirche aller und besonders der Armen sein.

Ich denke an den sogenannten Geist von Assisi. Das von Johannes Paul II. nachdrücklich gewünschte Treffen im Jahr 1986 hat die Geschichte des Engagements der Gemeinschaft Sant'Egidio für den Frieden geprägt. Nicht nur, weil wir es jedes Jahr in einer anderen Stadt der Welt wiederholen, zuletzt im Jahr 2023 in Berlin. Sondern weil dieses Ereignis gezeigt hat, dass der Aufbau des Friedens nicht nur als moralisches oder wertebezogenes Zeugnis eine Aufgabe für alle und insbesondere für christliche Gemeinschaften darstellt. Es handelt sich nicht nur um Pazifismus, sondern um konkrete Schlichtungs- und Vermittlungsarbeit in Konflikten und in den Windungen des Alltags in unseren Städten: »Eine Werkstatt, die allen offensteht«, so bezeichnete der Papst diese Arbeit.

Und was ist heute in dieser Situation des Krieges in Europa zu tun? Sicherlich müssen wir unsere Liebe zum Frieden zum Ausdruck bringen und bei jeder Gelegenheit vom Frieden sprechen. Es geht darum, für den Frieden einzutreten, gegen den Krieg zu protestieren und alles zu tun, um den Frieden zu erreichen. Wir dürfen uns nicht an den Krieg gewöhnen und ihn als unvermeidlichen Begleiter der Menschheit betrachten. Der andere Schritt besteht darin, den Flüchtlingen zu helfen und sie aufzunehmen: Das ist ein Beitrag zum Frieden. Ich denke dabei an die humanitären Korridore, die Sant'Egidio seit dem Krieg in Syrien eingerichtet hat und die über Libanon, das Horn von Afrika und Afghanistan führen. Es handelt sich um legale und sichere Wege, um Kriegsflüchtlingen die Einreise nach Europa zu ermöglichen und sie vollständig in unsere Gesellschaften zu integrieren. Es ist eine ökumenische Initiative, die die Kreativität und Stärke der Christen zeigt, wenn sie sich zusammenschließen. Es geht darum, niemanden zu vergessen. Alle gehen uns an. Und noch einmal: Alles ist möglich mit der Führung und der Kraft des Geistes. Jede christliche Gemeinschaft kann viel für den Frieden tun. Und was die Arbeit für den Frieden stärkt, ist vor allem das Gebet. Der Herr erhört das Gebet: »Bittet und es wird euch gegeben; sucht und ihr werdet finden; klopft an und es wird euch geöffnet! Denn wer bittet, der empfängt; wer sucht, der findet; und wer anklopft, dem wird geöffnet.« (Mt 7, 7-8) Die Gläubigen wissen, dass die Geschichte der Gläubigen nicht nur ihre eigene ist, sondern vom Geist beseelt ist. Und dann kann sich alles ändern! Die Geschichte ist voller Überraschungen, die ein Geschenk und zugleich menschliche Erkenntnisse sind, die Frucht der tiefen Strömungen und in den Wechselfällen der Völker und der Welt lebendig sind.

Die Autorinnen und Autoren

Thomas Arnold, Theologe, war bis 2024 Direktor der Katholischen Akademie des Bistums Dresden-Meißen und verantwortet derzeit den Aufbau der strategischen Planung, Organisationsentwicklung und des Controllings im Leitungsbereich des Sächsischen Staatsministeriums des Innern.

Aleida Assmann, Anglistin, Ägyptologin, Literatur- und Kulturwissenschaftlerin, ist seit 1993 Professorin für Anglistik und Allgemeine Literaturwissenschaft an der Universität Konstanz. Gemeinsam mit ihrem Mann Jan Assmann erhielt sie 2018 den Friedenspreis des deutschen Buchhandels.

Markus Barth, Theologe und Literaturwissenschaftler

Andreas R. Batlogg SJ ist Jesuit, Theologe und Publizist. Er war viele Jahre Chefredakteur der *Stimmen der Zeit.*

Jacqueline Boysen, Historikerin, Journalistin und Buchautorin, ist Geschäftsführerin der Bundeskanzler-Helmut-Kohl-Stiftung in Berlin.

Heinz Bude, Soziologe, war von 2000 bis 2022 Professor für Makrosoziologie an der Universität Kassel. Seit 2020 ist er Gründungsdirektor des documenta Instituts. Er hat zahlreiche Bücher verfasst, ist Mitinitiator der Charta für Digitale Grundrechte und hat 2016 den Preis für herausragende Leistungen auf der Gebiet der öffentlichen Wirksamkeit der Soziologie erhalten.

Ottmar Edenhofer, Ökonom, ist Professor an der Technischen Universität Berlin sowie (gemeinsam mit Johan Rockström) Direktor des Potsdam-Instituts für Klimafolgenforschung (PIK). 2018 erhielt er den Romano-Guardini-Preis der Katholischen Akademie Bayern; sein Beitrag ist die überarbeitete Fassung der damaligen Dankrede.

Stephanie Geiger, Theologin, leitet den Planungsstab der CSU-Fraktion im Bayerischen Landtag und ist freie Autorin, u.a. für *Frankfurter Allgemeine Zeitung* und *Neue Zürcher Zeitung.*

Tomáš Halík, Soziologe und Sozialphilosoph, ist Professor für Soziologie an der Karls-Universität Prag, Präsident der Tschechischen Christlichen Akademie und Rektor der Universitätskirche St. Salvatore in Prag. Sein Beitrag ist seine Einführung in die Kontinentalsynode 2023 in Prag.

Waltraud Klasnic war von 1996 bis 2005 Landeshauptmann der Steiermark, die erste Frau an der Spitze einer Landesregierung in Österreich, 2010 wurde sie zur unabhängigen Opferschutzanwältin der katholischen Kirche in Österreich ernannt und nimmt diese Aufgabe an der Spitze einer Kommission wahr.

Alfons Kloss ist Jurist und ein österreichischer Diplomat, der u. a. Botschafter Österreichs beim Heiligen Stuhl war. Heute ist er der Präsident der Stiftung Pro Oriente.

Charlotte Kreuter-Kirchhof, Rechtswissenschaftlerin, ist seit 2015 Professorin für Deutsches und Ausländisches Öffentliches Recht, Völkerrecht und Europarecht an der Universität Düsseldorf und wurde 2021 von Papst Franziskus als Vize-Koordinatorin des Vatikanischen Wirtschaftsrates berufen.

Jens-Martin Kruse ist der Hauptpastor der Hauptkirche St. Petri in Hamburg. Er engagiert sich im ökumenischen theologischen Dialog und war von 2007 bis 2018 der Pfarrer der evangelisch-lutherischen Christusgemeinde in Rom.

Hanna Leitgeb, Germanistin, war Redakteurin bei der *Süddeutschen Zeitung* und bei *Literaturen*. Seit 2009 leitet sie die Literaturagentur *rauchzeichen* in Berlin.

Nathanael Liminski ist Minister für Bundes- und Europaangelegenheiten, Internationales sowie Medien des Landes Nordrhein-Westfalen und seit 2017 Chef der Staatskanzlei.

Thomas de Maizière, Jurist, war 30 Jahre in der Landes- und Bundespolitik aktiv, u. a. als Chef der Staatskanzleien des Landes Mecklenburg-Vorpommern sowie des Freistaates Sachsen, als Chef des Bundeskanzleramtes, Bundesminister des Innern und Bundesminister der Verteidigung. 2023 war er Präsident des Deutschen Evangelischen Kirchentages.

Walid Nakschbandi war bis Ende 2023 Manager der Holtzbrinck Publishing Group. Seit 1. Januar 2024 ist er Geschäftsführer der Film- und Medienstiftung Nordrhein-Westfalen in Düsseldorf.

Christian Nürnberger, Publizist, Absolvent der Henri-Nannen-Schule, war u. a. Redakteur bei der *Frankfurter Rundschau* und beim Wirtschaftsmagazin *Capital*. Veröffentlichungen u. a. in: *Süddeutsche Zeitung, Die Zeit*. Er ist Autor zahlreicher Bücher, auch zum Verständnis des Christentums, zuletzt: »Keine Bibel«, Stuttgart 2020.

Heribert Prantl, Jurist, war Richter und Staatsanwalt in Bayern, wurde dann Journalist, Kommentator und Leitartikler der *Süddeutschen Zeitung*. Er hat 25 Jahre lang die Redaktionen Innenpolitik und Meinung geleitet und war acht Jahre lang Mitglied der Chefredaktion. Heute ist er Kolumnist und Autor der *SZ* und politischer Publizist.

Henriette Reker, Juristin, war seit 2000 als Sozialdezernentin 15 Jahre lang zunächst in Gelsenkirchen, später in Köln tätig, und ist seit 2015 Oberbürgermeisterin der Stadt Köln.

Volker Resing, Historiker und Publizist, leitet das Ressort Berliner Republik bei der Monatszeitschrift *Cicero*; bis 2022 war er Chefredakteur der Zeitschrift *Herder Korrespondenz.*

Philipp Rösler, Mediziner, war von 2009 bis 2011 Bundesgesundheitsminister und von 2011 bis 2013 Bundeswirtschaftsminister, Vizekanzler und FDP-Bundesvorsitzender. Heute ist er als Wirtschaftsmanager tätig.

Nikodemus C. Schnabel OSB ist seit 2023 Abt der Benediktinerabtei Dormitio in Jerusalem und des Priorats Tabgha am See Gennesaret.

Aurelia Spendel OP ist Theologin und geistliche Begleiterin.

Arnold Stadler, Schriftsteller, erhielt für sein Werk zahlreiche Preise, u. a. 1999 den Georg-Büchner-Preis der Deutschen Aklademie für Sprache und Dichtung sowie 2009 den Kleist-Preis.

Bernd Stegemann ist Professor für Dramaturgie und Kultursoziologie an der Hochschule für Schauspielkunst Ernst Busch in Berlin und Dramaturg an zahlreichen Theatern, zuletzt u. a. am Berliner Ensemble. Er hat zahlreiche Bücher veröffentlicht und schreibt u. a. für *Die Zeit, Der Spiegel, Süddeutsche Zeitung* und *Frankfurter Allgemeine Zeitung.*

Jan-Heiner Tück ist Professor für Dogmatik am Institut für Systematische Theologie an der Universität Wien sowie Schriftleiter der Zeitschrift *Communio.*

Cesare Zucconi, Historiker, ist Generalsekretär der 1968 gegründeten internationalen Laienvereinigung Sant'Egidio.

Anmerkungen

Worum geht es? *(Annette Schavan)*

1 Papst Franziskus, *Mit Frieden gewinnt man alles. Im Gespräch mit Dominique Wolton über Politik und Gesellschaft.* Freiburg, Basel, Wien 2019, S. 61.

2 Zu den Sendschreiben an die sieben Gemeinden findet sich der Text »Gott wird abwischen alle Tränen« von mir in: Max Beckmann, *Apokalypse.* Berlin 2014, Insel Bücherei Nr. 1397, S. 85-108.

3 Andrea Riccardi, *Alles kann sich ändern. Gespräche mit Massimo Nero.* Würzburg 2018, S. 245.

4 Im Band 14 seiner *Schriften zur Theologie,* der den Titel *In Sorge um die Kirche* trägt, geht Rahner in mehreren Beiträgen auf die Gefahren für die Kirche ein, wenn sie sich der Gegenwart verweigert und die Zukunft fürchtet. Die Rede von der Provokation ist meine Deutung seiner Aussagen zum Umgang des Christen mit der Zukunft, die immer die Zukunft Gottes ist.

5 Das Zitat ist einem Bericht von Jan-Christoph Kitzler im Deutschlandfunk am 20.9.2016 entnommen.

6 Jörg Ernesti, *Friedensmacht. Die vatikanische Außenpolitik seit 1870.* Freiburg 2022, S. 254. Das Buch gibt einen interessanten Einblick in das Zentrum der vatikanischen internationalen Politik und der damit verbundenen Friedensbotschaft.

7 Vgl. dazu Eberhard Schockenhoff, *Kein Ende der Gewalt? Friedensethik für eine globalisierte Welt.* Freiburg 2018, besonders S. 606-666.

8 Die Autorinnen und Autoren dieses Buches gehören unterschiedlichen Kirchen und Konfessionen an und zitieren deshalb auch aus unterschiedlichen Bibelausgaben. Das erklärt die sprachlichen Unterschiede zwischen identischen Bibelversen.

Zeit für Hoffnungsmacher *(Thomas Arnold)*

1 Tiefensee, Eberhard: »Zuversicht ohne Gott ist Realität«, https://bibliographie. uni-tuebingen.de/xmlui/bitstream/handle/1 10900/122098/Tiefensee_014.pdf?- sequence=1, 13.9.2023.

2 Vgl. ebd.

3 Ebd.

4 Püttmann, Andreas: »Der Rechtspopulismus ist eine Antithese zum Christentum«, https://aussicht.online/artikel/der-4 rechtspopulismus-ist-eine-antithese-zum-christentum, 14.9.2023.

5 Tomáš Halík, *Der Nachmittag des Christentums*. Freiburg i. Br. 2022, S. 68.

6 Hans-Joachim Sander, *Anders glauben, nicht trotzdem. Sexueller Missbrauch der katholischen Kirche und die theologischen Folgen*. Ostfildern 2021, S. 187.

Salz der Erde, Licht der Welt *(Aleida Assmann)*

1 Die Mitarbeit an diesem Band eröffnete mir die unerwartete Chance, Kontakt zum Lebensthema meines Vaters aufzunehmen, der sich seit seinen frühen Jahren mit dem Matthäusevangelium beschäftigte und dabei die spezifisch literarisch-interpretatorische und theologische Arbeit des Evangelisten herausgearbeitet hat. Das Projekt eines durchlaufenden Kommentars zum Matthäusevangelium, den ihm seine Lehrer bereits ans Herz legten, hat er erst im Ruhestand wieder aufgenommen, wobei ihm bei seinen schwindenden Kräften meine Mutter, selbst promovierte Theologin, tatkräftig zur Seite stand. Mithilfe des Herausgebers Werner Zager konnte dieser Band posthum abgeschlossen und veröffentlicht werden: Günther Bornkamm, *Studien zum Matthäus-Evangelium*. Hg. von Werner Zager, WMANT 125, Neukirchen-Vluyn 2009.

Schiffbruch als Glücksfall *(Markus Barth)*

1 Hugo Rahner, *Symbole der Kirche. Die Ekklesiologie der Väter*. Salzburg 1964.

2 »Sancti Augustini tractatus sive sermones inediti«, zitiert bei Hugo Rahner, *Symbole der Kirche*, S. 241; von mir frei übertragen.

3 Nach Hans Urs von Balthasar, *Cordula oder der Ernstfall*. Einsiedeln 1967, Nachwort zur dritten Aufl., S. 1.

4 Das Buch, das für die katholische Kirche das folgen- und vielleicht segensreichste der letzten Jahrzehnte hätte werden können: Hans Küng, *Unfehlbar? Eine Anfrage*. Zürich 1970.

5 Hans Magnus Enzensberger, *Der Untergang der Titanic. Eine Komödie*. Frankfurt am Main 1978, Collage aus dem Zweiten und dem Neunten Gesang, S. 9 u. S. 38.

6 Alciphron, »Epistulae piscatoriae«, zitiert bei Hugo Rahner, *Symbole der Kirche*, S. 315.

7 Gemeinsame Synode, »Unsere Hoffnung«, Würzburg 1975, Teil III, Abschnitt 2.

8 Wilhelm Willms: Brot, das die Hoffnung nährt, Gotteslob Nr. 378

9 ebd.

10 Exodus 16, 21: »Sie sammelten es Morgen für Morgen, jeder so viel, wie er zum Essen brauchte. Sobald die Sonnenhitze einsetzte, zerging es.« Ausnahme ist der Tag vor dem Sabbat, da durfte und konnte man für den nächsten Tag, an dem das Sammeln verboten war, vorsorgen.

11 Jürgen Habermas, *Auch eine Geschichte der Philosophie. Band 2: Vernünftige Freiheit. Spuren des Diskurses über Glauben und Wissen.* Frankfurt am Main 2019, hier und die folgenden Zitate S. 700 u. S. 702.

12 Ambrosius von Mailand, »Epistula 82«, zitiert und zusammengefasst bei Hugo Rahner, *Symbole der Kirche*, S. 446.

13 Vgl. das große und berührende Kapitel »Der Schiffbruch und die Planke des Heils« mit einer Überfülle von Beispielen in: Hugo Rahner, *Symbole der Kirche,* S. 432–472.

14 Zitiert bei Hugo Rahner, *Symbole der Kirche*, S. 432.

15 Gemeinsame Synode, »Unsere Hoffnung«, Würzburg 1975, Teil II, Abschnitt 4.

16 Lateinischer Hymnus des Mittelalters, zitiert bei Hugo Rahner, *Symbole der Kirche,* S. 432; frei übersetzt.

Der Heilige Geist als »Protagonist« der Kirche *(Andreas R. Batlogg SJ)*

1 Felix Mitterer, *Krach im Hause Gott. Ein modernes Mysterienspiel.* Innsbruck 1994, S. 26.

2 Ebd., S. 58.

3 Ebd., S. 58.

4 Ebd., S. 59.

5 Ebd., S. 68.

6 Papst Franziskus, *Ich glaube, wir glauben. Neue Überlegungen zu den Wurzeln unseres Glaubens. Im Dialog mit Marco Pozza.* München 2020, S. 58 f.

7 Ebd., S. 68.

8 Vgl. Andreas R. Batlogg, *Aus dem Konzil geboren. Wie das II. Vatikanische Konzil der Kirche den Weg in die Zukunft weisen kann.* Innsbruck 2022, S. 58-68.

9 Vgl. Antonio Spadaro, »Camminare insieme. Francesco in conversazione con I gesuiti di Canada« in: *La Civiltà Cattolica* 2022 III, 345-352 (No. 4133: 3/17 settembre 2022).

10 Vgl. die deutsche Zusammenfassung, www.vaticannews.va/de/papst/news/2022-08/franziskus-synode-ritus.html

11 Zitiert nach: www.vatican.va/content/francesco/de/speeches/2020/december/documents/papa-francesco_20201221_curia-romana.html

12 Vgl. www.vatican.va/content/francesco/de/homilies/2023.index.html#homilies

Die kommende Zeit *(Heinz Bude)*

1 Bruno Latour und Nikolaj Schultz, *Zur Entstehung einer ökologischen Klasse.* Berlin 2022, S. 29.

2 Der Ursprungstext dieses Denkens stammt von Louis Althusser, *Für Marx.* Frankfurt am Main 1968.

3 Fernand Braudel, *Das Mittelmeer und die mediterrane Welt in der Epoche Philipps* II. Drei Bde., Frankfurt am Main 1998.

4 Heinz Bude, *Gesellschaft der Angst.* Hamburg 2014.

5 Michael Theunissen, *Das Selbst auf dem Grund der Verzweiflung. Kierkegaards negativistische Methode.* Frankfurt am Main 1991.

6 Emil Angehrn, *Die Zeit des Anderen. Geteilte Erinnerung, gestohlene Zukunft, geschenkte Zeit.* Hamburg 2023.

7 Hans Ulrich Gumbrecht, *Unsere breite Gegenwart.* Berlin 2010.

8 Emil Angehrn, *Die Zeit des Anderen,* S. 120.

9 Michael Theunissen, *Der Andere. Studien zur Sozialontologie der Gegenwart.* Berlin und New York, zweite Aufl. 1977, S. 506. Zitiert nach: Angehrn, *Die Zeit des Anderen,* S. 121.

Grund meiner Hoffnung *(Ottmar Edenhofer)*

1 Es handelt sich bei diesem Beitrag um eine leicht redigierte Fassung meiner Dankesrede zur Verleihung des Romano-Guardini-Preises der Katholischen Akademie in Bayern im Jahr 2018. Obwohl bereits vor fünf Jahren gehalten, hat sie wenig an Aktualität eingebüßt. Darum habe ich dem Wunsch der Herausgeberin, Annette Schavan, gern entsprochen, sie in diesem Band abzudrucken.

Fortwährende Offenheit *(Tomáš Halík)*

1 Bezeichnung für die kontinentale europäische Bischofssynode, die vom Rat der Europäischen Bischofskonferenzen organisiert wurde und die sogenannte kontinentale Phase der römisch-katholischen Weltsynode 2021-2023 darstellt.

Unsere Christenpflicht und die Würde des Menschen *(Waltraud Klasnic)*

1 Ich danke meinem langjährigen wertvollen Partner bei vielen Aufgaben für Staat, Kirche und Gesellschaft, Herwig Hösele, für seine Unterstützung beim Abfassen dieses Textes.

2 www.pfingstdialog-steiermark.at

3 Vgl. www.opfer-schutz.at

4 Heinrich Böll, »Eine Welt ohne Christus«, 1957.

Die Zaudereien beiseiteschieben *(Jens-Martin Kruse)*

1 http://www.lastampa.it/2013/12/15/esteri/vatican-insider/it/mai-avere-pau-ra-delle-tenerezza-1

2 Papst Franziskus, Predigt am 25.1.2014 (Rom).

3 Papst Franziskus, Ansprache am 18.9.2021 (Rom).

4 Papst Franziskus, Regina Caeli am 5.6.2022 (Rom).

5 Papst Franziskus, Predigt am 19.5.2013 (Rom).

6 Papst Franziskus, *Evangelii gaudium*, Nr. 22.

7 Papst Franziskus, Predigt am 19.5.2013 (Rom).

8 Papst Franziskus, Predigt am 25.1.2014 (Rom).

9 Papst Franziskus, Ansprache am 30.11.2014 (Istanbul).

10 Papst Franziskus, Ansprache am 28.7.2014 (Caserta).

11 Papst Franziskus, Predigt am 25.1.2014 (Rom).

12 Papst Franziskus, Botschaft zum Welttag der sozialen Kommunikationsmedien (1.6.2014).

13 Papst Franziskus, Ansprache am 10.11.2016 (Rom).

14 Papst Franziskus, *Evangelii gaudium*, Nr. 246.

15 Papst Franziskus, Ansprache am 7.12.2017 (Rom).

16 Papst Franziskus, Ansprache am 25.5.2014 (Jerusalem).

17 Papst Franziskus, Ansprache am 15.11.2015 (Rom).

18 Papst Franziskus, Ansprache und Gemeinsame Erklärung am 28.4.2017 (Kairo).

19 Papst Franziskus, Ansprache am 21.6.2018 (Genf).

20 Papst Franziskus, Ansprache am 25.5.2014 (Jerusalem).

Pfingsten – die Standleitung zwischen Himmel und Erde *(Christian Nürnberger)*

1 Rudolf Bultmann, »Neues Testament und Mythologie« in: *Kerygma und Mythos I*, hg. von H. W. Bartsch, Hamburg 1951.

Zwischen den Stühlen *(Bernd Stegemann)*

1 Hier sind die Bücher von Karlheinz Deschner über die Kriminalgeschichte des Christentums beeindruckend in ihrer nicht enden wollenden Energie, immer weitere Verbrechen in der 2000-jährigen Geschichte aufzuspüren. Seit einigen Jahren mehren sich die Bücher, die die jüngsten Missbrauchsskandale aufdecken.

2 Vor allem im englischsprachigen Raum erscheinen vermehrt Bücher von Philosophen wie Daniel C. Dennett oder Richard Dawkins, die sehr ernsthaft den Nachweis führen, dass es keinen Gott gibt.

Der Geist macht alles möglich *(Cesare Zucconi)*

1 2021 übersteigt die Zahl der Katholiken in Afrika zum ersten Mal die der Katholiken in Europa.

2 Vgl. A. Riccardi, *Die Kirche brennt. Krise und Zukunft des Christentums.* Würzburg 2023.

3 Siehe A. Riccardi, *Salz der Erde, Licht der Welt.* Freiburg 2002; C. Zucconi, *Christus oder Hitler. Das Leben des seligen Franz Jägerstätter.* Würzburg 2011; C. Zucconi, *Jerzy Popiełuszko 1947-1984. Das Martyrium eines Priesters im kommunistischen Polen.* Würzburg 2020.